消防监督管理理论与实务研究

陈铎淇　李　莉　田宝新　主编

天津出版传媒集团
天津科学技术出版社

图书在版编目(CIP)数据

消防监督管理理论与实务研究 / 陈铎淇,李莉,田宝新主编. -- 天津:天津科学技术出版社,2021.6

ISBN 978-7-5576-9347-3

Ⅰ. ①消… Ⅱ. ①陈…②李…③田… Ⅲ. ①消防管理—研究—中国 Ⅳ. ①D631.6

中国版本图书馆 CIP 数据核字(2021)第 102857 号

消防监督管理理论与实务研究

XIAOFANG JIANDU GUANLI LILUN YU SHIWU YANJIU

责任编辑:韩 瑞

出 版:天津出版传媒集团
天津科学技术出版社

地 址:天津市西康路 35 号

邮 编:300051

电 话:(022)23332390

网 址:www.tjkjcbs.com.cn

发 行:新华书店经销

印 刷:三河市嵩川印刷有限公司

开本 710×1000 1/16 印张 14 字数 230 000

2022 年 6 月第 1 版第 1 次印刷

定价:58.00 元

《消防监督管理理论与实务研究》编委会

主　编

陈铎淇　通州区消防救援支队

李　莉　通州消防救援支队

田宝新　顺义区消防救援支队

副主编

丁　京　石景山区消防救援支队

刘大维　通州区消防救援支队

田真真　通州区消防救援支队

王君君　通州区消防救援支队

张　才　通州区消防救援支队

郑　奕　平谷区消防救援支队

作者简介

陈铎淇,男,广东揭东人,1983年4月出生,中共党员,毕业于中央司法警官学院,本科学历,现任北京市通州区消防救援支队重点保卫科科科长,工程师,工作期间表现突出先后4次获得个人三等功,长期从事消防监督管理、建设工程设计审核及消防验收等防火工作,撰写多篇学术论文。

李莉,女,四川遂宁市人,1983年10月出生,毕业于中国人民警察大学,本科学历,通州消防救援支队工程师。研究方向:消防监督。曾因工作突出立三等功一次,获“全国优秀宣传报道员”称号一次,并获得嘉奖4次,工作期间撰写多篇学术论文。

田宝新,男,河北迁安市人,1978年4月出生,毕业于中国人民武装警察部队学院,研究生学历,顺义区消防救援支队工程师,中级职称。从事消防专业工作20余年,对消防救援和消防监督管理工作有着丰富的实践经验, 曾在北京市奥运会消防安全保卫工作中荣获三等功等多个奖项,并撰写多篇学术论文。

丁京,男,北京人,1982年11月出生,毕业于中国人民武装警察部队学院,本科学历,研究生学位。石景山区消防救援支队工程师。研究方向:消防监督管理。因工作、技术突出曾三次荣立个人“三等功”,撰写过多篇学术论文并获奖。

刘大维,男,辽宁辽阳市人,1983年11月出生,毕业于沈阳航空工业学院,本科学历,现任通州区消防救援支队工程师。研究方向:消防监督。工作期间撰写多篇学术论文。

田真真，女，山东东营市人，1985年12月出生，毕业于中国人民武装警察部队学院，本科学历，现任通州区消防救援支队工程师，曾因工作突出立三等功一次，工作期间撰写多篇学术论文。

王君君，女，山东省烟台市人，1980年10月出生，毕业于中国人民大学，研究生学历，通州区消防救援支队工程师。研究方向：消防监督。曾多次获得单位嘉奖，荣立个人三等功一次。并撰写《防火监督工作对高层建筑消防隐患的影响研究》《新媒体时代建筑防火监督及配置消防设施研究》等多篇学术论文。

张才，男，河北省唐山市人，1981年1月出生，毕业于东北农业大学，现任职通州区消防救援支队监督四科工程师，专业技术三级指挥长。

郑奕，男，四川省乐山市人，1983年3月出生，毕业于西南科技大学，现任职平谷区消防救援支队助理工程师，专业技术三级指挥长。

目　录

第一章　绪　论

消防监督管理是政府的职能之一，在我国，指各级政府所属的消防救援机构根据法律赋予的职权，依据有关消防法律、法规、规范、标准，对法律授权监督范围内的单位或个人的消防安全工作实施监察督导等管理活动。它是各级政府为了更好地实施消防安全管理，保证各项消防安全措施的落实而采取的行政干预手段，属于消防安全管理的范畴。

第一节　消防工作概述

一、消防工作的指导思想

在消防工作中坚持“以人为本”的指导思想，就是把人的生命和健康作为消防安全工作的本原、发展经济的前提和人民的最大福祉，就是把发展经济建立在保护人的生命安全、健康和人民长远利益的基础之上。因此，我们要以“以人为本”的思想统领消防安全工作的全局，坚持“安全第一”的原则，用科学的发展观，纠正片面的、不科学的发展观，真正实现社会的进步、发展和人民群众的长远幸福与安宁。

具体在消防安全管理工作中，应当在以下四个方面体现“以人为本”的思想：

（一）在发展经济与保障安全的关系上，要把安全放在第一位

在发展经济与保障安全的关系上，要把安全放在第一位，也就是人们常说的“安全第一”。因为发展经济是人民生活的需要、社会发展的需要、国防的需要。但是发展经济不是目的，发展经济是让人民过上幸福生活的途径。所以不能为了眼前利益而盲目地发展、掠夺性地发展，更不能以牺牲人民的生命、安全和健康为代价换取一时的经济发展。消防安全的目的是保护人民的生命安全。所以，要发展经济，就必须坚持科学发展，把安全放在第一位。这是由消防工作的重要地位和作用所决定的。

经济是基础，但经济发展并不等同于社会进步。因为人民的生命安全能否得

到切实的保障是衡量社会进步的重要标志之一。发生一起重大、特大火灾事故，不仅会造成人员的伤亡、经济的损失，而且往往会在社会上产生恶劣影响。因此，要切实解决好消防安全问题，防止火灾等各种事故的发生，切实保障人民的生命安全、财产安全，改善人民的生活质量和生存环境，这也正是消防安全工作的中心任务。

（二）在消防安全教育上，要把提高人民的消防安全意识和素质放在第一位

提高全民的消防安全意识，形成全社会广泛“关注安全、关爱生命”的良好氛围，是消防安全工作的重要基础。在消防安全工作中坚持“以人为本”，科学发展。一方面，要把保护人的生命安全作为出发点和落脚点；另一方面，还要做好人的工作，在提高人的安全文化、技术素质、调动人的积极性上下功夫。因此，消防安全工作要广泛开展消防安全教育，并从娃娃抓起。政府各级教育部门、幼儿园、小学、中学以及大学，都应当把对学生的消防安全教育列入工作日程，在向学生传授科学文化知识的同时，也把消防安全科普知识作为科学文化知识的一部分，进入课堂、进入教材、进入教案，从而进入学生的头脑；社会各媒体应当把对大众的消防安全教育作为自己的职责和任务，切实提高全体公民的消防安全素质。

（三）在采取防火安全措施上，要把保护人的生命的措施放在第一位

在消防安全工作中，对一旦发生事故可能造成人员伤亡的危险部位采取更加严密的防火措施；将易燃易爆的重大危险源、公众聚集场所等人员密集的场所，作为消防安全工作的重点去抓；对安全疏散通道、安全门、应急事故照明、防烟排烟等保证人员安全疏散的措施，严格把关，确保落实等。

（四）在采取灭火等救援战术和技术上，要把抢救和保护人的生命放在第一位

在灭火等救援战术、技术上，要把抢救和保护人的生命放在第一位，坚持“救人重于救火”的原则。具体讲，就是在火场上如遇有人员受到火势威胁时，消防队员的首要任务就是把被火围困的人员抢救出来。运用这一原则，要根据火势情况和人员受火势威胁的程度而定。在灭火力量较强时，灭火和救人可以同时进行，但绝不能因灭火而贻误救人时机。人未救出之前，灭火是为了打开救人通道或减弱火势对人员的威胁程度，从而更好地为救人脱险、及时扑灭火灾创造条件。

总之，要正确认识火的两重性，研究并推行“善用之”的方法和措施，消除“不善用之”的行为。树立“思患者虑乎其后，预防者图之于先；未雨而彻桑土，未火而徙积薪”的“防患于未然”的思想，从而有效地预防灾害事故的发生。

二、消防工作的路线

消防工作的路线是“专门机关与群众相结合”。消防安全工作实行“专门机关与群众相结合”的路线,是多年来我国消防安全工作经验的总结和升华,也是由消防安全工作既有较强的法制性、政策性和专业技术性,又有广泛的群众性、社会性的本质特征所决定的。消防安全工作如果没有一支专业化的队伍,没有专门机关的管理,就会放任自流,火灾也难以得到有效的控制;没有广大人民群众的参与,消防安全工作就会失去基础,就会丧失全社会抗御火灾的整体合力。因此,消防工作应当实行“专门机关与群众相结合”的路线。在实际工作中,该路线的具体体现有以下三个方面。

第一,在火灾预防方面,消防救援机构要依法进行监督管理,依法履行消防监督检查和建筑工程消防监督审核、公众聚集场所开业前的消防安全检查等各项法定职责,依法纠正和处罚违反消防安全管理的行为;同时,还应当热情服务,努力为社会各单位和广大群众解决在消防安全工作中遇到的问题和困难。

第二,在灭火救援方面,任何人发现火灾都要立即报警,火灾发生单位要及时组织力量扑救火灾。任何单位和个人都应当服从火场指挥员的指挥,积极参加和支援灭火。火灾扑灭后,有关单位和人员还应当如实提供火灾事实情况,协助消防救援机构调查火灾事故原因。对于消防救援机构及其消防队来说,接到火警后必须立即迅速赶赴现场,救助遇险人员,排除险情,扑灭火灾,并负责组织和指挥火灾的现场扑救。

第三,在社会单位管理方面,应当充分发挥职工群众的作用。职工群众工作在基层第一线,对第一线的情况了解得最直接、最实际、最客观。他们对火灾隐患的认识程度、执行消防安全规章制度的自觉程度,是决定单位能否达到消防安全的关键。因此,消防安全工作必须宣传群众、组织群众、教育群众、充分发动和依靠群众,必须广泛开展消防安全教育,让职工群众真正认识到火灾的危害,掌握基本的火灾预防知识,知道怎样做是安全的;让职工群众能够自觉遵守国家的消防安全法规和规章制度,主动发现和消除火灾隐患,掌握自防自救的基本技能,积极纠正和制止违反消防法规的行为。只有这样,消防安全才能有坚实的基础,才能有效预防火害事故的发生。

三、消防工作的方针

我国消防工作的方针是“预防为主，防消结合”。这个方针是由原来的“以防为主，以消为辅”演变而来的，它继承了原方针的基本精神，更加准确和科学地表达了“防”和“消”的关系，正确地反映了同火灾作斗争的基本规律。

所谓预防为主，就是不论在指导思想上还是在具体行动上，都要把火灾的预防工作放在首位，贯彻落实各项防火行政措施、技术措施和组织措施，切实有效地防止火灾的发生。同时，由于消防安全工作涉及千家万户以及每个公民个人的切身利益，所以我们要贯彻预防为主的方针，就必须在工作中动员和依靠人民群众，宣传和教育群众，使消防工作建立在坚实的群众基础之上。

所谓防消结合，是指同火灾作斗争的两个基本手段——预防和扑救两者必须有机地结合起来。即在做好防火工作的同时，要积极做好各项灭火准备工作，以便在发生火灾时能够迅速有效地予以扑救，最大限度地减少火灾损失，减少人员伤亡，有效地保护公民生命、国家和公民财产的安全。

贯彻“预防为主，防消结合”的方针，就是要把灾害预防工作放在消防工作的首位，同时也应把消防组织的建设和消防站、消防给水、消防通信等消防设施的建设放在重要位置，真正把灾害预防和灾害救援有机地结合起来，不偏废任何一个。

事实上，“防”和“消”是相辅相成的，二者缺一不可。“防”是“消”的先决条件，是事故前的工作，事故防范工作做好了，就可以不发生或少发生事故；“消”是“防”的补救措施，是事故后的工作，目的在于减少人员伤亡和灾害损失。“防”和“消”是达到消防安全的两种手段，二者相互联系，互相渗透，“防”中有“消”，“消”中有“防”。例如，在防范措施上采取的配置灭火器材、储备消防用水；在建筑布局上留出防火间距、保证道路畅通等措施都是为“消”做准备。另外，在扑救火灾的同时，查明火源位置、着火物质的性能、燃烧产物状况、火势蔓延的途径、建筑物的构造特点以及毗连状况和起火原因等，都是为了总结经验，制订预防灾害事故的措施。因此，“重防轻消”或“重消轻防”的观念或做法都是片面的，也是不可取的。

总之，“预防为主，防消结合”的方针，是几十年消防安全工作的经验总结。在社会主义现代化建设的进程中，只要我们认真贯彻这一方针，坚持“先其未然而防之，发而止之而救之，行而责之而戒之”的“防为上、救次之、责为下”的原则，消防安全工作就能沿着正确的方向发展，就能有效地防止和控制灾害事故的发生。

四、消防工作的原则

（一）消防安全责任制的原则

《中华人民共和国消防法》是为了预防火灾和减少火灾危害，加强应急救援工作，保护人身、财产安全，维护公共安全，制定的法律。根据2019年4月23日第十三届全国人民代表大会常务委员会第十次会议《关于修改〈中华人民共和国建筑法〉等八部法律的决定》修正。《消防法》第2条规定，消防工作按照“政府统一领导、部门依法监管、单位全面负责、公民积极参与的原则，实行消防安全责任制，建立健全社会化的消防工作网络。”这个原则分别强调了政府、部门、单位和普通群众的消防安全责任问题，具体来说，在以下四个方面强调了相关的消防安全责任。

1. 政府统一领导

所谓政府统一领导，是指我国的消防安全工作由各级人民政府统一领导。国务院是我国的中央人民政府，领导全国的消防工作。各级人民政府应当把消防工作纳入国民经济和社会发展计划之中，保障消防工作与经济社会发展相适应；应当组织开展经常性的消防宣传教育，提高公民的消防安全意识；应当将包括消防安全布局、消防站、消防供水、消防通信、消防车通道、消防装备，乃至消防力量建设等内容的消防规划纳入城乡规划，并负责组织实施。地方各级人民政府应当落实消防工作责任制，对本级人民政府有关部门履行消防安全职责的情况进行监督检查等。这些都是《消防法》规定的各级政府统一领导消防安全工作的责任内容。

2. 部门依法监管

部门依法监管，是指各级政府所属的有关部门应当在各自的职责范围内依法履行消防安全的监管责任。主要包括两个方面：一是对具有行政审批和执法职能的部门，应当认真依法履行法律明确规定的职责；二是对涉及政府的有关部门自己有系统、有行业的，要依据有关规定，在部署自己系统、行业工作的同时，把消防安全工作与之同部署、同检查、同落实、同考评，保证自己系统、行业的消防安全。例如，《消防法》第4条第2款规定：“县级以上人民政府其他有关部门在各自的职责范围内，依照本法和其他相关法律、法规的规定做好消防工作。”

（1）县级以上地方人民政府公安机关对本行政区域内的消防工作实施监督管理，并由本级人民政府消防救援机构负责实施。消防救援机构应当对机关、团体、企业、事业等单位遵守消防法律、法规的情况依法进行监督检查；应当加强消防法律、法规的宣传,并督促、指导、协助有关单位做好消防宣传教育工作。公安派出所负责日常消防监督检查、开展消防宣传教育等。

(2)教育、人力资源行政主管部门和学校、有关职业培训机构应当将消防知识纳入教育、教学、培训的内容。

(3)新闻、广播、电视等有关单位,应当有针对性地面向社会进行消防宣传教育。

(4)工会、共产主义青年团、妇女联合会等团体应当结合各自工作对象的特点,组织开展消防宣传教育。

3. 单位全面负责

火灾发生最主要的场所就是单位(当然还有家庭)。单位发不发生火灾,起决定作用的既不是政府,也不是公安消防部门,而是单位本身。所以,机关、团体、企业、事业等单位的法定代表人和消防安全管理人,应当承担起自己的主体责任,认真履行法定的消防安全职责,建立健全消防安全制度和安全操作规程,落实消防安全措施,加强对本单位人员的消防安全培训和宣传教育,积极承担起维护消防安全、保护消防设施、预防火灾、报告火警和参加有组织的灭火救援工作的义务。

4. 公民积极参与

公民组成了单位和家庭,同时单位和家庭又组成了社会。单位和家庭是社会的基本单元和基础。每个公民的消防安全工作做好了,那么全社会的消防安全也就有了基础和保障。所以,不论是单位还是家庭,每个公民都应当积极参与,努力做好自己身边的消防安全工作。同时,公民既是参与者,也是监督者,要监督自己周边所发现的消防违法行为,对消防违法行为要给予制止并检举揭发,以共同维护好消防安全,这是每个公民的责任和义务。

(二)消防监督管理管辖的原则

消防监督管理管辖的原则是以属地管理为主。以属地管理为主,是指无论什么企业或单位,其消防安全工作均以其所在地的政府管理为主,并接受所在地消防救援机构的监督。例如,《消防法》第3条规定,地方各级人民政府负责本行政区域内的消防工作;同时,第4条还规定,县级以上地方人民政府公安机关对本行政区域内的消防工作实施监督管理,并由本级人民政府消防救援机构负责实施。

(三)灭火救援的原则

灭火救援的原则是以抢救生命为主。以抢救生命为主是消防救援机构在进行灭火救援时应当遵循的基本原则。因为,人的生命是最可贵的。所以火场上如果有人受到火势威胁,首要任务就是把被火围困的人员抢救出来。

(四)火灾事故调查的原则

根据公安部令第108号发布的《火灾事故调查规定》第4条的规定,火灾事故调查应当坚持及时、客观、公正、合法的原则。这也就是说,消防救援机构在火灾事故调查过程中,应当根据客观事实进行及时、公正、合法的处理。首先,调查要及时,消防救援机构应当在规定的时间内及时做出客观、公正、合法的处理;其次,询问(讯问)有关当事人员,勘查火灾现场,收集证据,进行物证鉴定,应当及时、客观、公正、合法;最后,查寻、分析起火原因和致灾原因,以及责任追究和处理应当及时、客观、公正、合法。否则,消防救援机构及其工作人员应当承担相应的法律责任。

(五)消防行政处罚的原则

消防行政处罚的原则是"教育和处罚相结合,以教育为主",这是消防救援机构在实施消防管理行政处罚时应当遵循的基本原则。对违反消防管理的人给予必要的处罚,是维护社会秩序,保护国家财产和公民生命、财产安全的需要,它同说服教育是相辅相成的两个方面。对违反消防管理的人,坚持教育多数,处罚少数,区别对待,把处罚当作一种手段,通过处罚达到教育的目的,这是消防救援机构实施消防管理行政处罚的一贯做法。之所以把教育和处罚相结合作为消防管理处罚的基本原则,是因为:第一,随着消防法制宣传教育的开展,广大公民的消防意识和法制观念逐步增强,遵守消防法规的自觉性有了很大提高,用教育的方法解决消防安全问题更加可能和必要;第二,从违反消防管理行为的性质来说,它毕竟属于尚未构成犯罪的一般违法行为,用教育的方法可能比用处罚的方法效果更好;第三,从违反消防管理的人的具体情况看,除极少数别有用心外,绝大多数违反消防管理行为,是由于缺乏消防知识和纪律、法制观念不强,或者是由于不良习惯和作风所致,因此,强调重在思想教育是完全必要的。消防救援机构是公安机关具体实施消防监督管理的部门,在对违反消防管理的人进行处理时,一定要贯彻教育与处罚相结合的原则,分别不同情况,实行区别对待。对于情节特别轻微、主动承认错误并能及时改正的,可以从轻或者免予处罚;对于应当处以警告、罚款或者拘留的,也要注意区别情节的轻重,在法律规定的处罚种类和幅度(时限)内,给予适当处理。

第二节　政府消防安全管理的职责

一、政府消防安全管理的管辖与监督机构的设置

(一)政府消防安全管理的管辖

根据《消防法》第3条、第4条的规定,国务院领导全国的消防工作。地方各级人民政府负责本行政区域内的消防工作。县级以上人民政府其他有关部门在各自的职责范围内,依照《消防法》和其他相关法律、法规做好消防工作。

(二)政府消防监督管理机构的设置

《消防法》第4条规定,国务院应急管理部门对全国的消防工作实施监督管理。

(1)县级以上地方人民政府应急管理部门对本行政区域内的消防工作实施监督管理,并由本级人民政府消防救援机构负责实施。

(2)军事设施的消防工作,由其主管单位监督管理,消防救援机构协助。

(3)矿井地下部分、核电厂、海上石油天然气设施的消防工作,由其主管单位监督管理。

(4)法律、行政法规对森林、草原的消防工作另有规定的,从其规定。

由此可以看出,我国的消防安全管理由各级人民政府负责,各级人民政府的应急管理部门是消防监督管理机关,消防安全监督管理的具体事务由各级人民政府的应急管理部门负责实施。

二、政府的消防安全职责

(一)中央人民政府的消防安全职责

中华人民共和国的中央人民政府是国务院。消防事业的发展,是国民经济和社会发展的重要组成部分,是衡量一个国家现代文明程度的标志之一,对于国家长治久安和促进社会进步有着重要的意义;而发展消防事业又是一项涉及诸多方面的系统工程。《消防法》第3条第1款规定:“国务院领导全国的消防工作。地方各级人民政府负责本行政区域内的消防工作。”因此,全国的消防工作应当在国务院的统一领导下,遵循消防事业的发展规律,树立“以人为本”的思想,全面贯彻落实科学发展观,按照构建社会主义和谐社会的要求,全面落实“预防为主、防消结合”

的方针，努力构建“政府统一领导、部门依法监管、单位全面负责、群众积极参与”的消防工作格局，着力整治各种火灾隐患。

国务院应当坚持科学发展，有效统筹消防工作与经济社会发展的关系，将消防工作纳入国民经济和社会发展总体规划，保障消防工作与经济社会发展相适应；坚持城乡统筹，不断改善城乡防火安全条件；坚持依法治火，严格贯彻落实《消防法》等法律法规、技术规范和消防工作责任制；坚持科技先行，依靠科技进步，完善基础设施，改善技术装备，建立健全灭火应急救援工作机制，不断提升防火、灭火和救援能力；坚持“以人为本”，强化社会消防安全教育，增强全社会的消防安全意识，切实提高全社会防控火灾的意识和能力，全面提高公民消防安全素质，有效预防和减少火灾事故的发生，为经济发展、社会稳定和人民群众安居乐业创造良好的消防安全环境。

（二）地方各级人民政府的消防安全职责

1. 基本职责

（1）地方各级人民政府领导本行政区域内的消防安全工作。各级政府要实行消防安全工作责任制，将消防安全工作列入议事日程，进行统筹规划并定期部署，及时研究和解决消防安全工作中的重大问题，保证消防安全和应急救援经费的投入与本地经济和社会的发展相适应。

（2）地方各级人民政府可建立由有关部门负责人参加的消防安全委员会或消防安全工作联席会议制度，建立和完善政府部门消防安全工作协调机制，加强对本地区消防安全工作的领导与协调。

（3）要根据本地经济和社会发展的需要，建立多种形式的消防安全组织，加强消防安全组织建设，增强扑救火灾的能力。消防队伍的经费，要列入财政预算，保证消防队伍的发展，增强其灭火作战实力。

（4）经常进行消防宣传教育，提高公民的消防安全意识。在农业收获季节、森林和草原防火期间、重大节假日期间以及火灾多发季节，开展有针对性的消防宣传教育，采取防火措施，组织消防安全检查，督导重大火灾隐患的整改。

（5）对在消防工作中有突出贡献或者成绩显著的单位和个人，应当予以奖励；对因参加扑救火灾受伤、致残或者死亡的人员，按照国家有关规定给予医疗、抚恤。

（6）扑救特大火灾时，组织有关人员、调集所需物资支援灭火。

（7）鼓励和支持单位、个人积极参与消防宣传教育、消防科学技术研究、社区消防服务、消防志愿者行动、消防文化艺术活动等消防公益活动，对消防公益性社会团体和非营利事业单位给予扶持和优待；鼓励单位、个人向消防公益事业进行捐赠。对向消防公益事业进行捐赠的单位、个人依照有关规定给予税收等方面的优惠措施。

(8)应当每年对在消防工作和应急救援工作中有突出贡献的单位和个人，给予表彰和奖励。

2. 城乡政府的消防安全职责

(1)地方各级人民政府应当将包括消防安全布局、消防站、消防供水、消防通信、消防车通道、消防装备等内容的消防规划纳入城乡规划，并负责组织实施。城乡消防安全布局不符合消防安全要求的，应当调整、完善；公共消防设施、消防装备不足或者不适应实际需要的，应当增建、改建、配置或者进行技术改造。应当加强消防科学研究，推广、使用先进消防技术、消防装备。

(2)各级人民政府应当加强消防组织建设，根据经济社会发展的需要，建立多种形式的消防组织，加强消防技术人才培养，增强火灾预防、扑救和应急救援的能力。县级以上地方人民政府应当按照国家规定建立消防救援机构，并按照国家标准配备消防装备，承担重大灾害事故和其他以抢救人员生命为主的应急救援工作。

(3)县级以上地方人民政府应当组织有关部门针对本行政区域内的火灾特点制定应急预案，建立应急反应和处置机制，为火灾扑救和应急救援工作提供人员、装备等保障。

(4)城镇公共消防设施、消防装备不足或者不能适应实际需要的，应当增建、改建、配置或者进行技术改造。应当按照国家规定的消防站建设标准建立专职消防队。

(5)地方各级人民政府应当加强对农村消防工作的领导，采取措施加强公共消防设施建设，组织建立和督促落实消防安全责任制。在农业收获季节、森林和草原防火期间、重大节假日期间以及火灾多发季节，地方各级人民政府应当组织开展有针对性的消防宣传教育，采取防火措施，进行消防安全检查。

(6)乡镇人民政府、城市街道办事处应当指导、支持和帮助村民委员会、居民委员会开展群众性的消防工作，组织制定防火安全公约。在农业收获季节、森林和草原防火期间、重大节假日期间以及火灾多发季节，开展有针对性的消防宣传教育，采取防火措施，组织消防安全检查，督导重大火灾隐患的整改。距离消防救援队较远的乡、镇人民政府，要根据当地经济发展和消防工作的需要，建立专职消防队、义务消防队，承担当地重大灾害事故和其他以抢救人员生命为主的应急救援工作。

三、政府相关部门和社会组织的消防安全职责

（一）政府相关部门的消防安全职责

政府各有关部门，要切实加大联合执法力度，依法加强消防安全监管。要建立健全消防安全委员会和信息沟通及联合执法机制，有关部门各负其责，齐抓共管。

1. 具有行政审批权和执法职能部门的职责

具有行政审批权和执法职能的部门，主要是发展和改革委员会、建设、文化、国土资源、质量监督、工商、安全生产监管等部门，其消防安全职责是：

（1）结合各自职责，认真依法履行法律明确规定的消防安全职责。

（2）对发现的火灾隐患，依法查处或者移送、通报消防救援机构等部门处理。

（3）对本系统行业的消防安全负责。

2. 系统和行业管理部门的职责

国有资产管理委员会、商务、农业、交通、教育、文化、卫生、旅游、广播电视、人防、文物等有自己系统和行业部门的消防安全职责是：

（1）建立健全消防安全工作领导机制和责任制，制定消防安全管理办法，并对本系统行业的消防安全负责。

（2）依据有关规定，在部署自己系统、行业工作的同时，把消防安全工作与之同部署、同检查、同落实、同考评。

（3）定期组织消防安全专项检查，及时排查和整改火灾隐患。

3. 具有教育管理职能部门的职责

教育、人力资源行政主管部门和学校、有关职业培训机构应当将消防知识纳入教育、教学、培训的内容。着力抓好消防知识进学校、进课堂、进课本工作，将消防安全知识编入中小学《品德与生活》《品德与社会》《化学》《物理》和职业培训等课本，将应急预案演练和逃生自救训练知识纳入中学生军训的内容。

4. 消防产品质量管理部门的职责

产品质量监督部门、工商行政管理部门、消防救援机构应当按照各自职责加强对消防产品质量的监督检查。

5. 财政、税收部门的职责

财政、税收部门应当在财政、税收等方面，对投保火灾公众责任保险的单位和承保火灾公众责任保险的保险公司给予政策支持。

(二)社会组织的消防安全职责

社会组织除了应当履行加强对本单位人员的消防宣传教育等基本的消防安全职责外，还应当履行下列职责。

1. 新闻、广播、电视等有关媒体单位的消防安全职责

(1)有针对性地面向社会进行消防宣传教育，把消防法律法规和防火、灭火、逃生自救常识作为消防宣传教育的重点在群众喜爱的版面、时段、栏目进行宣传；

(2)主动建立消防安全信息传递平台，根据当地消防救援机构提供的消防监督执法情况，及时报道本地区的重大火灾隐患，组织专家对典型火灾案例进行点评和深层次分析，让人们引以为戒；

(3)深度、连续、跟踪报道久拖不改，可能造成群死群伤重大火灾事故的重大火灾隐患，以形成强大的社会舆论监督压力。

2. 工会、共青团、妇联等团体的消防安全职责

工会、共青团、妇联等团体应结合各自工作对象的特点，组织开展消防宣传教育。例如，各级工会可以将消防安全知识纳入职工“安康杯”竞赛活动，各级共青团可以将消防安全纳入“雏鹰”奖章活动和消防夏令营、冬令营活动，各级妇联可以将消防安全作为“五好家庭”评选的重要内容，从而形成全社会共同参与的格局。

3. 村民委员会、居民委员会的消防安全职责

村民委员会、居民委员会是村民和居民自我管理、自我教育、自我服务的基层群众性自治组织，他们和村民、居民直接接触，宣传教育面广，可以更大程度地普及消防安全知识。所以，村民委员会、居民委员会，应当履行以下职责：

(1)协助人民政府以及公安机关等部门，加强消防宣传教育；

(2)确定消防安全管理人，组织制定防火安全公约，进行防火安全检查。

4. 公共消防设施维护管理单位的消防安全职责

公共消防设施，主要是指消防供水管道、市政消火栓、消防水鹤、消防车通道、消防通信以及其他抢险救援时必需的市政公用设施。其效用如何直接关系到社会抗御灾害事故的能力，必须予以高度重视并加强管理。

(1)保持消防供水、消防通信、消防车通道等公共消防设施的完好有效。在修建道路以及停电、停水、截断通信线路时有可能影响消防队灭火救援的,有关单位必须事先通知当地消防救援机构。

(2)保存公共消防设施的建设和维护、检查、检测、评价、鉴定、修复、加固、更新、拆除等记录,建立信息系统,并将有关资料报城建档案管理机构管理。

(3)市政供水主管部门负责建设和维护市政消火栓等公共消防供水设施,乡镇消防供水设施由乡镇人民政府负责维护管理。

(4)市政工程主管部门修建、维护城市消防车通道和通向天然水源的消防车通道及取水设施,并设置醒目的标志;消防车道不符合城乡消防规划要求的,应当及时改造。

(5)在市政管理中,进行道路修建及停水、停电、截断通信线路时,如果面积过大、时间过长、不能及时修复或者恢复的,公用和城建等单位应当事先通知当地消防救援机构,以便消防执勤部队及时了解和掌握情况。

(6)电信业务经营单位应当负责消防通信线路的建设和维护管理,确保消防通信线路畅通;无线电管理部门应当保证消防无线通信专频专用,不受干扰。

(7)经营本地电话业务和移动电话业务的电信业务经营部门,应当免费向用户提供火警、匪警、医疗急救、交通事故报警等公益性电信服务并保证通信线路畅通。

5. 保险公司的消防安全职责

(1)为投保单位提供消防安全服务,指导投保单位做好消防安全工作。

(2)建立火灾风险评估体系,根据投保单位消防安全状况确定保险费率。

(3)对被保险人降低保险标的危险程度的,保险公司应当降低或退还相应保费。

(4)投保单位发生火灾后,及时做好勘查、定损、理赔等灾后服务工作,切实保障当事人的合法权益。

6. 消防协会的消防安全职责

(1)加强对消防产品行业单位的监管和发展。

(2)负责消防行业特有工种的技能鉴定工作,完善消防从业人员职业资格制度,推进社会消防从业人员的职业化建设。

(3)规范消防设施检测、维护保养和消防安全评估、咨询、检测等消防技术服务机构的服务行为,不断提升服务质量和水平。

(4)将社会单位的消防安全信息、消防从业单位和人员从业情况纳入社会信用体系。

第二章　中华人民共和国综合性消防救援队伍

中华人民共和国综合性消防救援队伍由中华人民共和国应急管理部管理，是由公安消防部队（武警消防部队）、武警森林部队退出现役，成建制划归应急管理部后组建成立 。

第一节　消防救援局的组织机构

国家综合性消防救援队伍建立统一高效的领导指挥体系。应急管理部设立消防救援局（中华人民共和国应急管理部消防救援局）、森林消防局（中华人民共和国应急管理部森林消防局），分别作为消防救援队伍、森林消防队伍的领导指挥机关。省、市、县级分别设消防救援总队、支队、大队，城市和乡镇根据需要按标准设立消防救援站；森林消防总队以下单位保持原建制。2019 年，国家综合性消防救援队伍组建一周年，一年来，对标应急救援主力军和国家队等定位，着眼“全灾种”“大应急”任务需要，着力从救援理念、职能、能力、装备、方式、机制等 6 个方面推动队伍转型升级。

组建一周年来，国家综合性消防救援队伍完成了 120 多万起应急救援任务，营救疏散 66 万多名遇险群众。任务不断更新，成绩也不断续写。

2018 年 10 月，根据中共中央《深化党和国家机构改革方案》，公安消防部队（武警消防部队）、武警森林部队退出现役，成建制划归中华人民共和国应急管理部，组建国家综合性消防救援队伍。

同月，中共中央办公厅、国务院办公厅印发《组建国家综合性消防救援队伍框架方案》，就推进公安消防部队和武警森林部队转制，组建国家综合性消防救援队伍，建设中国特色应急救援主力军和国家队做出部署。《框架方案》包括一个总体方案和职务职级序列设置、人员招录使用和退出管理、职业保障 3 个子方案。

2018 年 11 月 9 日，国家综合性消防救援队伍授旗仪式在北京人民大会堂举行，习近平总书记向国家综合性消防救援队伍授旗并致训词。

2018 年 12 月，国务院办公厅发布《关于国家综合性消防救援车辆悬挂应急救援专用号牌有关事项的通知》。

2019年1月,应急救援专用号牌启用。

2019年2月1日,国家综合性消防救援队伍人员证件启用。

中国消防救援队队旗主体为上红下蓝,红色代表党和国家,蓝色代表消防救援队伍。

旗标为橄榄枝托起的盾牌造型,象征消防救援队伍是人民群众生命财产安全和社会稳定的守护者。

盾牌边缘由救援绳围绕,正面包含有五角星、交叉斧头、水枪、雄鹰翅膀、定位标识和紧握手腕等元素。

其中,五颗五角星体现依法履行国家赋予的职责使命;交叉斧头和水枪作为消防员常用装备,体现职业特点;雄鹰翅膀代表反应灵敏、行动迅速;定位标识象征精准定位;紧握手腕象征救援。队旗寓意:消防救援队伍是党和国家的一支守护民生民安的专业救援队伍。

中国消防救援队队徽整体造型:盾形,融入国徽和雄鹰翅膀两组图案,图案周边为蓝色,主体颜色为金黄色。

寓意:盾型两侧环绕橄榄枝和松枝,象征消防救援队伍是人民群众生命财产安全和社会稳定的守护者,国徽代表依法履行国家赋予的职责使命;雄鹰翅膀代表反应灵敏、行动迅速;斧头、水带作为消防员常用装备,体现职业特点。

第二节　专职消防队的建设

专职消防队,是指由专职灭火人员组成,有固定消防站用房,配备消防车辆、装备、通信器材,定期组织消防训练,能够每日24小时备勤的专职从事火灾扑救,以及其他以抢救人员生命为主的重大灾害事故抢险救援工作的组织。根据管理体制,有政府专职消防队和企业专职消防队之分。

一、政府专职消防队的建设

(一)政府专职消防队的建立

县级以上地方人民政府应当按照国家规定的消防站建设标准和消防规划选址建立专职消防队。符合下列条件之一的乡镇人民政府,应当建立专职消防队:

(1)国内生产总值1亿元以上或者人口数量5万以上的镇。

(2)历史文化名镇或者历史文化名村较多的乡镇。

(3)国家级风景名胜区所在地的乡镇。

(二)政府专职消防队的任务

政府专职消防队,是消防救援队不足的地方政府,为了满足本辖区消防工作的需要而由地方政府兴建的一种灭火救援力量。该队伍是消防救援机构的补充。

(三)政府专职消防队的管理

政府专职消防队应当纳入消防机构指挥调度体系,按照消防机构的指令负责辖区内的火灾扑救等抢险救援工作。

1. 政府应当加强对消防队伍的领导

县级以上人民政府应当逐步整合各类应急资源,利用消防救援队、政府专职消防队建立综合性的应急救援队伍,充分发挥消防救援队、政府专职消防队火灾扑救和应急救援专业力量的骨干作用。消防救援机构的布局、消防站建筑标准和消防装备配备尚不符合国家规定的,县级以上人民政府应当协调、督促有关部门限期加以解决。

2. 专职消防队要加强训练,提高应急救援的能力

消防救援队、政府专职消防队应当按照国家规定,开展日常性的消防车辆和器材操作训练,加强高层建筑、地下建筑、石油化工等特殊火灾扑救和危险化学品泄漏、恐怖袭击破坏、地震、建筑物倒塌等灾害事故处置专业训练和演练,全面提高综合应急救援能力。

3. 消防救援机构统一指挥灭火救援工作

消防救援机构根据扑救火灾的需要,可以调动指挥专职消防队参加火灾扑救工作。专职消防队接到消防救援机构的指令后,应当立即赶赴火灾现场,在消防救援机构的统一指挥下开展工作。消防救援机构可以根据实际需要,在消防救援队中设立专业应急救援队伍。

4. 各级人民政府应当加强消防救援队、政府专职消防队应急救援能力建设

对于在消防监督、灭火救援、消防科技等领域表现突出的消防技术人才,各级人民政府应当给予岗位津贴,并建立人才培养和岗位保障机制,提高政府管理消防工作能力。

各级人民政府应当按照事权、财权划分原则，加强消防救援队、政府专职消防队应急救援能力建设，保障应急救援装备、器材和相关设施建设经费。

政府专职消防队队员的工资、奖金、社会保险和福利待遇列入当地人民政府财政预算。单位专职消防队队员的工资、奖金、社会保险和福利待遇由建队单位保障，并保证与其工作性质、劳动强度相适应。

5. 专职消防队要服从消防救援机构的管理

专职消防队变更队长、班长等骨干人员或者裁减消防队员、消防车辆、经费保障等，应当征求当地消防救援机构意见。撤销专职消防队，应当经当地消防救援机构同意。

二、企业专职消防队的建设

（一）企业专职消防队的分类

企业专职消防队根据其规模的大小，分为普通专职消防队和特勤专职消防队两类。其中，普通专职消防队又分为一级消防站和二级消防站两种。见表 2-1 所示。

表 2-1 消防队规模的分类

专职消防队类别		建筑面积/平方米	消防车数/台	一个班次执勤人数
普通专职消防队	一级消防站	2300~3400	5~7	30~45
	二级消防站	1600~2300	3~4	15~25
特勤专职消防队		3500~4900	8~11	45~60

注：专职消防队一个班次执勤人员的配备，可按所配消防车每台平均定员 6 人确定；消防站车库的车位数含 1 个备用车位。

（二）企业专职消防队的建队范围和建队条件

1. 企业专职消防队的建队范围

根据《消防法》第 39 条的规定，下列单位应当建立单位专职消防队：

（1）大型核设施单位、大型发电厂、民用机场、主要港口；

（2）生产、储存易燃易爆危险品的大型企业；

(3)储备可燃的重要物资的大型仓库、基地；

(4)上述第一项、第二项、第三项规定以外的火灾危险性较大、距离消防救援队较远的其他大型企业；

(5)距离消防救援队较远、被列为全国重点文物保护单位的古建筑群的管理单位。

单位专职消防队可由一个单位建立,也可以由几个单位联合建立。

2. 专职消防队员的建队条件

(1)消防站建设、消防车辆和其他装备、器材配备符合国家规定。

(2)消防队员满18周岁、不超过35周岁,身体和心理条件经训练适应灭火执勤需要,总数不少于20人;队长、班长具有1年以上火灾扑救实战经验。

(3)训练、指挥体系比较健全。

(4)有必要的经费保障。

(5)其他保障灭火执勤的工作情况。

专职消防队经训练能够适应灭火执勤需要,经当地消防救援机构对上述内容验收后,投入执勤。

(三)企业专职消防队的任务

企业专职消防队,除承担本企业重大灾害事故和其他以抢救人员生命为主的应急救援工作外,也负有支援公安消防部队抢险救援的任务和扑救邻近单位、居民火灾的任务。其具体任务是:

(1)拟订本单位的消防工作计划;

(2)负责领导本企业内义务消防队的工作;

(3)组织防火班或防火员检查消防法规和各项消防制度的执行情况;

(4)开展防火检查,及时发现火灾隐患,提出整改意见,并向有关领导汇报;

(5)配合有关部门对本单位职工进行消防安全宣传教育;

(6)维护保养消防设备和器材;

(7)经常进行灭火技术训练,制定灭火作战预案,定期组织灭火演练;

(8)发现火灾立即出动,积极进行扑救,并向公安消防部队报告;

(9)协助本单位有关部门调查火灾原因;

(10)配合公安消防部队参加灭火战斗。

（四）建立企业专职消防队应当考虑的因素

根据企业专职消防队以本单位自救为主、协作为辅的原则，所以其建设的规模，应根据人员数量、执勤车辆的多少和实际需要来确定。单位专职消防队可由一个单位建立，也可以由几个单位联合建立。但必须符合国家规定的标准，并报当地消防救援机构验收。为了统一领导和指挥，减少人员编制，石油化工等企业在设有其他救援队（如气防队）时，应合建专职消防队。

在建立企业专职消防队时应当主要考虑下列因素。

1. 工厂的规模和火灾危险性的大小

工厂的规模越大，生产过程越复杂，生产用人相对也越多，生产当中用火、动火的概率越多，火灾危险因素越多；另外，所用原料、半成品和产品越易燃，火灾危险性越大，越易发生火灾，且一旦发生火灾，往往损失大、伤亡大、危害大、影响大。例如，石油化工企业所用的原料、半成品和产品绝大部分都是易燃易爆危险物品，且大都具有一定规模，是火灾危险性很大的企业，所以，具有一定规模的石油化工企业都应建立专职消防队。根据《石油天然气工程设计防火规范》（GB50183-2004）的规定，当邻近消防协作力量不能在30分钟内到达时，对于油品储罐总容量大于60万立方米的站场，都应设消防站。

2. 固定消防设施的设置情况

企业专职消防队的规模除与企业的大小、火灾危险性等有关外，还与企业内固定消防设施的设置情况密切相关。当石油化工企业的固定消防设施比较完善时，消防队站的规模可适当减小；当固定消防设施还不够完善时，消防站的规模应当相应加大。设置等级不低于二级消防站的标准。

3. 邻近单位消防协作条件

专职消防队的设置规模还应考虑邻近协作单位能否提供适用于扑救石油化工火灾的消防车等协作条件。如能够提供适用于扑救石油化工火灾的消防车等协作条件，则规模可以适当小一些，反之，则规模就应当大一些。

（五）企业专职消防队的服务范围

消防队服务半径以行车距离和行车时间表示。为了节约投资，当前我国石油化工企业主要依靠机动消防设备扑救火灾，所以，要求消防车的行车时间比较严格。但若火灾危险性较小和主要依靠固定消防设施灭火时，行车时间可适当放宽，如丁、戊类等火灾危险性较小的场所及设有固定消防设施的罐区可以适当放宽要求。

消防站的服务半径，应当根据被保护物的抗烧能力、行车时间和行车速度来确定。根据钢结构、钢储罐的抗烧能力一般在8分钟左右的实际情况，为及时尽快扑救火灾，以防蔓延，罐区灭火消防车应当在5分钟内赶到，加之战斗展开亦需要3分钟，行车车速按每小时30公里计，那么，5分钟的行车距离即为2.5公里。因此，按接火警后消防车到达火场的时间不超过5分钟计算，消防站的服务半径不宜大于2.5公里；对丁、戊类的局部场所及设有固定消防设施的罐区，消防站的服务范围可加大到4公里。

(六)企业专职消防队位置的选择

为使企业专职消防队能满足迅速、安全、及时扑救火灾的要求，消防站的位置，应选择在便于消防车迅速通往工艺装置区和罐区、避开工厂主要人流道路和远离噪声的场所，并位于生产区全年最小频率风向的下风侧。

企业专职消防队的主体建筑，与甲类装置及设施的防火间距不应小于200米；与甲、乙类生产厂房、库房的距离不应小于100米；与医院、学校、幼儿园、托儿所、影剧院、商场、娱乐活动中心等容纳人员较多的公共建筑的主要疏散口的距离应大于50米，且位于便于车辆迅速出动的地段。

(七)企业专职消防队设施及执勤人员的配置标准

根据所担负任务的需要，企业专职消防队应当建设有车库、通信室、办公室、值勤宿舍、药剂库、器材库、干燥室(寒冷或多雨地区)、培训学习室及训练场、训练塔，消防车辆、灭火器材、救援器材、消防员个人防护器材、通信器材、训练器材，以及其他必要的营具等生活设施。

1. 消防车辆的配备标准

消防站车辆的配置数量，应根据灭火系统的设置情况，以满足扑救该消防站服务范围内最大火灾的要求为目的。石油化工企业消防车辆的车型配备，应以大型泡沫消防车为主，且应配备干粉或干粉—泡沫联用车。

大型泡沫车，是指灭火泡沫的供给能力约为300升每秒、压力约1兆帕的消防车辆，相当于目前黄河卡车底盘改造的泡沫消防车的能力。特种车辆的配备，需根据企业规模、生产性质、火灾危险性等因素综合考虑。大型石油化工企业应配备高喷消防车和通信指挥消防车。

消防站的主要消防车应为重型消防车,大功率、远射程炮车。消防车应采用双动式取力器,重型消防车应带自保系统。应当根据东西部和南北方地域自然条件的不同及消防保卫的特殊需要,在现行标准基础上增减功能。例如,油气田地形复杂,地面交通工具难以跨越或难以做出快速反应时,可配备消防专用直升机及与之配套的地面指挥设施。如果消防站兼有水上责任区,还应加配消防艇或轻便实用的小型消防船、卸载式消防舟,并有供其停泊、装卸的专用码头。支队、大队级消防指挥中心的装备配备可根据实际需要选配。

天然气和石油化工企业的专职消防队,可根据罐区的油品总容量选配消防车辆:当油品储罐总容量等于或大于5000立方米,固定顶罐单罐容量不小于5000立方米或浮顶罐单罐容量不小于2万立方米时,应配备1辆泡沫消防车;当油品储罐总容量大于或等于10万立方米,固定顶罐单罐容量不小于5000立方米或浮顶罐单罐容量不小于2万立方米时,应配备2台泡沫消防车;当油气站场未设置固定消防系统时,如果邻近消防协作力量不能在30分钟内到达,应设三级消防站,或配备1台单车泡沫罐容量不小于3000升的消防车及2台重型水罐消防车。

专职消防队消防车辆的配备,应根据被保护对象的实际需要计算确定,并按表2-2选配。

2. 训练设施的配备标准

为了保证消防队员的技能训练,专职消防队应设置单双杠、独木桥、板障、软梯及室内综合训练器等技能、体能训练器材。水带、灭火剂、空气呼吸器备用钢瓶、消防战斗服等消耗性器材,应按照不低于1∶1的比例保持储备量。消防站灭火器材、抢险救援器材、人员防护器材等的配备应符合国家现行有关标准的规定。

3. 火灾报警设施的配备标准

企业专职消防队内应设接受火灾报警的设施。在设计火灾电话报警系统时,一、二级专职消防队应设不少于两处火灾同时报警的录音受警电话,且宜设置无线通信设备;消防控制中心或消防站应设置可直接报警的外线直拨电话(119);工厂生产调度中心、消防水泵房、消防控制室宜设受警监听电话。

表 2-2　消防站消防车辆的配置

消防站类别		普通消防站			加强消防站	特勤消防站
		一级站	二级站	三级站		
消防车种类	车辆配备数(台)	6~8	4~6	3~6	8~10	10~12
	通信指挥车	√	√		√	√
	中型泡沫消防车	√	√	√	√	
	重型水罐消防车	√	√	√	√	√
	重型泡沫消防车	√	√		√	√
	泡沫运输罐车				√	√
	干粉消防车	√	√	√	√	√
	举高云梯消防车				√	√
	高喷消防车	√			√	√
	抢险救援工具车	√			√	√
	照明车	√			√	√

注:①表中“√”表示可选配的设备;

②北方高寒地区,可根据实际需要配备解冻锅炉消防车;

③为气田服务的消防站必须配备干粉消防车。

4. 灭火剂的配备标准

由于在企业中,生产、储存、运输具有不同的特点,物料的物理、化学性质不同,气态、液态、固态的状态不同,储存方式及露天或室内的场合不同等,都需要采用不同的灭火手段和不同的灭火药剂。所以,专职消防队应当根据实际需要设置与生产、储存、运输的物料和操作条件相适应的向消防车快速灌装泡沫液的设施。

如消防站内储存泡沫液较多时,不宜用桶装。桶装泡沫液向消防车灌装时间长且劳动强度和劳动量大,往往不能满足火场灭火的需要。所以,应将泡沫液储存于高位罐中,依靠泡沫液的重力直接装入消防车,或从低位罐中用泡沫液泵将泡沫液提升到消防车内,以保证消防车连续灭火的需要。

在泡沫液车的协助下,消防车无须回站装泡沫液,可在火场更有效地发挥作用。输送泡沫液的方法有多种,其中储压法相对简单,不需动力,可通过车上的氮气瓶将泡沫液罐中的泡沫液压出。泡沫比例混合器应为 3%、6% 两档,或无级可调。泡沫罐应有防止泡沫液沉降的装置。

石化企业专职消防队的一次车载灭火剂最低总量,应符合表 2-3 的要求。

表 2-3 消防站一次车载灭火器最低总量/吨

灭火剂	消防站类别				
	普通消防站			加强消防站	特勤消防站
	一级站	二级站	三级站		
水	32	30	26	32	36
泡沫灭火剂	7	5	2	12	18
干粉灭火剂	2	2	2	4	6

应按照一次车载灭火剂总量 1∶1 的比例保持储备量,若邻近消防协作力量不能在 30 分钟内到达,储备量应增加 1 倍。

5. 建筑设施的配备标准

企业专职消防队的建筑面积,应根据所设站的类别、级别、使用功能和有利于执勤战备、方便生活、安全使用等原则合理确定。消防站建筑物的耐火等级应不小于二级。车库室内温度不宜低于 12℃,以有利于消防车迅速发动。由于车库在冬季时门窗关闭,为使消防车每天试车时排出的大量烟气迅速排出室外,消防车库应当设机械排风设施。滑杆室通向车库的出口处应有废气阻隔装置。

企业专职消防队的供电负荷等级不宜低于二级,并应设配电室。为了便于迅速出警,消防车库、值勤宿舍必须设置警铃,并应在车库前场地一侧安装车辆出动的警灯和警铃。通信值班室、消防车库、值勤宿舍以及公共通道等有人员活动的场所,应设事故照明。

为便于消防车迅速出动,专职消防队的车库大门应面向道路。从车库大门墙基至城镇道路规划红线的距离:二、三级消防站不应小于 15 米;一级消防站不应小于 25 米;加强消防站、特勤消防站不应小于 30 米。另外,由于石油化工企业多设置大型消防车,车身长,为便于迅速出车,车库前场地应采用混凝土或沥青铺砌的地面,并应有不小于2%的坡度坡向道路。消防站车库门前公共道路两侧50米,应安装提醒过往车辆注意,避让消防车辆出动的警灯和警铃。

企业专职消防队的消防车库应设置备用车位及修理间、检车地沟和供消防车补水用的室内消火栓或室外水鹤。修理间与其他房间应用防火墙隔开,且不应与火警调度室毗邻。消防车库大门开启后,应有自动锁定装置。

6. 专职消防队执勤人员配备标准

执勤人员由执勤队长、战斗员(班)、驾驶员和电话员组成。执勤队长由队长和指导员轮流担任,执勤人员的数量应根据消防车的类型确定。根据有关规定,重型消防车不少于5名;轻便消防车不少于3名;特种消防车(艇)的执勤战斗员应根据实际需要配备。

(八)企业专职消防队的管理

企业专职消防队应当充分发挥本企业火灾扑救和应急救援专业力量的骨干作用,组织实施专业技能训练,配备并维护保养装备器材,提高火灾扑救和应急救援的能力。根据扑救火灾的需要,专职消防队、义务消防队等消防组织,应当听从消防救援机构的调动指挥,参加火灾扑救工作。

企业专职消防队行政上受本单位行政领导的管理,一般归保卫部门管理,但也有归安全技术部门管理的。目前,也有一些火灾危险性较大的大、中型企业,将专职消防队作为企业的直属单位直接由厂长、经理领导。企业专职消防队应按公安消防部队的要求管理,业务上接受公安消防机构的指导。

企业专职消防队的执勤、灭火战斗、业务训练,应当参照执行公安部发布的《公安消防部队灭火执勤战斗条令》和《公安消防部队执勤业务训练大纲》,建立正规的执勤秩序,实行昼夜执勤制度。节假日要加强执勤力量,坚守岗位,不得擅离职守。

企业专职消防队的队员依法享受社会保险和福利待遇,享受本单位生产职工同等保险福利待遇,离队后按新的岗位确定待遇。从社会上招收的专职消防队员,其转正、定级和工资待遇以及之后的晋级,都应按照国家有关政策和本单位的有关规定执行。

企业专职消防队的经费由本单位开支。其中,消防设备维修费应在企业管理费中列支,队员的奖金、福利应在企业奖励基金和职工福利基金中列支,购置消防设备、器材应在企业更新改造基金和生产发展基金中列支。

实践证明,企业专职消防队是消防工作中不可缺少的力量。随着国家经济建设的不断发展,大型、中型企业的不断增加,易燃易爆危险品和高温、高压生产工艺的不断增多,尤其是近几年工厂企业向着联合化发展,加之城市市区面积不断扩大等,都可能出现公安消防部队顾及不暇的情况。因此,企业专职消防队的数量也要不断增加,人员和装备应不断加强,灭火技术应不断提高,企业单位领导要加强管理,公安消防部队要加强业务指导。

第三节　义务消防队的组建

同火灾作斗争,与人民群众的切身利益有着直接联系,免受火灾危害是人民群众的共同愿望和要求。因此,只有充分调动人民群众的积极性,并把做好消防安全工作变成人民群众的自觉行动,才有可能控制火灾的发生;而组织群众性的消防组织则是达到上述目标的一种最好形式。在我国,群众性的消防组织主要是义务消防队。

义务消防队,是指由本单位或本场所从业人员组成,平时开展防火宣传和检查,定期接受消防训练;发生火灾时能够实施灭火和应急疏散预案,扑救初起火灾,组织疏散人员,引导消防队到现场,协助保护火灾现场的群众性消防组织。义务消防队的每一名成员都来自基层岗位,他们懂技术、懂操作、懂业务,了解产品、半成品和原料的性能,熟悉本单位的具体情况,是消防工作最广泛的群众基础。他们一旦掌握了消防知识,将会起到消防救援队、企业专职消防队都取代不了的重要作用。

一、义务消防队的组建范围

根据《消防法》第41条的规定,机关、团体、企业、事业等单位以及村民委员会、居民委员会,应当根据需要建立志愿消防队等多种形式的消防组织,开展群众性自防自救工作。志愿消防队由职工、村民、居民志愿参加,是一支群众性的义务组织,所以也就是我们多年习惯所称的义务消防队。

二、义务消防队的组建方法

因为义务消防队是一支群众性的义务组织,组建时首先应当在本单位、本部门或城乡居民中广泛宣传,使群众充分认识到火灾的危害和组建义务消防队的重要性，然后在自愿的基础上，选择政治觉悟高、工作责任心强、身体强壮的青壮年职工组成。要力求精干，防止滥竽充数。对于火灾危险性特别大的液化石油气站、加油加气站、油库和其他易燃危险品仓库等职工人数较少的企业，全员都应是义务消防队员。

三、义务消防队的组建形式

义务消防队的组建形式应根据本单位的实际情况而定，不宜千篇一律。一般对于工厂企业，宜与生产组织相适应，做到厂级有队、车间有班、班组有消防员，防火重点部位不出现空白点。对于大的工矿企业，一般每个车间或工段都应有义务消防队。义务消防队内部应有一定的分工，通常可分为灭火组、供水组、抢救组、后勤联络组和警戒组等。

(1)灭火组。灭火组是义务消防队的前锋，主要负责火灾扑救。要求每个成员体魄健壮、勇敢顽强，具有一定的灭火技能。

(2)供水组。供水组主要负责火场的供水，组织本单位群众向火场和消防车内供水。供水组的队员应熟悉本单位和附近的水源情况。

(3)抢救组。抢救组主要负责抢救人员及抢救和疏散物资，同时要与灭火组密切配合。

(4)后勤联络组。后勤联络组主要负责火灾报警、火场联络、后勤供应、接应消防救援队的消防车等。后勤联络组成员要懂得火灾报警知识，熟记火警电话“119”和本单位的程控电话号码。报警时应当说清着火单位的详细地址、到达路线、着火物质、火势大小等，并在大门口或主要路口迎候消防车。

(5)警戒组。警戒组主要担负安全警卫任务，维护火场秩序，保护火灾现场，防止物资丢失和现场破坏。

四、义务消防队员的任务

单位义务消防队员分布在本单位的各个岗位和部位，平时开展消防安全宣传教育、灭火和应急疏散演练，在发生火灾时参加火灾扑救、组织人员疏散。归纳起来其任务应当包括以下几点。

(1)模范执行各项消防法规和消防制度。

(2)宣传消防安全知识。

(3)班前班后注意检查本岗位或本部位以及单位消防制度的落实情况，查看有无火灾隐患,及时报告和制止有可能引起着火或爆炸危险的行为。

(4)检查维护本岗位或本部位的消防器材。

(5)制定消防应急预案,积极参加火灾扑救。

(6)协助调查火灾原因,积极提供有关线索。

五、义务消防队的管理

单位义务消防队是治安保卫组织的一个组成部分,应在本单位治安保卫组织或专职消防队的领导下开展工作。义务消防队员所在单位应当支持职工参加义务消防队的相关活动。义务消防队所需的经费由建队单位负责解决。单位应当根据本单位的实际,给予义务消防队员适当补贴。

义务消防队要根据本单位的实际情况和季节特点定期开展活动,一般每季不少于一次。活动的内容是:学习有关消防工作的文件、通信、通报和消防知识;结合本单位的实际学习有关消防规章和制度;组织消防技能训练,定期进行灭火实战演习;掌握本单位各种灭火设备和器材的使用方法和灭火方法以及灭火器材的保养方法,提高应急灭火能力和实战能力,真正做到平时能防火,遇火会扑救。

第三章　消防安全教育

消防安全教育是把消防安全知识传授给公民，让公民认识火灾的危害，懂得防止火灾的基本措施和扑灭火灾的基本方法，提高防火警惕性和同火灾作斗争的自觉性，以培养公民消防安全素养的一项教育工作，是消防安全管理工作中一项重要的基础工作，按教育的手段、内容和性质，消防安全教育可分为消防安全宣传教育、消防安全培训教育和消防安全基础教育。

第一节　消防安全宣传教育

消防安全宣传教育，是指对公众说明、讲解消防安全常识，让公民认识火灾的危害，提高防火警惕性和消防安全意识的教育工作，其特点是具有广泛的号召性和鼓动性。《消防法》第6条第1款和第2款明确规定："各级人民政府应当组织开展经常性的消防宣传教育，提高公民的消防安全意识。机关、团体、企业、事业等单位，应当加强对本单位人员的消防宣传教育。"所以，对全民进行消防安全宣传教育也是各级人民政府以及其他机关、团体、企业、事业等单位的一项重要职责。

一、消防安全宣传教育的意义和对象

从全国的火灾统计看，其惨重的人员伤亡和重大的财产损失，绝大多数都是由于人们消防安全意识不强，不懂基本的消防安全常识所致。所以，要保证公民的消防安全，就必须提高公民个人的消防安全素质，而要提高公民个人的消防安全素质，就必须对全体公民进行广泛的消防安全宣传教育。

（一）消防安全宣传教育的意义

消防安全宣传教育的意义，主要表现在以下几点。

1. 可贯彻"专门机关与群众相结合"的工作路线

消防安全宣传教育工作是一项涉及整个社会及广大职工群众的工作，必须充分发动和依靠职工群众才能搞好。从消防安全工作的实践来看，群众是消防安全

实践的主体，同时也必然是思想认识的主体；但是正确的认识和信念的形成，从来不是自发的，只有通过灌输、教育才能完成。要充分调动全体公民消防安全工作的积极性，提高公民的消防安全意识，就必须走群众路线，就必须通过消防安全宣传教育工作这一主要途径，去宣传和教育群众。所以，消防安全工作只有宣传教育和依靠人民群众，才会有坚实的基础，才能得到巩固和发展。

2. 可以普及消防知识

从消防工作的实践看，引起火灾的原因很多，但主要的因素是人而不是物。火灾统计分析结果表明，绝大多数的火灾是由于人们思想麻痹、用火不慎或违反消防安全规章制度和安全技术操作规程所致。所以，要把消防安全工作做好，就必须要通过必要的宣传教育形式，向公民普及消防安全常识，增强公民的责任感和法制观念、集体观念，自觉遵守消防安全制度和操作规程，让广大民众平时注意防火，着火时能够及时扑救，减少损失。形成一种人人都关心防火安全、人人都重视防火安全、人人都能够自觉做好消防安全工作的局面。

3. 可促进全社会精神文明和社会的稳定

从火灾的危害看，一方面会造成人员伤亡和经济损失，使人民群众的生命、健康受到伤害；同时，严重的火灾往往导致生产的停滞、企业的破产，影响社会的经济发展和繁荣、稳定。所以，要通过广泛的消防安全宣传教育，使广大民众人人重视防火，处处注意安全，创造良好的消防安全环境，从而提高公民的精神文明程度，促进社会的稳定和繁荣。

(二)消防安全宣传教育的对象

由于消防安全宣传教育的目的，是普及消防安全知识，增强社会消防安全能力和社会的整体消防安全素质。所以，消防安全宣传教育的首要任务，就是提高广大人民群众的消防安全素质。

公民作为消防安全实践的主体，抓好他们的消防安全宣传教育对提升公民的消防安全能力至关重要。因此，消防安全宣传教育的对象必须是广大的社会民众，这也是由消防安全宣传教育的特点所决定的。

在对公民的消防安全宣传教育中，老、弱、病、残、儿童应当是重点。特别是随着改革开放的不断发展，城镇居民社区和农村人口的结构都发生了显著变化，大量青壮年外出务工，农村部分家庭只剩下妇女、儿童和老年人留守，其中老、弱、病、残等弱势群体的人口比重相对增加。由于这类群体的自防自救能力相对较弱，一旦发生火灾，将面临严重的威胁，因此，老、弱、病、残等弱势群体人员是消防安全宣传教育的重点。

二、消防安全宣传教育的形式

根据宣传教育的内容和手段，消防安全宣传教育的形式或渠道可有以下几种.

（一）报纸、杂志

1. 报纸

报纸是以国内外社会、政治、经济、文化等新闻为主要内容的散页印刷的定期出版物。消防宣传教育可以根据报纸的特点和社会消防安全的需要，找准相关栏目的结合点，结合消防安全工作的实际情况，使其成为开展消防安全宣传教育的阵地；有条件的地方和单位，还可以在当地或本单位的报纸专门开办消防安全宣传专栏，进行定期或不定期的消防安全知识宣传教育。例如，报道火灾新闻、火灾动态，表扬消防安全方面的好人好事，登载火灾事故处理情况，曝光火灾隐患和进行消防安全评论等。

2. 杂志

杂志又称期刊，是连续登载文章、图片等的定期或不定期印行的出版物。根据杂志的特点，可以专门创办消防安全期刊或利用相关期刊连续刊载消防安全报道、消防安全技术、消防科研成果和进行消防安全研讨等，把较为系统的消防安全知识传播向全社会，达到宣传消防安全知识的目的。

（二）广播、电信

1. 广播

广播，是指通过无线或有线的形式，靠发射机发射电波进行开放式传播，或接收者用导线连接于广播站，通过扬声器接受声音信息的传播。消防安全宣传教育可以根据广播的特点，进行消防新闻播报、现场直播或运用专题广播栏目开展消防安全宣传教育活动。另外，由于有线广播在一个区域或单位，具有听众相对集中、没有栏目时间限制、在消防科普教育的内容上可长可短等优势，可根据消防安全宣传教育的需要随时播出。当大量的消防安全知识在无线广播中不能满足传播需要时，有线广播完全可以给予弥补。

2. 电信

电信，是指利用电话、电报或无线电设备等传送信息的通信方式。在现代通信技术的条件下，有关消防安全知识可以利用移动通信、信息台或其他电信平台进行宣传教育。例如,不少消防支队通过当地的中国移动、中国联通、中国电信等,在接电话时插播"消防情系你我他,预防火灾靠大家"等有关消防安全知识方面的内容,均可收到较好的宣传效果。

(三)摄影、绘画

摄影就是用照相机拍下实物的影像。在消防安全宣传教育中,我们可以通过拍摄或制作消防新闻图片、消防艺术图片、消防安全教育图片等形式进行广泛的消防安全宣传教育。例如,独立发布消防新闻,同时消防图片还可以作题图、插图、封面等,不仅传递消防信息,普及消防安全知识,还起到了美化版面和导读的作用,使报刊、网络的消防安全教育图文并茂。另外,图片消防安全知识不仅要渗透到高科技传播媒介,还要通过其他表现形式进行传播,如组织开展消防安全教育摄影大赛、摄影展,制作消防安全教育知识画报、画册、画廊、公益广告等。

(四)电影、电视

1. 电影

电影,是指利用摄影机以每秒 24 帧连续胶片拍摄记录的连续影像,通过相同帧速进行连续回放,在银幕上再现活动影像和完整故事的视觉手段。电影受众面大,宣传消防安全教育效果好,人民公安报社与北京法宣影视文化有限公司联合摄制的《火海逃生》等影片都取得了很好的社会效益。

2. 电视

电视是利用无线电波或导线把实物的活动影像和声音变成电信号传送出去,在接收端把收到的信号变成影像和声音再现出来的装置,以及用这种装置传送的影像。无论无线电视还是有线电视,都是我们开展消防宣传教育、传递消防安全知识的重要且有效的手段。在电视消防安全宣传教育中,我们可以把相关的消防安全知识,运用娱乐、文艺类等节目形式,使教育内容更加丰富多彩和寓教于乐;对一些比较严肃的消防话题,也可以通过新闻、专题、访谈类等节目形式,及时传递给观众;有条件的地方还可以在当地电视台开办"消防安全宣传"教育栏目,建立固定的电视消防安全宣传教育阵地。总之,电视节目的各种形式,都可以为消防安全宣传教育内容提供更为直观、有效的传播途径。

另外,随着电视事业的发展,各城市和县镇以及一些大型企业、大型饭店、宾馆等公众聚集场所、社区等区域,都建立了有线电视网。用其进行消防安全知识的传播,不仅会使消防安全宣传教育的内容针对性更强,而且观众相对更加集中。特别是针对不同行业、不同季节消防安全工作的实际需要制作的消防安全知识光盘,可以在这里随时播放、经常播放,加深观众对消防安全知识的了解和掌握,增强消防安全宣传教育的效果。

(五)互联网

互联网是由若干计算机网络相互连接而成的网络,是消防安全宣传教育可以很好利用的又一个重要的平台。例如,最新的消防安全信息可以通过网络向全世界发布,可以将文字、图片、视频、多媒体等各种内容集中在一起展示;可以通过消防游戏、有奖竞答、问卷调查、滚动新闻、友情链接消防网页、消防论坛互动等形式,加大互联网这一信息海洋消防安全宣传的力度。

在消防安全宣传教育和消防信息的交流中,消防网站的建立,使人们可以看到文字、图片、活动影像,听到声音;可以进行网络教育和培训,建立消防数据资源库,把消防标准、规范、专利、论文等消防数据资源链接到互联网上,极大地丰富消防数据的可访问性;可建立有视频点播和以普及消防知识为主的 Flash 文件消防互动内容模式,访问者在网上可以在线观看消防的一些火灾案例、消防实战片段甚至是消防文艺电影;可建立网上博物馆,企业和个人可建立消防网站等。还可以利用远程教育网络开展消防安全宣传教育,将消防安全宣传教育与远程教育相结合,制作消防安全知识、火灾案例分析、生产生活用火常识等影视片在远程教育中播出。

(六)舞台艺术

舞台艺术,是指通过演员向观众的表演来展现其内容的特定的艺术门类。较为常见的表现形式有戏剧、小品、歌曲、曲艺、音乐、舞蹈等,在普通民众中间具有很大的吸引力。所以,消防安全宣传工作者应当充分利用这些资源,通过多种形式调动民间艺术创作者的积极性,把消防安全知识融入这些艺术之中,创作出富于生活气息的消防安全舞台艺术。例如,各地可在“119”消防安全宣传日,元旦、春节等文艺会演和民族风俗活动中开展丰富多彩、寓教于乐的消防文体娱乐节目,使民众能够以轻松的方式接受消防知识教育。

(七)标语口号

标语是用简短文字写出的有宣传鼓动作用的口号。宣传消防安全标语口号的方式常见的主要有:在主要街道或人群比较集中的场所张贴或悬挂宣传消防内容的标语;在较明显的墙体上刷写消防安全内容的标语;在电子屏幕、广告牌、灯箱等插入标语性的消防安全内容等。这些方式可以使人们在不经意间或休闲纳凉之时获取消防安全知识。综合各地的做法,消防安全宣传标语口号的内容主要有通用、家庭防火、社区防火、校园防火、消防设施保护、火灾逃生、用火安全、消防安全管理、工业消防安全等类型。标语的内容应及时更新,至少每年要更换一次,在有些场所还要做到经常更换。例如,在农村地区、城镇居民社区等地方,要根据不同时期或季节防火工作的需要,及时更换,使群众能够随时了解和掌握相关的消防安全知识。

(八)普通方式

1. 运用参观、展览的方式

近几年来,中国各地的消防站和新建立的消防教育基地、消防博物馆先后面向社会开放,为开展消防安全宣传教育、传授消防安全知识提供了固定的场所。

2. 运用“鸣锣喊寨”“守寨护寨”的方式

在农村,尤其是少数民族地区,村寨与乡(镇)政府之间,村寨与村寨之间相隔较远,分布较散,乡(镇)政府很难组织开展经常性的消防安全宣传教育。而“鸣锣喊寨”“守寨护寨”等民间的传统方式较适合于这些农村的特点,村民委员会可以通过此种方式,明确专人在村寨里巡逻,提醒村民们注意用火、防火,宣传消防安全常识,提高村民的防火警惕性。

3. 运用居民防火公约、乡规民约的方式

居民防火公约和乡规民约也是较为传统的方式,对于城镇居民和农村村民的行为具有一定的约束和指导作用。可以适当地把消防安全知识纳入乡规民约中,让村民了解和掌握一些必备的防火常识,从而达到宣传消防安全知识的目的。

4. 运用消防宣传栏、消防画廊等方式

随着人们生活水平的提高,居民业余文化生活的丰富多彩,一些经济相对发达的地区可以利用娱乐设施建立消防画廊,或者在农村主要道路两侧设置农村防火宣传栏,普及消防安全知识。

另外,城镇街道、居民社区、乡(镇)政府、村民委员会可以制作一些有关消防安全知识的流动式宣传栏和消防画廊,在村民的赶集日、“119”宣传日、火灾多发季节和当地的民俗节日,大张旗鼓地开展消防安全宣传教育活动。对于内容比较多的消防安全知识,适宜在宣传栏、墙画、宣传橱窗、宣传册或报刊等传播媒介上发布。还可以利用宣传车、展会等形式进行,从而达到普及消防安全知识的目的。

(九)消防主题宣传活动

消防主题宣传活动,是指具有独立鲜明主题的对公民进行消防安全宣传教育的专项活动。通常是由当地的消防救援机构,在每年春节、元旦、“五一”国际劳动节、国庆节和“119”消防安全日等重大和法定的节日,以政府名义组织;或由机关、团体、企事业单位根据自身的消防安全文化理念在本单位组织。

消防主题宣传活动应当结合当地或本单位的消防安全形势,有针对性地对当地民众或单位员工进行。宣传教育的内容和形式,可在以上所叙的方式中选择。对于农村地区,可以组织开展生动有趣的消防安全知识竞赛;也可以结合开展普法教育和文化、科技、卫生“三下乡”活动的时机,通过送消防书籍、消防挂历进村、进寨、进校;还可通过编演小品、相声等群众喜闻乐见的形式进行。

(十)消防安全文学创作

文学创作是反映社会生活的一种文化形式。消防安全宣传教育完全可以利用这种形式进行宣传教育,如反映消防部队生活和灾害预防方面的小说、报告文学、少儿读物和儿童防火拍手歌谣、儿童防火游戏、儿童防火三字经等题材的作品。

三、消防安全标志标示化

消防安全标志标示化,就是在火灾危险性大和一旦发生火灾危害性大的场所以及消防设施上或附近,设置醒目的消防安全标志,提醒人们这里是什么场所,有何火灾危险,应当注意什么,告诉人们哪里有灭火器材、如何使用,什么地方可以疏散逃生等信息,让人们在潜移默化中达到消防安全“自我管理、自我教育”的目的。

(一)常见的消防安全标志

消防安全标志是由安全色、边框、图像、图形、符号、文字所组成,能够充分体现消防安全内涵、传达消防安全信息的标志。根据中华人民共和国国家标准《消防安全标志》(GB13495—1992)的规定,我国的消防安全标志按照主题内容与适用范围的不同,可以分为:火灾报警和手动控制装置标志,火灾时疏散途径标志,灭火设备标志,具有火灾、爆炸危险的地方或物质的标志,方向辅助标志,文字辅助标志六类。

(二)消防安全标志的设置要求

1.基本要求

(1)消防安全标志的制作应符合国家标准或地方标准的要求。消防安全标志的材质、色彩、尺寸要符合国家或地方标准，应当醒目、美观、大方，能够充分体现消防安全内涵，夜间能够自蓄发光。

（2）公众聚集场所的消防安全标志应当做到“三提示”，即提示公众聚集场所的火灾危险性；提示公众聚集场所安全逃生的路线、出口和具体位置，以及遇紧急情况时逃生自救的方法；提示公众聚集场所内的灭火器、逃生设备器材具体的放置位置和使用方法。

（3）单位应当根据不同部位和不同设施的特点，通过设置消防标志和标牌，在明显部位悬挂或张贴消防宣传标志，在显著位置张贴“消防安全告知书”和“消防安全承诺书”，做到消防常识普及化，重要场所和消防设施标示化。

（4）消防安全标志单位应加强对消防标志的维护、管理，如有破损、缺失，应及时更换。消防安全宣传标志的内容应根据消防安全管理工作定期更新。

2. 消防控制室消防安全标志的设置要求

消防控制室应有显示被保护建筑重点部位、疏散通道、消防设备所在位置的平面或模拟图，并应按下列要求设置标志：

（1）设备具有消防设施显示功能的，应当显示感烟、感温探测器，手动报警按钮，消火栓等设施图，并在控制室墙面显著位置设置消防设施和疏散路线图，标明消火栓、安全出口、疏散路线等。

（2）设备无消防设施显示功能的，应在控制室墙面显著位置设置消防设施分布及疏散路线图，标明各类消防设施、安全出口的位置和疏散路线。

（3）建筑物楼层结构不同的，应在墙面设置标准层的消防设施分布及疏散图，其他楼层消防设施分布及疏散图应在消防控制室建立档案专卷。

（4）自动消防设施检测合格后，应张贴标明系统名称、使用编号、维保单位、检验单位、检验负责人、检验日期等内容的《自动消防设施检测合格证》。

（5）检测合格的自动消防设施，有消防联动控制柜的，应将合格证张贴在联动控制柜的左上角；只有火灾自动报警系统的，张贴在报警控制柜的左上角；只有自动喷水灭火系统的，张贴在水泵控制柜的左上角。

（6）消防控制室应将消防控制室相关职责、制度，消防设施分布及疏散路线图，消防设施维护保养协议，年度检测报告，季度、月份检查试验情况，消防控制室操作人员培训合格证复印件等资料整理归卷，并存放在控制室内。

3. 易燃易爆危险场所消防安全标志的设置要求

（1）高压氧舱、氧气仓库和其他易燃易爆危险品仓库，应在醒目位置设置标明储存物品的类别、品名、最大储量、灭火方法及注意事项等内容的警示性标志。

(2)输送易燃易爆气体、液体管道的入口处,应在醒目位置设置标明输送物质的类别、流向和安全管理制度、操作规程、注意事项及危险事故应急处置程序等内容的标志。

(3)操作失误易引发火灾事故、影响灭火救援效能的关键设施部位,应在醒目位置设置标明操作方法和注意事项的警示标志。

(4)加油、加气机侧面应设置标明操作员安全操作规程和注意事项的标志。加油、加气站内设有便利店的,应在便利店内的醒目位置设置"禁止吸烟""严禁使用电热器具"等标志。

(5)易燃易爆危险品装卸区的消防沙池和灭火工具附近应设置标明装卸作业安全操作规程、应急处置措施和注意事项的标志。

4. 消防设施标志的设置要求

(1)灭火器放置点、灭火器箱的箱盖上方,应设置标明名称、操作使用方法、维护保养责任人及维修时间的标志。

(2)消防水泵房门上应设置"消防重点部位闲人免进"标志,墙上应设置消防安全职责制度、操作规程的标志;在消防水泵、水泵控制柜上,应设置标明类别、编号、维护保养责任人和维护保养时间的标志。

(3)室外地下消火栓、水泵接合器附近的墙面上应设置标明名称、使用方法、维护保养责任人、维护保养时间的标志。

(4)消防水池醒目位置应设置标明取水口和容积的标志。

四、消防安全宣传教育的要求

(一)机关、团体、社会组织和其他单位消防宣传教育的要求

1. 机关、团体和社会组织的要求

新闻、广播、电视等单位应当积极开设消防安全教育栏目,制作节目,对公众开展公益性消防安全宣传教育。

2. 社区居民委员会、村民委员会的要求

(1)组织制定防火安全公约。

(2)在社区、村庄的公共活动场所设置消防宣传栏,利用文化活动站、学习室等场所,对居民、村民开展经常性的消防安全宣传教育。

（3）组织志愿消防队、治安联防队和灾害信息员、保安人员等开展消防安全宣传教育。

（4）利用社区、乡村广播、视频设备定时播放消防安全常识，在火灾多发季节、农业收获季节、重大节日和乡村民俗活动期间，有针对性地开展消防安全宣传教育。

（5）社区居民委员会、村民委员会应当确定至少一名专（兼）职消防安全员，具体负责消防安全宣传教育工作。

（6）物业服务企业应当在物业服务工作范围内，根据实际情况积极开展经常性的消防安全宣传教育。由两个以上单位管理或者使用的同一建筑物，负责公共消防安全管理的单位应当对建筑物内的单位和职工进行消防安全宣传教育。

3. 公共场所的要求

歌舞厅、影剧院、宾馆、饭店、商场、集贸市场、体育场馆、会堂、医院、客运车站、客运码头、民用机场、公共图书馆和公共展览馆等公共场所应当按照下列要求对公众开展消防安全宣传教育：

（1）在安全出口、疏散通道和消防设施等处的醒目位置设置消防安全标志等。

（2）根据需要编印场所消防安全宣传资料供公众取阅。

（3）利用单位广播、视频设备播放消防安全知识。

（4）养老院、福利院、救助站等单位，应当对服务对象开展经常性的用火用电和火场自救逃生安全宣传教育。

4. 旅游景区、城市公园绿地的经营管理单位

旅游景区、城市公园绿地的经营管理单位、大型群众性活动主办单位应当在景区、公园绿地、活动场所醒目位置设置疏散路线、消防设施示意图和消防安全警示标志，利用广播、视频设备、宣传栏等开展消防安全宣传教育。导游人员、旅游景区工作人员应当向游客介绍景区消防安全常识和管理要求。

5. 建设工程单位的要求

在建工程的施工单位应在建设工地醒目位置、施工人员集中住宿场所设置消防安全宣传栏，悬挂消防安全挂图和消防安全警示标志。

（二）宣传教育的内容要通俗易懂、简单明了

由于消防安全宣传教育的对象是广大民众，故其内容应当通俗易懂，贴近实际、贴近群众、贴近生活。还由于消防安全宣传教育的许多事件都是涉及国计民生

的大事，而新闻宣传一旦发布出去，就像泼出去的水无法再收回，所以，消防安全宣传教育所宣传的内容，应当准确无误，坚持正面宣传为主，不能以感想代替国家的法律、法规。对一些消防热点、难点和重大消防事件的宣传教育，特别是在揭露一些重大火灾隐患或进行批评性消防报道时，应该把握事件的主线，不能把非主线的、没有切实把握的、不够准确的内容也“有闻必录”地宣传出去。

（三）语言要生动活泼、言简意赅

消防安全宣传教育语言，应注重现场感和受众参与感，语言要通俗、口语化，要追求新颖的形式、新鲜的语言，不拘一格、生动活泼、引人入胜，要让受众如闻其声、如观其行、如睹其物、如临其境；还由于宣传教育的受众是社会广大群众，所以语言要通俗、口语化，要准确、通顺、严密、精练、健康，是经提炼过后高层次的口头语言；使受众更好地接受和消化消防安全知识。一张报纸可以摊在桌子上慢慢看、细细看，而广播和电视报道对受众来说，却没有那么主动自由，声音、画面转瞬即逝，只能跟着听、跟着看，否则就会漏掉重要的东西。不可用大话、套话、空话和泛论，防止把宣传教育的内容变成“耳边风、笑料语”，要做到念来顺口、听来顺耳、标准规范、具体形象。为了达到广播语言通俗化、口语化的要求，在消防安全宣传教育的语言表达上要注意以下几点。

1. 用句要简短，少用长句、倒装句

长句、短句各有优点。长句严密周详，条理贯通，气势磅礴；短句干净利落，通畅明白，朗朗上口。消防安全宣传稿，除了内容需要必须使用长句外，一般应多用短句。要采用群众习惯的说法，简明扼要地表达意思。对于消防新闻图片的文字说明要交代图片难以体现的新闻要素，如人物姓名、年龄、身份以及事件的地点、规模等，文字必须简短，只言图所未言，或揭示图中的视觉中心和重点，既有引导读者理解图片的功能，又有交代必要新闻要素的功能。

2. 合理重复，少用代词

我们有时在广播消防新闻里会听到，“这个单位如何如何”，“他怎样说，他怎样做”……到底是哪个单位？他是谁？如果是报纸看看前文就会知道，广播电视则不行，声音、画面一听一看就过了，不易反复听、看。为了让受众听懂听清楚、看懂看清楚，消防安全宣传教育稿，在写作上要少用代词，人名、地名或关键词语需要适当重复，以方便听众、观众，加深听众、观众的印象。

3. 不要滥用简称、略语,少用方言、土语

为了让群众听得懂、看得懂,不要滥用简称、略语。比如,“危险品、爆炸品、易燃品”,最好是用全称,不可简称为“三品”,因为这样群众无法知道什么是“三品”,也违反语言逻辑。又如,有的车站、码头、车船上,经常挂有“为了您和他人的安全,严禁携带易燃品、爆炸品、危险品进站上车”,有的干脆就写“严禁携带‘三品’进站上车”。试想,易燃品、爆炸品是不是危险品呢?这种严重违反语言逻辑的标语口号比比皆是。

另外,有些难懂的方言、土语,除专门节目外,一般也要改成标准规范的用语。

4. 音同义不同的字和词要分清

现代汉语中有许多音同义不同的字和词,写在纸上,人们可以观其形而辨其义。但广播不可以,只能传音不能传形,如果用得不当,就容易造成语言不清,甚至使听众发生误解。

(四)用语要准确,符合语言逻辑,不要随意想象和跟风

现代汉语中有许多成语,言简意赅,朗朗上口,很受群众的欢迎。但一定要正确理解、正确使用,否则就可能闹出笑话。例如,“防患于未然”,其本意是指“事故的预防措施要采取于事故或灾害未发生之前”。但有的单位及工作人员,将“防患于未然”写成防患于未“燃”。

现在的不少报道中经常把“事故隐患”说成是“安全隐患”,把“灾害事故”说成是“安全事故”等,这些都是违反语言逻辑的语法错误。试想,安全何来事故,事故何以安全,什么样的事故可以成为安全的事故呢?所以这些都是非常错误的用语。一些消防监督机构的公文和领导讲话中,也不辨真伪,跟着将火灾隐患说成是“消防隐患”或“消防安全隐患”,将火灾事故说成是“消防事故”或“消防安全事故”等。这些都是错误的,是应当纠正的。

(五)要列入日程,制订计划,定期开展和更新

单位领导应当充分认识消防宣传教育的重要性,并把它作为自身文化建设的一个重要组成部分去抓,列入工作日程,制订具体的宣传计划,定期开展形式多样的消防安全宣传教育。

可利用单位电子屏幕、广告牌、灯箱等对外宣传设施,插入消防安全的宣传内容,以使人们在不经意间或休闲纳凉之时获取消防安全知识。消防宣传的标语和

警句应张贴、刷写或悬挂在明显醒目的位置或墙体上，并根据不同时期或季节防火工作的需要及时更新，至少每年要更换一次。

第二节　消防安全培训教育

消防安全培训教育，是指培养和训练消防安全技术工人、专业干部和业务骨干的教育工作，具有一定的专业技术性，是培养在职员工消防安全素质和消防安全业务骨干的一个重要途径。

一、消防安全培训教育的对象

消防安全培训教育的对象应当是消防安全工作实践的主体。

（一）企业、事业单位的管理人员

企业、事业单位的管理人员长期从事企业、事业单位的实际工作，是普及消防安全知识不可或缺的力量，他们个人消防安全素质的高低，将影响到整个企业、事业单位消防安全的质量，因此，对企业、事业单位管理人员的消防安全教育应该采取较为专业的方式，主要由公安消防部门对他们进行专业知识的培训教育，让他们深入了解一定的消防安全知识，以对本单位进行更加有效的消防安全管理。

（二）企业、事业单位的员工及专业操作人员

企业、事业单位的员工及专业操作人员，是消防安全实践的主体，是单位的主人，他们个人消防安全素质的高低，将直接影响企业、事业单位的安全。他们操作的每一个阀门，安装的每一个螺丝，敷设的每一根电线，按动的每一个按钮，开动的每一个开关，添加的每一种物料等，如若不具有一定的事业心，不掌握一定的消防安全知识和专业操作技术，就有可能出现差错，带来事故隐患，甚至造成事故。一旦造成事故，首先直接受到威胁的就是企业、事业单位的这些一线的员工和专业操作人员，其次就是单位的财产。所以，必须对企业、事业单位的员工及专业操作人员进行专门的消防安全培训教育，而且上述人员应当是培训的重点。

（三）进城务工人员

进城务工人员是指户籍在农村而进城打工的人员，俗称农民工。据有关部门统计，我国进城务工人员已达2亿，且随着经济建设的飞速发展，还会有更多的农民工进城务工。他们主要从事第一线的具体劳动。因此，他们安全意识的强弱、安

全技术的高低,将直接影响公共消防安全和自身的人身安全。但是,由于他们的生活环境和受教育程度的不同,他们对城市生活还比较陌生,对城市家庭使用的燃气、家电等的性能和使用方法还不是很清楚;对企业生产过程中的消防安全知识、逃生自救知识也知之较少,往往因操作失误而造成事故,甚至危及自己的生命,尤其是有的遇到火灾事故因不知如何逃生而丧失性命。加之他们在社会生活中又处于弱势地位,一旦出现事故往往受到强势群体的侵害。

二、消防安全培训教育的形式

消防安全培训教育的形式是由消防安全培训教育的内容和对象决定的。根据消防安全培训教育的内容、特点以及各单位消防安全工作的实践,消防安全培训教育的形式按受培训教育对象的多少、培训教育的性质和培训教育的层次可归纳为以下几种。

(一)按培训教育对象的数量分

消防安全培训教育按被教育对象人数的多少,分为集体消防安全培训教育和个人消防安全培训教育两种形式。

1.集体消防安全培训教育

集体消防安全培训教育按讲授方式又可分为讲课式和会议式两种。

(1)讲课式。讲课式主要是以办培训班或学习班的形式,在课堂上讲授消防安全知识。此种方式是有计划进行消防安全培训教育的基本方式,如成批的新工人入厂进行消防安全培训教育、公安消防机构或其他有关部门组织的消防安全培训教育等多采用此种方式。

(2)会议式。此种方式主要有消防安全会议、专题研讨会和讲演会、火灾现场会等形式。

消防安全会议培训教育,是指各级管理人员定期召开某种安全会议,以研究解决消防安全工作中的有关问题,引起并保持人们对消防安全的重视和注意的形式。

专题研讨会式培训教育,是指为了研究和讨论消防安全管理人员的疑难问题,在各机关、团体、企业、事业单位的公司、工厂、车间专门举办研讨会或者在班前班后开会时,分析讨论发生的事故、存在的事故隐患等问题,研究解决问题的方法,同时又对管理人员进行消防安全培训教育的方式。此种方式,教育的对象一般不是初学者,而是对消防安全知识和消防安全管理有一定了解的人,人数不会很多。要求组织者要有丰富的经验,善于引导,可利用讲演的方式进行。

火灾现场会教育是用反面教训进行消防安全教育的方式。本单位或其他单位发生了火灾,及时组织职工或领导干部在火灾现场召开会议,用活生生的事实进行教育,效果应该是最好的。在会上领导干部要引导分析导致火灾的原因,认识火灾的危害,提出今后预防类似火灾的措施和要求。

2. 个人消防安全培训教育

在工业企业单位中,职工的每个岗位都有其固有的特点,职工个人也有一定的目的特性,如果完全采用集体消防安全培训教育的形式是不可能完全达到目的的,还必须与个别指导相结合,纠正错误之处,使作业人员逐步达到消防安全的要求。个人消防安全培训教育的形式主要有岗位培训教育、技能督察教育两种。

(1)岗位培训教育。岗位培训教育是根据职工操作岗位的实际情况和特点而进行的。为使受教育职工能正确掌握应知应会的内容和要求,教育者必须按规定的内容、要领、方法和程序进行教育。

(2)技能督察教育。技能督察教育,是指消防安全管理人员深入到职工操作岗位督促检查消防安全教育结果时进行的教育。要求各级消防安全管理人员要经常不断地深入到职工群众的作业岗位,检查消防安全制度和措施落实情况,查看执行是否正确,发现问题要弄清原因,提出措施和要求。根据各人的不同情况,管理人员还应采取个别劝告或其他更恰当的方法和手段进行教育。

(二)按培训教育性质分

1. 激励教育

在消防安全培训教育中,激励教育是一项不可缺少的教育形式。激励教育有物质激励和精神激励之分,如对在消防安全工作中有突出表现的职工或工作人员给予一定的物质奖励或奖金,而对失职的人员给予一定的扣发奖金、罚款等物质惩罚,并通过在公众场合宣布这些奖励或惩罚的方式,在物质和精神上进行教育。实践证明,精神上的激励往往比物质激励更重要,一个人在消防安全工作中有成绩,要及时进行适当的表扬,以激起人的光荣感,培养更大的进取心。一个消防安全做得好的同志受到表扬,他会总结经验,克服缺点,会在今后做得更好;对消防安全做得差的同志实事求是地给予批评,严而不苛,厉而不疏,激起痛改之心,鼓起奋发之志。这样从正反两方面进行激励,不仅会使有关人员受到激励,同时对其他同志也有很强的辐射作用。所以激励教育对职工群众是十分必要的。

2. 消防安全技能培训教育

消防安全技能培训教育主要是对作业人员而言的。在一个工业企业单位，要达到生产作业的消防安全，作业人员不仅要懂得消防安全基础知识，而且还应掌握防火、灭火的基本技能。如果消防安全教育只是使受教育者了解消防安全知识，那么实际上还不能完全防止火灾事故的发生。只有作业人员在实践中灵活地运用所掌握的消防安全知识，并且具有熟练的操作能力，才能体现消防安全教育的效果。培养这种能力，就需要进行消防安全技能培训教育。

（三）按培训教育的层次分

在企业、事业单位，消防安全培训按教育的不同层次，可分为单位（厂）、部门（车间、工段）、班组（岗位）三级。要求新职工，包括从其他单位新调入的职工，都要进行三级消防安全培训教育。

1. 单位（厂）级培训教育

新职工来单位报到后，首先要由单位的领导、消防安全部门和有关技术人员给他们上消防安全知识课，介绍本单位的特点、重点部位、安全制度、灭火设施等，学会使用一般的灭火器材；从事易燃易爆危险品的生产、储存、销售和使用的单位，还要组织他们学习基本的化工知识，了解全部的工艺流程。经消防安全教育，考试合格者要填写消防安全培训教育登记卡，然后持卡向部门、车间报到。未经过单位级消防安全培训教育的新职工，部门（车间、工段）可以拒绝接收。

2. 部门（车间、工段）级培训教育

新职工到部门（车间、工段）后，还要进行部门（车间、工段）一级的教育，介绍本部门（车间、工段）的生产特点、具体的安全制度及消防器材分布情况等。经教育后同样要在消防安全培训教育登记卡上登记。

3. 班组（岗位）级培训教育

班组（岗位）消防安全培训教育，主要是结合新职工的具体工种，介绍操作中的防火知识、操作规程，以及发现事故苗头后的应急措施等。对在易燃易爆岗位操作的工人以及特殊工种人员，只经过基本的消防安全培训教育还是不能够单独上岗操作的，上岗操作还要先在老工人的监护下进行，经过一段实习期后，经考核确认已具备独立操作能力时，才可独立操作。

三、消防安全培训教育的主要内容

消防安全培训教育的内容应当包括有关消防法规、消防安全制度和保障消防安全的操作规程；本单位、本岗位的火灾危险性和防火措施；有关消防安全设施的性能、灭火器材的使用方法；报火警、扑救初起火灾以及自救逃生的知识；组织、引导在场群众疏散的知识和技能；等等。

（一）消防安全工作的方针和政策

消防安全工作，是随着经济建设和工业化程度的发展而发展的。“预防为主，防消结合”的消防工作方针以及各项消防安全工作的具体政策，是保障公民生命财产安全、社会秩序安全、经济发展安全、企业生产安全的重要措施。所以，进行消防安全宣传教育，首先应当进行消防安全工作的方针和政策教育，这是调动民众积极性、做好消防安全工作的前提。

（二）消防安全法规

消防安全法规是人人应该遵守的准则。通过消防安全法规教育，使广大民众懂得哪些应该做，应该怎样做；哪些不能做，为什么不能做，做了又有什么危害和后果等，从而保证各项消防法规的正确贯彻执行。

（三）消防安全科普知识

消防安全科普知识是普通公民都能接受且又非常需要公民知道的消防安全基本知识，其主要内容包括：火灾的危害和防火、灭火的基本方法等常识；日用危险物品（含燃气）使用的防火安全常识；常用电器使用防火安全常识；失火如何报警、如何扑救，如何使用常见的应急灭火器材，如何自救互救和疏散逃生等消防安全知识等。使广大群众都懂得这些基本的消防安全科普知识，是有效控制火灾发生的重要基础。

（四）火灾案例

人们对火灾危害的认识往往需从火灾事故的教训中得到，而要提高人们的消防安全意识和防火警惕性，火灾案例教育则是一种最具说服力的方法。通过对火灾案例的宣传教育，可从反面提高人们对防火工作的认识，从中吸取教训，总结经验，采取措施，做好工作。

火灾案例教育一般是通过召开火灾现场会进行的。为召开火灾现场会是最贴近群众的消防安全宣传教育形式,能够让群众最直观地了解火灾发生的原因,从而提高警觉性。尤其是在受经济条件制约的农村地区,由于缺乏消防安全宣传教育的硬件设施,大部分农村群众对消防安全知识又知之甚少,特别是封建迷信思想较为突出的地区,对一些未调查清楚原因的火灾,有些人就盲目认为是“火神显灵”,缺乏科学的认识。通过召开火灾现场会,组织群众到火灾现场听取火灾调查人员对火灾事故的分析,能够使群众正确认识导致火灾的原因,同时起到普及消防安全知识,消除封建迷信思想的作用。

四、消防安全培训教育的要求

为使消防安全培训教育工作搞得更好,在利用各种形式开展培训教育的同时,单位还应注意以下几点。

(一)要领导重视,列入日程,定期进行

单位领导要充分认识消防安全培训教育的重要性,把消防安全培训教育列入工作日程,并作为企业文化的一个重要组成部分来抓。通过多种形式开展经常性的消防安全培训教育,切实提高职工的消防安全意识。根据国家有关规定,单位应当全员进行消防安全培训,消防安全重点单位对每名员工应当至少每年进行一次消防安全培训,其中,公众聚集场所对员工的消防安全培训应当至少每半年进行一次。新上岗和进入新岗位的员工上岗前应再进行消防安全培训。

培训的重点是各级、各岗位的消防安全责任人、消防安全管理人;专(兼)职消防管理人员;消防控制室的值班、操作人员;义务消防人员、保安人员;电工、电(气)焊工、油漆工、仓库管理员、客房服务员;易燃易爆危险品的生产、储存、运输、销售从业人员等重点工种岗位人员,以及其他依照规定应当接受消防安全专门培训的人员。

(二)要实行三级消防安全培训教育

要按照单位(厂)、部门(车间、工段)、班组(岗位)三级进行消防安全培训教育。其要求是:

(1)职工在本单位范围内调动车间、部门工作时,凡车间、工种不同的,仍要重新进行车间级和班组级的消防安全培训教育;在车间范围内调动,凡改变工种的,亦要按新工种的要求进行专门的消防安全培训教育。

(2)接受过三级消防安全教育的工人,因违章而造成事故的,本人要负主要责

任;如未对工人进行三级消防安全培训教育,工人由于不懂消防安全知识而造成事故的,则有关单位的领导承担重要责任。

(3)三级消防安全培训教育是最基本的安全培训教育,新工人进入岗位后,还要经常进行,不断提高他们预防事故的警惕性和消防安全知识水平。特别是当生产情况发生变化时,更应对操作工人及时进行教育。不能一次教育就一劳永逸。

(三)培训教育的内容要有真实性、时效性、知识性、趣味性和针对性

1. 要有真实性

由于消防安全培训教育工作是教育人的,是通过各种渠道和形式的教育活动来提高人们的消防安全意识的,所以,必须按照事物的本来面目进行审讲,按照符合事实真相的例证去说服教育,否则,人们就不能正确认识和接受所宣讲的内容。

2. 要有时效性

因为任何火灾的发生,总是在某种条件下出现的,它往往反映某个时期消防工作的特点。所以,消防安全培训教育,应特别注意利用一切机会,抓住时机进行。譬如,发生一起典型的火灾,就要及时抓住这个机会,用活生生的事实进行教育。讲明为什么会发生这起火灾,它的直接起因是什么,间接原因又是什么,给生产和人民群众的生活带来了怎样的后果,应该从中吸取什么教训,如何防止此类火灾的发生等。等时过境迁之后再去宣传这个案例,其时效性显然不如短时间之内宣传好。另外,在消防安全培训教育的内容上应和季节相吻合,如夏季教育危险品防热、防潮、防自燃,冬季教育炉火取暖防火、防煤气中毒等。若不按事物的时间规律去做,相反在夏季讲注意炉火防火,而在冬季却教育危险品防热、防潮等,就不会有很好的效果。

3. 要有知识性

任何事物的发生、发展都有其必然的原因和规律,火灾的发生也不例外。要让人们知道防止火灾发生的办法,在进行消防安全培训教育时就必须设法让人们知道火灾发生、发展的原因和规律性。这就要求在消防安全培训教育的方法和内容上要有知识性。这样,人们通过具有知识性的培训教育,就能自然掌握消防安全知识,就能自觉注意消防安全。

4. 要有趣味性

在消防安全培训教育的内容和方法上还应具有趣味性。所谓趣味性,就是通

过对培训教育内容的加工,针对不同的对象、时间、地点、内容,用形象、生动、活泼的艺术性手法或语言,将不同的听者、看者的注意力都聚集于所讲的内容上的一种手法。同样的内容、同一件事物,不同的讲授方法会产生不同的效果。所以要掌握趣味性的手法,使所讲授的内容对听者、看者具有吸引力,使人想听、想看,达到启发群众、教育群众的目的。

5. 要有针对性

消防工作不同时期会有不同的要求和重点,不同季节、不同生产行业、不同工种的人员的消防工作也都有不同的特点,如城市和农村不同,机关与企业不同,化工企业和轻纺企业不同,电焊工和保管员不同,在不同的季节消防安全培训教育的内容也是有区别的。所以,在进行消防安全培训教育时,要注意区别这些不同特点,抓住其中的主要矛盾,有针对性、有重点地进行。

(四)采取不同层次、多种形式和方法进行培训教育

要根据单位和培训对象的实际情况采取多种形式和方法进行培训教育。对于大中型企业的法定代表人,消防控制室操作人员,消防工程的设计、施工人员,消防产品的生产、维修人员和易燃易爆危险品生产、使用、储存、运输、销售的专业人员,宜由省一级的消防安全培训机构组织培训;对于一般的企业法定代表人,企业专职防火员,特种行业的电工、焊工等宜分别由省辖市一级的消防安全培训机构或区、县级的消防安全培训机构组织培训;对于机关、团体、企业、事业单位普通职工的消防安全培训,宜由单位的安全保卫部门组织消防安全培训。

在培训的方法上要根据培训对象的实际情况,可集中起来培训,也可就近培训,亦可深入到工厂、车间、工地、学校培训。总之,以有利于培训对象掌握消防安全知识、有利于增强消防业务素质、有利于企业的生产安全为宜。

(五)消防安全培训教育的管理要求

政府有关部门要加强消防安全培训教育的指导和监督。国家机构以外的社会组织或者个人利用非国家财政性经费开办消防安全专业培训机构,面向社会从事消防安全专业培训的,应当经省级教育行政部门或者人力资源和社会保障部门依法批准,并到省级民政部门申请民办非企业单位登记。

1. 成立消防安全专业培训机构的条件

(1)具有法人条件,有规范的名称和必要的组织机构。

(2)注册资金或者开办费在100万元以上。

(3)有健全的组织章程和培训、考试制度。

(4)具有与培训规模和培训专业相适应的专(兼)职教员队伍;专职教员应当不少于教员总数的1/2;具有建筑、消防等相关专业中级以上职称,并有5年以上消防相关工作经历的教员不少于10人;消防安全管理、自动消防设施、灭火救援等专业课程应当分别配备理论教员和实习操作教员不少于2人。

(5)有同时培训200人以上规模的固定教学场所、训练场地,具有满足技能培训需要的消防设施、设备和器材。

(6)消防安全专业培训需要的其他条件。

2. 申办消防安全专业培训机构的程序

(1)申请成立消防安全专业培训机构,依照国家有关法律法规,应当向省级教育行政部门或者人力资源和社会保障部门申请。

(2)省级教育行政部门或者人力资源和社会保障部门受理申请后,可以征求同级消防救援机构的意见。

(3)省级消防救援机构收到省级教育行政部门或者人力资源和社会保障部门移送的申请材料后,应当配合对申请成立消防安全培训专业机构的师资条件、场地和设施、设备、器材等进行核查,并出具书面意见。

(4)教育行政部门或者人力资源和社会保障部门根据有关民办职业培训机构的规定,并综合消防救援机构出具的书面意见进行评定,符合条件的予以批准,并向社会公告。

3. 消防安全专业培训机构的要求

(1)消防安全专业培训机构应当按照有关法律、法规、规章和章程规定,开展消防安全专业培训,保证培训质量。

(2)消防安全专业培训机构开展消防安全专业培训,应当将消防安全管理、建筑防火和自动消防设施施工、操作、检测、维护技能作为培训的重点,对经理论和技能操作考核合格的人员,颁发培训证书。

(3)消防安全专业培训的收费标准,应当符合国家有关规定,并向社会公布。

(4)省级教育行政部门或者人力资源和社会保障部门应当依法对消防安全专业培训机构进行管理,监督、指导消防安全专业培训机构依法开展活动。

(5)省级教育行政部门或者人力资源和社会保障部门应当对消防安全专业培

训机构定期组织质量评估,并向社会公布监督评估情况。省级教育行政部门或者人力资源和社会保障部门在对消防安全专业培训机构进行质量评估时,可以邀请消防救援机构专业人员参加。

4. 单位消防安全培训教育的要求

(1)单位对职工的消防安全培训教育,应当将本单位的火灾危险性、防火灭火措施、消防设施及灭火器材的操作使用方法、人员疏散逃生知识等作为培训的重点。

(2)单位应当根据本单位的特点,建立健全消防安全培训教育制度,明确机构和人员,保障培训教育工作经费。

(3)单位应当定期开展形式多样的消防安全培训教育,对新上岗和进入新岗位的职工进行上岗前消防安全培训,对在岗的职工每年至少进行一次消防安全培训。

(4)消防安全重点单位每半年至少组织一次、其他单位每年至少组织一次灭火和应急疏散演练。

5. 消防安全培训教育的奖惩

(1)地方各级人民政府及有关部门对在消防安全培训教育工作中有突出贡献或者成绩显著的单位和个人,应当给予表彰奖励。

(2)单位对消防安全培训教育工作成绩突出的职工,应当给予表彰奖励。

(3)地方各级人民政府公安、教育、民政、人力资源和社会保障、住房和城乡建设、文化、广电、安全监管、旅游、文物等部门不依法履行消防安全培训教育工作职责的,上级部门应当给予批评;对直接责任人员由上级部门和所在单位视情节轻重,根据权限依法给予批评教育或者建议有权部门给予处分。

(4)消防救援机构工作人员在协助审查消防安全专业培训机构的工作中疏于职守的,由上级机关责令改正;情节严重的,对直接负责的主管人员和其他直接责任人员依法给予处分。

(5)单位违反培训教育义务规定,构成违反消防管理行为的,由消防救援机构依照《消防法》予以处罚。

(6)社会组织或者个人未经批准擅自开办消防安全专业培训机构的,或者消防安全专业培训机构在培训活动中有违法违规行为的,由教育、人力资源和社会保障、民政等部门依据各自职责依法予以处理。

第三节 消防安全基础教育

基础教育,是指国家规定的对未成年人实施的最低限度的教育,包括幼儿教育、小学教育、普通中学教育(初中、高中)。从广义上讲,还包括家庭教育和必要的社会生活知识教育等。所以,所谓消防安全基础教育,就是在按国家规定进行基础教育的同时,对未成年人进行的最低限度的消防安全知识普及教育。

众多的火灾事实告诫我们,很多火灾的发生都是由于人们不懂得最基本的消防安全常识所致。因此,要保证公民的消防安全,就必须要提高公民个人的消防安全素质,而要提高公民个人的消防安全素质,就必须从娃娃抓起。对一个社会来讲,消防安全教育最重要的在于学校。因为教育是学校按一定要求培养人的工作,如果在学生时期就能够很好地接受消防安全教育,长大进入社会以后在消防安全方面将会终身受益。如果全国每个学校都能够进行消防安全教育,那受益的将是我们整个国家、整个民族。

《消防法》第6条第4款规定:"教育、人力资源行政主管部门和学校、有关职业培训机构应当将消防知识纳入教育、教学、培训的内容。"实践已经证明,要真正普及消防安全知识,仅靠消防部门的力量是不够的,教育部门也应承担起一定的责任。

一、消防安全基础教育的主要内容和形式

根据幼儿、小学生和中学生的生理和心理的不同特点,结合各地学校和幼儿园的实践,其消防安全教育的形式主要有以下几种。

(一)结合"国旗下的讲话"

"国旗下的讲话"是具有鲜明主题的由学校少年先锋队或共产主义青年团对学生进行爱国主义教育的一种重要形式。在每周星期一的早上进行,每次都有一个鲜明的主题。各学校可以充分利用这种形式,结合当地的消防安全形势,把消防安全作为一个主题,有针对性地对学生进行消防安全教育。根据一些学校的实践,一个学期至少应有一次以消防安全为主题的"国旗下的讲话"。

(二)结合主题班会

所谓主题班会,是指具有鲜明主题,以班集体为单位进行思想品德教育的活

动。各学校的班主任老师,可以充分利用这种形式,结合当地的消防安全形势和本班学生的学习和生活情况,把消防安全作为一个主题,有针对性地对学生进行消防安全教育。为了把主题班会开好,班主任要善于抓住时机、选好主题、当好参谋和导演。根据一些学校的实践,一个学期至少应有一次以消防安全为主题的主题班会。

(三)结合少年先锋队的活动

少年先锋队组织是社会主义中国对中小学生进行共产主义思想、集体主义思想和品德教育的一种组织形式。各学校可以充分利用这种组织形式,结合当地的消防安全形势,把消防安全科普教育纳入其中。不少学校还通过组建少年消防团或少年消防警校,向学生灌输消防科普知识等,都收到了较好的效果。

(四)结合社会实践活动

为了加强学生对社会的了解,提高学生的社会实践能力和综合素质,国家教育行政机关规定,要求小学和初中根据学生的生理和心理特点开设社会实践课。由于消防安全是一项社会性很强的工作,把对学生的消防安全教育与学校的社会实践课结合起来,不失为一种提高学生消防安全素质的重要渠道。不少学校通过参观消防队,组织学生深入居民社区、家庭进行"问卷调查",让学生写出"你所见到的火灾隐患",并用相机拍摄下来等,不仅可以提高学生的消防安全意识和消防安全素质,同时还可促进居民消防安全意识的提高。

(五)结合学校管理教育活动

学校的消防安全管理是学校行政管理的一个重要组成部分。从近年来全国各学校发生的多起火灾事故看,学校的消防安全管理势在加强之列。全国还有不少因上实验课和学生在宿舍违章用电发生的火灾事故。所以,各级学校应当在加强消防安全管理的同时,加强对学生的消防安全教育。

(六)结合"119"消防日

"119"消防日是为了提高全体公民的消防安全意识,发动群众整改火灾隐患,避免火灾事故的发生,在每年的 11 月 9 日设立的法定日期。因此,各级学校在每年的"119"消防日活动期间,应当通过各种形式配合社会的消防安全教育活动对学生进行消防安全教育。

"119"消防日的活动方式,可以与少年先锋队的活动、社会实践活动、学校管理教育活动或冬(夏)令营活动结合起来一起搞,也可以单独搞。从有关学校的实践看,结合起来一起搞效果更好。在活动期间,可以通过曲艺、小品、诗歌等文艺节目形式,也可以通过作文、摄影、绘画和知识竞赛等形式,还可以通过局域网络、电子课件、Flash 创作大赛和展播学生们自编、自导、自拍、自演的 DV 校园安全短剧等一系列活动进行。

(七)结合夏令营或冬令营活动

夏令营或冬令营是各类少年先锋队活动和社会实践活动的一个具体形式。各小学可以把以上 6 种形式结合起来,将消防安全科普教育的内容纳入夏令营或冬令营(含“119”消防日)活动中进行。

(八)结合军训活动

为了加强国防教育,根据国家有关规定,要求在初中、高中、职中阶段和大学阶段的新生人学时,都要统一进行国防教育和基础的军事训练,课时安排一般不少于 120 学时(15 天),大学阶段时间安排还要长一些,各学校落实得也很好。

(九)结合教学过程渗透

结合教学过程,就是指在进行主课教育的同时将相关的副课知识渗透在主课中讲解、渗透的教育。根据有关学校的实践,消防安全知识在普通学校教育中作为副课知识,可以通过以下五种方式进行渗透。

1. 结合教学活动内容渗透

在幼儿园和小学的教学过程中,可以通过儿歌、体育游戏、情境游戏、角色游戏、看图讲述、美工等教学过程,适当渗透相关的消防安全知识。例如,为了让幼儿知道如何正确拨打火警电话“119”,可将拨打方法和防火注意事项编成幼儿易学的儿歌对幼儿进行消防常识教育。这样,不仅可以让幼儿了解“119”报警电话的打法,还可增强孩子们的防火安全意识。

2. 结合教材内容渗透

在小学、幼儿园及各类中学、大学的教材中,都可以渗透相关的消防安全知识。例如,小学的《科学》和《品德与社会》,中学的《化学》《物理》《法律知识》等课程都是基础学科,其丰富的内涵在教学中发挥着独特的作用,完全可以在讲解主课时渗透相关的消防安全知识。例如,在讲授九年级《化学》上册第七单元“燃料及其利用”时,可以更加广泛地渗透消防安全知识。

3. 结合实验教学渗透

除了可以在教材内容中大量渗透消防安全知识外，在实验教学中也存在较多安全方面的问题，如若把握不好还容易造成课堂事故。例如，可燃性气体点燃前一定要验纯；一些实验中的化学反应虽然剧烈，但试剂量小并无危险，用药量稍大便会发生危险；金属钠、钾与水反应可能引起着火甚至爆炸，所以，试验时必须将钠切至绿豆大小；红磷在氧气里燃烧时，反应很剧烈，但药量少时并无危险，故在做分组实验时，让学生观察红磷在氧气里燃烧时的现象，放入的药量一定要适量，不得随意用药等，所有这些都应当在实验中把安全知识和正确的操作方法教给学生，否则就会发生爆炸事故。

同时，在实验教学中还应进行消防安全知识的研究。例如，氢气和氯气混合用光源点燃的实验，按课本的设计火灾危险性就比较大，但通过精心设计和探究把氢气和氯气的混合气装入塑料带，用照相机的闪光灯作为强光源，不仅实验现象较改进前明显，而且安全可靠。通过科学探究，还能够使学生在获得化学知识和技能的同时又受到科学方法的训练，体验探究的快乐，形成和锻炼学生探究的能力，启迪学生的科学思维，揭示化学现象的本质，体验科学探究的过程，帮助学生掌握安全知识、技能和方法。

4. 借助于重大事件和热点问题进行渗透

社会重大事件中，有许多素材和所学知识有关，适时巧妙地把它们引入课堂教学中，从事件存在的问题出发，引出学习的内容进行消防安全教育，这对于激发学生的兴趣，开发学生的思维，提高教学质量有显著的作用。

5. 结合教学、参观见学活动渗透

各学科的教师应当不断寻找新的视角和切入点，因地制宜，发掘资源，对实际生活中"活"的资料加以利用，把当地生产中的资源与课本中的消防安全知识有机地结合起来，进行消防安全教育，充分开发和利用当地资源，开拓学生的视野，引导学生从课外活动和社会实践中学习消防知识，对促进学生积极主动地学习具有重要意义。例如，在"燃料及其利用"时，可以组织学生到当地的消防部门观看消防救援人员的介绍和表演，让学生参与消防活动，亲自体验使用灭火器灭火的过程，掌握必要的灭火方法和自救手段，这样当学生遇到各种异常情况或危险时才能够果断进行自救自护。通过一系列参观、调查活动，使学生走向实际，学会在实践中发现问题、提出问题、分析和解决问题，通过查阅和收集资料、加工整理，使学生的合作能力、探究能力、实践能力得到增强，更加深刻理解课本中的化学、物理等知识和消防安全知识，并能对实际生活中存在的事故隐患提出合理的建议，做出客观的评价，学会关注人的生产、生活与安全的和谐发展，形成积极的人生观。

二、消防安全基础教育的要求

在全面实施素质教育的今天，我们强调以人为本，以学生全面发展为本，就应当把消防安全教育和学会生存纳入素质教育的重要内容，并逐步建立起学校消防安全教育的长效机制。为此，各教育行政主管部门、各学校的领导、教师以及家长和当地消防安全监督管理部门应当做好各自的工作。

（一）教育主管部门及各级领导和教师，要提高认识，加强领导

学前阶段和各学校的教育阶段是人生启蒙、发展的重要阶段，要使每一位公民从幼儿园开始就能初步得到消防安全知识的启迪和锻炼，作为基础教育最早的幼儿园及各小学、中学到大学，其上级主管部门、领导及每位教师，都有责无旁贷的责任和义务，都要充分认识对幼儿和学生进行消防安全教育的重要性和必要性，并上升到提高全民消防安全素质的高度去认识，积极主动地加强对消防安全知识普及工作的领导，并列入工作的重要日程。各主管教学的领导和学校的教学主管部门，要加强对学校消防安全知识渗透教育的教案和教学过程的督导、检查、总结、评比，并把消防安全知识渗透教育的实施情况作为考核教学绩效的重要内容。

（二）各类学校要将消防安全教育纳入学校教学大纲，编入教师教案

各幼儿园及各类学校，应当把有关消防安全的知识纳入教学内容，编入本校的教学大纲，作为必修课施教，并计入学分。各相关课程的任课教师，要通过培训、上网和阅读相关消防安全书籍，加强消防安全知识的学习。要把所授课程中涉及的相关消防安全知识编入教案，并及时渗透到教学过程中。

各级各类学校应当在开学初、放寒（暑）假前、学生军训期间，对学生集中开展专题消防安全教育；要结合不同课程实验课的特点和要求对学生进行有针对性的消防安全教育；组织学生到当地消防站参观体验；每学年至少组织学生开展一次应急疏散演练；对寄宿学生开展经常性安全用火用电教育。

各级各类学校应当至少确定一名熟悉消防安全知识的教师担任消防安全课教员，并选聘消防专业人员担任学校的兼职消防辅导员。

中小学校和学前教育机构应当针对不同年龄阶段学生认知特点，采取学科渗

透、专题教育的方式,每学期对学生开展不少于2个教学日的消防安全教育。小学阶段应当重点开展火灾危险及危害性、消防安全标志、日常生活防火、火灾报警、火场自救逃生常识等方面的教育。初中和高中阶段应当重点开展消防法律法规、防火灭火基本知识和灭火器材使用法等方面的教育。学前教育机构应当采取游戏、儿歌等寓教于乐的方式,对幼儿开展消防安全常识教育。

高等学校应当每学年至少举办一次消防安全专题讲座,在校园网络、广播、校内报刊等开设消防安全教育栏目,对学生进行消防法律法规、防火灭火知识、火灾自救他救知识和火灾案例教育。国家支持和鼓励有条件的普通高等学校和中等职业学校根据经济社会发展需要,设置消防类专业或者开设消防类课程,培养消防专业人才,并依法面向社会开展消防安全培训。人民警察训练学校应当根据教育培训对象的特点,科学安排培训内容,开设消防基础理论和消防管理课程,并列入学生必修课程。师范院校应当将消防安全知识列入学生必修内容。

(三)要加强对教师的消防安全培训

学校的消防安全主管部门,要制订学校消防安全培训工作规划和标准,将消防安全培训工作纳入教育督导和工作考核;指导和监督学校将消防安全知识纳入学校管理人员和教师在职培训内容。要积极协助教学部门做好消防安全主题教育和渗透教育工作,积极与当地公安消防管理部门联系,为学校教学主管部门索要相关的消防安全科普知识书籍、光盘资料等。学校应当积极联系参观消防队、城市少年消防教育馆,帮助开展好有关消防安全科普主题教育等活动。

校园内应当建立固定的消防安全科普知识教育橱窗、专栏,图书馆或图书室应当购置消防安全教育类图书、挂图和音像资料等,有条件的学校应当利用校园广播、网站和电化教学等现代化的多媒体系统,开展消防安全知识专题教育。

(四)教职员工要对学生充满爱心

对学生充满爱心是每一位教育工作者必备的重要条件。对学生的爱心不仅表现在日常的教学工作中,更表现在保护学生生命的危急时刻。例如,在新疆克拉玛依友谊馆大火中,唯一让人怀念与尊敬的是那些以自己的血肉之躯掩护孩子的教师。人们在扑灭大火后发现有一位老师的头和背已被烧焦。但是,她的两只臂肘下一边护着一名学生,其中一名学生的心脏还在微弱跳动。有的老师自己被大火烧得面目全非,然而他们的遗体都是张开双臂,还像母鸡护着小鸡一样,在墙边围护着几位死去的学生。人们后来发现许多老师的遗体,不是张开双手拉学生,就是扑在学生的身上。这些老师们在危难时刻,以自己的血肉之躯,在生命的最后时刻都在掩护着孩子们,他们都是全国人民教师的楷模,全国人民都应当永远铭记在克拉玛依大火中永生的师恩,每位老师都应当向他们学习。

（五）家长要身体力行,从自身做起,做孩子的榜样

家长是孩子的第一任启蒙老师,也是最重要的一任老师。在孩子眼里,父母是自己心中的偶像,是崇拜的英雄,家长的一言一行都会在潜移默化中影响着孩子。因此,平时家长就要注意养成良好的生活习惯,做孩子学习的表率,不要把报纸、杂志之类的可燃物放在炉子、加热器、暖气片等近旁;不要把正在烧、烤、煮、蒸的东西置之不理;吸烟的家长不要卧床吸烟,刚吸完的烟蒂不要扔在垃圾桶里;不要在一个插座上使用多个电器设备,也不要在插座上串联插座;在使用完液化气或煤气灶后,要及时关掉阀门;在公共场所不要损坏消防设施和器材等。另外,家长朋友们还要注意不要带孩子去舞厅、卡拉 OK 等公共娱乐场所,更不要单独把孩子锁在家里;不要在城市街道上和加油加气站、液化石油气换瓶站、燃气加压站等易燃易爆设施附近燃放烟花爆竹。

（六）学校当地的教育和消防救援机构要积极引导、协助幼儿园和学校做好消防安全基础教育工作

提高施教者的消防安全意识,是开展消防安全教育的基础。教育部门应当指导和监督各级各类学校将消防知识纳入教育、教学、培训的内容。消防救援机构要把对幼儿园和学校的消防安全知识教育作为自己的主要职责之一,积极引导、协助幼儿园和学校做好消防安全教育工作;要积极主动地对教师进行有关消防安全知识的培训,对于幼儿园和小学低年级学生的安全教育,还应将教育面扩大到家长。因为作为教育者的教师和家长具备消防安全知识的多少,将直接影响受教育学生消防安全知识的掌握程度。

各类学校未按照规定开展消防安全教育工作的,教育、公安、人力资源和社会保障等主管部门应当按照职责分工责令其改正,并视情况对学校负责人和其他直接责任人员给予处分。全国统一的消防安全培训教育大纲由公安部会同教育部、人力资源和社会保障部共同制定。

第四章 建设工程消防安全管理

建设工程,是指新建、扩建、改建(含室内装修、用途变更)等建筑工程的建设活动(不包括住宅室内装修、村民自建住宅、救灾和其他临时性建筑的建设活动)。随着国民经济的发展,人民生活水平的提高,民用住宅建筑和各类高层大型公共建筑及工业建筑不断增多,加之建筑本身及其内部装修和使用中存在的可燃物及易燃易爆危险物或聚集大量人员等情况,使得建设工程不仅发生火灾的概率增大,而且经常发生群死群伤的恶性火灾事故。所以,加强建设工程的消防安全管理非常重要。

第一节 建筑物的分类

建筑物是供人们居住、学习、工作、生产、娱乐的场所。从消防安全管理的角度,建筑物主要有以下几种分类:

一、按建筑物的使用性质分

根据建筑物的使用性质,建筑物可分为民用建筑(居住建筑、公共建筑)、工业建筑和农业建筑三大类。

(1)民用建筑分为居住建筑和公共建筑两类。居住建筑,是指供人们居住使用的建筑物,还可分为住宅建筑和集体宿舍两类;公共建筑,是指办公楼、商店、旅馆、影剧院、体育馆、展览馆、医院等公众人员使用的建筑物。

(2)工业建筑,是指直接用于生产的厂房和库房。

(3)农业建筑,是指直接服务于农业生产的暖棚、牲畜棚等。

二、按建筑物的高度或层数分

按建筑物的高度或层数,建筑物分为地下建筑、半地下建筑、单层与多层建筑、高层建筑和超高层建筑五类。

（一）地下建筑

地下建筑，是指房间地平面低于室外地平面的高度超过该房间净高一半的建筑物。

（二）半地下建筑

半地下建筑，是指房间地平面低于室外地平面的高度超过该房间净高 1/3 且不超过 1/2 的建筑物。

（三）单层、多层建筑

单层、多层建筑，是指 9 层及 9 层以下的居住建筑和建筑高度不超过 24 米（或已超过 24 米但为单层）的公共建筑和工业建筑。

房屋层数，是指房屋的自然层数，一般按室内地坪±0.00 以上计算；采光窗在室外地坪以上的半地下室，其室内层高大于 2.20 米以上，计算自然层数。假层、附层（夹层）、插层、阁楼（暗楼）、装饰性塔楼，以及突出屋面的楼梯间、水箱间不计层数。房屋总层数为房屋地上层数与地下层数之和。

（四）高层建筑

高层建筑，是指建筑高度大于 27 米的供人们居住使用的居住建筑（包括首层设置商业服务网点的住宅）和建筑高度超过 24 米且为两层以上的民用公共建筑，以及建筑高度超过 24 米的两层及两层以上的厂房、库房等工业建筑。其中，与高层民用建筑相连的建筑高度不超过 24 米的附属建筑称为高层民用建筑裙房。

高层民用建筑根据使用性质、火灾危险性、疏散和扑救难度等分为两类。

1. Ⅰ类高层民用建筑

（1）居住建筑，主要包括高级住宅和 19 层及 19 层以上的普通住宅。

（2）公共建筑，主要包括医院，高级旅馆，建筑高度超过 50 米或每层建筑面积超过 1000 平方米的商业楼、展览楼、综合楼、电信楼、财贸金融楼，建筑高度超过 50 米或每层建筑面积超过 1500 平方米的商住楼，中央级和省级（含计划单列市）广播电视楼，网局级和省级（含计划单列市）电力调度楼，省级（含计划单列市）邮政楼、防灾指挥调度楼，藏书超过 100 万册的图书馆、书库，重要的办公楼、科研楼、档案楼，建筑高度超过 50 米的教学楼和普通的旅馆、办公楼、科研楼、档案楼等。

2. Ⅱ类高层民用建筑

（1）居住建筑，主要包括 10 层至 18 层的普通住宅。

(2)公共建筑,主要包括除一类建筑以外商业楼、展览楼、综合楼、电信楼、财贸金融楼、商住楼、图书馆、书库,省级以下的邮政楼、防灾指挥调度楼、广播电视楼、电力调度楼,建筑高度不超过 50 米的教学楼和普通的旅馆、办公楼、科研楼、档案楼等。

(五)超高层建筑

超高层建筑,是指建筑高度超过 100 米的高层建筑,不论是住宅还是公共建筑、综合性建筑,均称为超高层建筑。

三、按建筑物危险性的大小分

根据建筑物的使用性质,生产、使用和储存物品的火灾危险性,可燃物数量,起火后火灾蔓延速度、扑救的难易程度以及可能造成的损失大小等因素,可分为严重危险级、中危险级、轻危险级三个危险等级。

(一)严重危险级

严重危险级,是指功能复杂,用火用电多,设备贵重,火灾危险性大,可燃物数量多,起火后蔓延迅速或容易造成重大火灾损失的建筑物。

(二)中危险级

中危险极,是指用火用电多,设备贵重,火灾危险性较大,可燃物数量较多,起火后蔓延较迅速的建筑物。

(三)轻危险级

轻危险级,是指用火用电较少,火灾危险性较小,可燃物数量较少,起火后蔓延较缓慢的建筑物。

四、按建筑物保护等级分

国家根据民用建筑物的性质、重要程度、人员密集程度,将被保护建筑物分为以下四类:

(一)重要公共建筑物

(1)地市级以上的党政机关办公楼。

(2)高峰使用人数或座位数超过 1500 人(座)的体育馆、会堂、会议中心、电影院、剧场、室内娱乐场所、车站和客运站等公众聚会场所。

(3)藏书量超过 50 万册的图书馆;地市级以上的文物古迹、博物馆、展览馆、档案馆等建筑物。

(4)省级以上的邮政楼、电信楼等通信、指挥调度建筑物。

(5)省级以上的银行等金融机构办公楼。

(6)高峰使用人数超过5000人的露天体育场、露天游泳场和其他露天公众聚会娱乐场所。

(7)使用人数超过500人的中、小学校;使用人数超过200人的幼儿园、托儿所、残疾人员康复设施;有150个床位以上的养老院、疗养院、医院的门诊楼和住院楼等医疗、卫生、教育建筑物(有围墙者,从围墙边算起)。

(8)建筑面积超过15000平方米的其他公共建筑物。

(9)地铁出入口、隧道出入口。

(二)一类保护建筑物

除重要公共建筑物以外的下列建筑物属于一类保护建筑物:

(1)县级党政机关办公楼。

(2)高峰使用人数或座位数超过800人(座)的体育馆、会堂、会议中心、电影院、剧场、室内娱乐场所、车站和客运站等公众聚会场所。

(3)文物古迹、博物馆、展览馆、档案馆和藏书量超过10万册的图书馆等建筑物。

(4)县级以上的邮政楼、电信楼等通信、指挥调度建筑;支行级以上的银行等金融机构办公楼。

(5)高峰使用人数超过1000人的露天体育场、露天游泳场和其他露天公众聚会娱乐场所。

(6)中小学校、幼儿园、托儿所、残疾人员康复设施、养老院、疗养院、医院的门诊楼和住院楼等医疗、卫生、教育建筑物(有围墙者,从围墙边算起)。

(7)总建筑面积超过3000平方米的商店(商场)、综合楼、证券交易所;总建筑面积超过1000平方米的地下商店(商业街)以及总建筑面积超过5000平方米的菜市场等商业营业场所。

(8)总建筑面积超过5000平方米的办公楼、写字楼等办公建筑物。

(9)总建筑面积超过5000平方米的居住建筑(含宿舍)、商住楼。

(10)高层民用建筑物。

(11)总建筑面积超过6000平方米的其他建筑物。

(12)车位超过50个的汽车库和车位超过150个的停车场。

(13)城市主干道的桥梁、高架路等。

(三)二类保护建筑物

除重要公共建筑物和一类保护物以外的下列建筑物属于二类保护建筑物:

(1)体育馆、会堂、电影院、剧场、室内娱乐场所、车站、客运站、体育场、露天游泳场和其他露天娱乐场所等室内外公众聚会场所。

(2)地下商店(商业街)、总建筑面积超过1000平方米的商店(商场)、综合楼、证券交易所以及总建筑面积超过1500平方米的菜市场等商业营业场所。

(3)总建筑面积超过1000平方米的办公楼、写字楼等办公类建筑物。

(4)总建筑面积超过1000平方米的居住建筑(含宿舍)或居住建筑群。

(5)总建筑面积超过2000平方米的其他建筑物。

(6)车位超过20个的汽车库和车位超过50个的停车场。

(7)除一类保护建筑物以外的桥梁、高架路等。

(四)三类保护建筑物

除重要公共建筑物、一类和二类保护建筑物以外的建筑物属于三类保护建筑物。

此外,与上述同样性质或规模的独立地下建筑物等同于上述各类建筑物。

第二节 建设工程消防安全行政许可

一、建设工程消防安全行政许可的管辖与责任

为了加强建设工程的消防监督管理,落实建设工程的消防设计审核与消防验收的责任,消防救援机构应当切实加强管理,规范消防监督管理行为。

(一)管辖

消防救援机构,应当依法对建设工程进行消防设计审核与消防验收和备案与抽查。除省、自治区人民政府消防救援机构外,县级以上地方人民政府消防救援机构承担辖区建设工程的消防设计审核与消防验收和备案与抽查工作。具体分工由省级消防救援机构确定,并报公安部消防局备案。

跨行政区域建设工程的消防设计审核与消防验收和备案与抽查工作,由其共

同的上一级消防救援机构指定管辖。

(二)建设工程消防安全许可的消防安全责任

建设工程的消防设计和施工,必须符合国家工程建设消防技术标准。建设、设计、施工、工程监理等单位应当遵守消防法规和国家消防技术标准,对建设工程消防设计、施工质量和安全负责。

1. 建设单位的消防安全责任

建设单位不得要求设计、施工、工程监理等有关单位和人员违反消防法规和国家工程建设消防技术标准,降低建设工程消防设计、施工质量,并承担下列消防设计、施工的质量责任:

(1)依法申请建设工程消防设计审核、消防验收,依法办理消防设计和竣工验收备案手续并接受抽查;建设工程内设置的公众聚集场所未经消防安全检查或者经检查不符合消防安全要求的,不得投入使用、营业。

(2)实行工程监理的建设工程,应当将消防施工质量一并委托监理。

(3)选用具有国家规定资质等级的消防设计、施工单位。

(4)选用合格的消防产品和满足防火性能要求的建筑构件、建筑材料及室内装修装饰材料。

(5)依法应当经消防设计审核、消防验收的建设工程,未经审核或者审核不合格的,不得组织施工;未经验收或者验收不合格的,不得交付使用。

2. 设计单位的消防安全责任

设计单位应当承担下列消防设计的质量责任:

(1)根据消防法规和国家工程建设消防技术标准进行消防设计,编制符合要求的消防设计文件,不得违反国家工程建设消防技术标准强制性要求进行设计。

(2)在设计中选用的消防产品和有防火性能要求的建筑构件、建筑材料、室内装修装饰材料,应当注明规格、性能等技术指标,其质量要求必须符合国家标准或者行业标准。

(3)参加建设单位组织的建设工程竣工验收,对建设工程消防设计实施情况签字确认。

3. 施工单位的消防安全责任

施工单位应当承担下列消防施工的质量和安全责任:

(1)按照国家工程建设消防技术标准和经消防设计审核合格或者备案的消防

设计文件组织施工，不得擅自改变消防设计进行施工，降低消防施工质量。

(2)查验消防产品和有防火性能要求的建筑构件、建筑材料及室内装修装饰材料的质量，使用合格产品，保证消防施工质量。

(3)建立施工现场消防安全责任制度，确定消防安全负责人。加强对施工人员的消防教育培训，落实动火、用电、易燃可燃材料等消防管理制度和操作规程。保证在建工程竣工验收前消防通道、消防水源、消防设施和器材、消防安全标志等完好有效。

4. 工程监理单位的消防安全责任

工程监理单位应当承担下列消防施工的质量监理责任：

(1)按照国家工程建设消防技术标准和经消防设计审核合格或者备案的消防设计文件实施工程监理。

(2)在消防产品和有防火性能要求的建筑构件、建筑材料、室内装修装饰材料施工、安装前，核查产品质量证明文件，不得同意使用或者安装不合格的消防产品和防火性能不符合要求的建筑构件、建筑材料、室内装修装饰材料。

(3)参加建设单位组织的建设工程竣工验收，对建设工程消防施工质量签字确认。

5. 消防技术服务机构和人员的消防安全责任

为建设工程消防设计、竣工验收提供图纸审查、安全评估、检测等消防技术服务的机构和人员，应当依法取得相应的资质、资格，按照法律、行政法规、国家标准、行业标准和执业标准提供消防技术服务，并对出具的审查、评估、检验、检测意见负责。

6. 消防救援机构的消防安全责任

消防救援机构实施建设工程消防监督管理，应当遵循公正、严格、文明、高效的原则。消防救援机构对建设工程进行消防设计审核、竣工验收和备案抽查，应当由 2 名以上执法人员实施。

新颁布的国家工程建设消防技术标准实施之前，建设工程的消防设计已经消防救援机构审核合格或者备案的，可分别按原审核意见或者备案时的标准执行。

二、建设工程消防设计审核与竣工的消防验收

(一)应当报经消防设计审核和竣工消防验收的建设工程

1. 应当报经消防设计审核和竣工消防验收的人员密集场所的建设工程

对具有下列情形之一的人员密集场所的建设工程,建设单位应当向消防救援机构申请消防设计审核,并在建设工程竣工后向出具消防设计审核意见的消防救援机构申请消防验收:

(1)建筑总面积大于2万平方米的体育场馆,会堂,公共展览馆、博物馆的展系厅。

(2)建筑总面积大于15000平方米的民用机场航站楼、客运车站候车室、客运码头候船厅。

(3)建筑总面积大于1万平方米的宾馆、饭店、商场、市场。

(4)建筑总面积大于2500平方米的影剧院,公共图书馆的阅览室,营业性室内健身、休闲场馆,医院的门诊楼,大学的教学楼、图书馆、食堂,劳动密集型企业的生产加工车间,寺庙,教堂。

(5)建筑总面积大于1000平方米的托儿所、幼儿园的儿童用房,儿童游乐厅等室内儿童活动场所,养老院、福利院,医院、疗养院的病房楼,中小学校的教学楼、图书馆、食堂,学校的集体宿舍,劳动密集型企业的员工集体宿舍。

(6)建筑总面积大于500平方米的歌舞厅、录像厅、放映厅、卡拉OK厅、夜总会、游艺厅、桑拿浴室、网吧、酒吧,具有娱乐功能的餐馆、茶馆、咖啡厅。

2. 应当报经消防设计审核和竣工消防验收的特殊建设工程

对具有下列情形之一的特殊建设工程,建设单位应当向消防救援机构申请消防设计审核,并在建设工程竣工后向出具消防设计审核意见的消防救援机构申请消防验收:

(1)设有《建设工程消防监督管理规定》第13条所列的人员密集场所的建设工程;

(2)国家机关办公楼、电力调度楼、电信楼、邮政楼、防灾指挥调度楼、广播电视楼、档案楼;

(3)上述以外的单体建筑面积大于4万平方米或者建筑高度超过50米的其他公共建筑;

(4)城市轨道交通、隧道工程,大型发电、变配电工程;

(5)生产、储存、装卸易燃易爆危险物品的工厂、仓库和专用车站、码头,易燃易爆气体和液体的充装站、供应站、调压站。

(二)建设工程消防设计审核的程序

1. 建设工程申请消防设计审核应当提供的材料

建设单位申请消防设计审核应当提供下列材料:

(1)建设工程消防设计审核申报表。

(2)建设单位的工商营业执照等合法身份证明文件。

(3)新建、扩建工程的建设工程规划许可证明文件。

(4)设计单位资质证明文件。

(5)消防设计文件。

2. 设计采用新标准、国外标准和国家没有标准的建设工程消防设计审核应当提供的材料

具有下列情形之一的,建设单位除提供以上所列材料外,应当同时提供特殊消防设计的技术方案及说明,或者设计采用的国际标准、境外消防技术标准的中文文本,以及其他有关消防设计的应用实例、产品说明等技术资料:

(1)国家工程建设消防技术标准没有规定的。

(2)消防设计文件拟采用的新技术、新工艺、新材料可能影响建设工程消防安全,不符合国家标准规定的。

(3)拟采用国际标准或者境外消防技术标准的。

3. 建设工程消防设计审核许可的条件

消防救援机构应当依照消防法规和国家工程建设消防技术标准强制性要求对申报的消防设计文件进行审核。对符合下列条件的,消防救援机构应当出具消防设计审核合格意见;对不符合条件的,应当出具消防设计审核不合格意见,并说明理由:

(1)新建、扩建工程已经取得建设工程规划许可证。

(2)设计单位具备相应的资质条件。

(3)消防设计文件的编制符合公安部规定的消防设计文件申报要求。

(4)建筑的总平面布局和平面布置、耐火等级、建筑构造、安全疏散、消防给水、消防电源及配电、消防设施等的设计符合国家工程建设消防技术标准强制性

要求。

(5)选用的消防产品和有防火性能要求的建筑材料符合国家工程建设消防技术标准和有关管理规定。

4. 建设工程消防设计审核许可的要求

(1)对国家工程建设消防技术标准没有规定的;消防设计文件拟采用的新技术、新工艺、新材料可能影响建设工程消防安全,不符合国家标准规定的;拟采用国际标准或者境外消防技术标准的建设工程,消防救援机构应当在受理消防设计审核申请之日起5日内将申请材料报送省级人民政府消防救援机构组织专家评审。

(2)省级人民政府消防救援机构应当在收到申请材料之日起30日内会同同级住房和城乡建设行政主管部门召开专家评审会,对建设单位提交的消防技术方案进行评审。

(3)参加评审的专家应当具有相关专业高级技术职称,总数不应少于7人,并应当出具专家评审意见。评审专家有不同意见的,应当注明。

(4)省级人民政府消防救援机构应当在专家评审会后5日内将专家评审意见书面通知报送申请材料的消防救援机构,同时报公安部消防局备案。

(5)对2/3以上评审专家同意的消防技术方案,受理消防设计审核申请的消防救援机构应当出具消防设计审核合格意见。

(6)建设、设计、施工单位不得擅自修改经消防救援机构审核合格的建设工程消防设计。确需修改的,建设单位应当向出具消防设计审核意见的消防救援机构重新申请消防设计审核。

(7)消防救援机构应当自受理消防设计审核申请之日起20日内出具书面审核意见。但是依照《建设工程消防监督管理规定》需要组织专家评审的,专家评审时间不计算在审核时间内。

(三)建设工程竣工消防验收的程序

1. 建设单位申请消防验收应当提供的材料

建设单位申请消防验收应当提供下列材料:

(1)建设工程消防验收申报表。

(2)工程竣工验收报告。

(3)消防产品质量合格证明文件。

(4)有防火性能要求的建筑构件、建筑材料、室内装修装饰材料符合国家标准或者行业标准的证明文件、出厂合格证。

(5)消防设施、电气防火技术检测合格证明文件。

(6)施工、工程监理、检测单位的合法身份证明和资质等级证明文件。

(7)其他依法需要提供的材料。

2. 建设工程竣工消防验收的要求

(1)消防救援机构应当自受理消防验收申请之日起20日内组织消防验收,并出具消防验收意见。

(2)消防救援机构对申报消防验收的建设工程,应当依照建设工程消防验收评定标准对已经消防设计审核合格的内容组织消防验收。

(3)对综合评定结论为合格的建设工程,消防救援机构应当出具消防验收合格意见;对综合评定结论为不合格的,应当出具消防验收不合格意见,并说明理由。

(4)对通过消防设计审核的高层建筑、地下工程,以及采用新技术、新工艺、新材料的建设工程,消防救援机构应当重点进行监督检查,督促施工单位落实工程建设消防安全和质量责任。

三、建设工程消防设计与竣工验收的备案抽查

(一)应当备案抽查的建设工程及备案抽查的程序

除按规定必须要经过消防设计审核的建设工程外,其他建设工程都必须进行备案抽查。备案抽查的基本程序是:

(1)建设单位应当在取得施工许可、工程竣工验收合格之日起7日内,通过省级消防救援机构网站的消防设计和竣工验收备案受理系统进行消防设计、竣工验收备案,或者报送纸质备案表由消防救援机构录入消防设计和竣工验收备案受理系统。

(2)消防救援机构收到消防设计、竣工验收备案后,应当出具备案凭证,并通过消防设计和竣工验收备案受理系统中预设的抽查程序,随机确定抽查对象。

(3)被抽查到的建设单位应当在收到备案凭证之日起5日内按照备案项目向消防救援机构提供按消防设计审核规定应当报送的材料。

(4)消防救援机构应当在收到消防设计、竣工验收备案材料之日起30日内,依照消防法规和国家工程建设消防技术标准强制性要求完成图纸检查,或者按照建设工程消防验收评定标准完成工程检查,制作检查记录。检查结果应当在消防

设计和竣工验收备案受理系统中公告。

(二)建设工程消防设计与竣工验收备案抽查的要求

(1)消防救援机构发现消防设计不合格的,应当在5日内书面通知建设单位改正;已经开始施工的,同时责令停止施工。

(2)建设单位收到通知后,应当停止施工,对消防设计组织修改后送消防救援机构复查。经复查,对消防设计符合国家工程建设消防技术标准强制性要求的,消防救援机构应当出具书面复查意见,告知建设单位恢复施工。

(3)消防救援机构实施竣工验收抽查时,发现有违反消防法规和国家工程建设消防技术标准强制性要求或者降低消防施工质量的,应当在5日内书面通知建设单位改正。

(4)建设单位收到通知后,应当停止使用,组织整改后向消防救援机构申请复查。经复查符合要求的,消防救援机构应当出具书面复查意见,告知建设单位恢复使用。

(5)建设工程的消防设计、竣工验收未依法报消防救援机构备案的,消防救援机构应当依法处罚,责令建设单位在5日内备案,并纳入抽查范围;对逾期不备案的,消防救援机构应当在备案期限届满之日起5日内通知建设单位,责令其停止施工、使用。

四、建设工程消防设计审核与竣工验收执法的监督措施

(一)执法监督的制度

1. 审核与验收实行主责承办、技术复核、审验分离和集体会审等制度

为了加强对建设工程消防设计审核与竣工验收的监督和制约,防止承办人玩忽职守、滥用职权、徇私舞弊,上级消防救援机构对下级消防救援机构建设工程消防监督管理情况进行监督、检查和指导。消防救援机构办理建设工程消防设计审核、竣工验收,要实行主责承办、技术复核、审验分离和集体会审等制度。消防救援机构实施消防设计审核、消防验收的主责承办人、技术复核人和行政审批人应当依照职责对消防执法质量负责。

2. 定期抽查,限定最低抽查比例

省级消防救援机构应当在互联网上设立消防设计和竣工验收备案受理系统,

结合辖区内建设工程数量和消防设计、施工质量情况，统一确定消防设计与竣工验收备案预设程序和抽查比例，并对备案、抽查实施情况进行定期检查。对设有人员密集场所的建设工程的抽查比例不应低于50%。消防救援机构及其工作人员应当依照此规定对建设工程消防设计和竣工验收实施备案抽查，不得擅自确定抽查对象。

3. 利害关系人实行回避制度

办理消防设计审核、消防验收、备案抽查的消防救援机构工作人员是申请人、利害关系人的近亲属，或者与申请人、利害关系人有其他关系，可能影响办理公正的，应当回避。

4. 对举报投诉限定核查处理时间

消防救援机构接到公民、法人和其他组织有关建设工程违反消防法律法规和国家工程建设消防技术标准的举报，应当在3日内组织人员核查，核查处理情况应当及时告知举报人。

（二）可以依法撤销消防设计审核或验收许可意见的条件

消防设计审核合格意见、消防验收合格意见具有下列情形之一的，出具许可意见的消防救援机构或者其上级消防救援机构，根据利害关系人的请求或者依据职权，可以依法撤销许可意见：

（1）对不具备申请资格或者不符合法定条件的申请人做出的。

（2）建设单位以欺骗、贿赂等不正当手段取得的。

（3）消防救援机构超出法定职责和权限做出的。

（4）消防救援机构违反法定程序做出的。

（5）消防救援机构工作人员滥用职权、玩忽职守做出的。

依照上述规定撤销消防设计审核合格意见、消防验收合格意见，可能对公共利益造成重大损害的，不予撤销。

（三）消防设计审核或验收许可的执法要求

（1）消防救援机构实施建设工程消防监督管理时，不得对消防技术服务机构、消防产品设定法律、法规规定以外的地区性准入条件。

（2）消防救援机构及其工作人员不得指定或者变相指定建设工程的消防设计、施工、工程监理单位和消防技术服务机构。不得指定消防产品和建筑材料的品牌、销售单位。不得参与或者干预建设工程消防设施施工、消防产品和建筑材料采购的招投标活动。

(3)消防救援机构实施消防设计审核、消防验收和备案、抽查,不得收取任何费用。

(4)消防救援机构实施建设工程消防监督管理的依据、范围、条件、程序、期限及其需要提交的全部材料的目录和申请书示范文本应当在互联网网站、受理场所、办公场所公示。

(5)消防设计审核、消防验收、备案抽查的结果,除涉及国家秘密、商业秘密和个人隐私的以外,应当予以公开,公众有权查阅。

(6)公民、法人和其他组织对消防救援机构建设工程消防监督管理中做出的具体行政行为不服的,可以向本级人民政府公安机关申请行政复议。

五、当事人违反建设工程消防设计审核与竣工验收规定的法律责任

(一)当事人违反建设工程消防设计审核与竣工验收规定应承担的法律责任

1. 应当给予处罚的消防安全违法行为

违反建设工程消防安全管理规定的,应当依照《消防法》的有关规定给予处罚;构成犯罪的,依法追究刑事责任。

(1)建设、设计、施工、工程监理单位、消防技术服务机构及其从业人员违反有关消防法规、国家工程建设消防技术标准,造成危害后果的,除依法给予行政处罚或者追究刑事责任外,还应当依法承担民事赔偿责任。

(2)建设单位在申请消防设计审核、消防验收时,提供虚假材料的,消防救援机构不予受理或者不予许可并处警告。

2. 应当给予加重处罚的消防安全违法行为

有下列情形之一的,应当依法从重处罚:

(1)已经通过消防设计审核,擅自改变消防设计,降低消防安全标准的。

(2)建设工程未依法进行备案,且不符合国家工程建设消防技术标准强制性要求的。

(3)经责令限期备案逾期不备案的。

(4)工程监理单位与建设单位或者施工单位串通,弄虚作假,降低消防施工质量的。

3. 建设工程消防安全违法行为处罚的要求

(1)违反规定并及时纠正,未造成危害后果的,可以从轻、减轻或者免予处罚。

(2)依法应当经消防救援机构进行消防设计审核的建设工程未经消防设计审核和消防验收,擅自投入使用的,分别处罚,合并执行。

(二)消防救援机构违反建设工程消防设计审核与竣工验收规定应承担的法律责任

1. 应当函告同级住房和城乡建设行政主管部门的情形

有下列情形之一的,消防救援机构应当函告同级住房和城乡建设行政主管部门:

(1)建设工程被消防救援机构责令停止施工、停止使用的。

(2)建设工程经消防设计、竣工验收抽查不合格的。

(3)其他需要函告的。

2. 工作人员玩忽职守、滥用职权、徇私舞弊应当给予处分的情形

消防救援机构的人员玩忽职守、滥用职权、徇私舞弊,构成犯罪的,应当依法追究刑事责任。有下列行为之一,尚未构成犯罪的,应当依照有关规定给予处分:

(1)对不符合法定条件的建设工程出具消防设计审核合格意见、消防验收合格意见的。

(2)对符合法定条件的建设工程消防设计、消防验收的申请,不予受理、审核、验收或者拖延时间办理的。

(3)指定或者变相指定设计单位、施工单位、工程监理单位的。

(4)指定或者变相指定消防产品品牌、销售单位或者技术服务机构、消防设施施工单位的。

(5)利用职务接受有关单位或者个人财物的。

第三节　城乡建设的消防安全规划与实施

一、城乡建设消防安全规划的组织与实施

城乡建设消防安全规划应当由各城市、乡镇人民政府负责组织本行政区域内城市、镇、乡和村庄进行编制和实施。发展改革、建设、规划、财政、国土资源、公安

消防、市政、通信等行政主管部门应当按照各自职能具体负责实施。

城乡建设消防安全规划的编制，应当遵循有关法律、行政法规，与城乡经济建设和社会发展相适应，并分别纳入城市总体规划、镇总体规划、乡规划和村庄规划。城乡消防安全规划不符合城乡经济建设和社会发展需要的，应当及时修订调整。建设经济开发区、保税区、工业区，应当编制专项消防安全规划，并符合城乡建设消防安全规划的要求。

城乡建设消防安全规划是城乡建设规划的重要组成部分，是城乡消防建设的重要依据，应当纳入城乡规划中。城乡消防设施的建设，应在城乡消防安全规划的指导下与城乡其他基础设施同步建设、同步发展。

城乡建设消防安全规划的编制，要在全面收集研究有关基础资料的基础上，依据总体规划，与城乡给水工程、道路交通、供电工程、电信工程、燃气工程等其他专业规划相协调，从实际出发，正确处理城乡建设与消防安全的关系，统一规划，合理布局，注重操作性，建立满足城乡消防安全需要的城乡消防体系，规划不仅要有总体长远的考虑，更重要的是要有近期建设的计划安排，为消防安全布局和消防设施的建设提供合理的建设依据。

城乡消防安全规划涉及城乡用地、市政、供水、电信、交通、电力、燃气等内容，要编制好城乡消防安全规划，必须要由政府统一领导和协调，由城乡公安消防机构会同城乡规划主管部门及其他有关部门共同组织，并委托具有国家规定的相应城乡规划设计资格的设计单位具体编制。

二、城乡建设消防安全规划的内容和要求

城乡建设消防安全规划应当根据城乡性质、规划期限、规划范围、规划人口、用地规模、城乡自然条件及经济发展规划等人文现状；大型易燃易爆危险品生产、储存、运输场所的分布、规模、火灾危险性现状；汽车加油加气站、燃气管道、液化石油气储存站、储配站、罐瓶站、煤气调压站等的分布、规模，以及与周围建筑物的防火间距等现状；城乡棚户区的分布、面积、人口、道路、水源等现状；古建筑、重点文物保护单位、重要建筑、周围水源、道路的分布等现状；城乡消防站数量、分布，每个责任区的面积、装备等现状；城乡供水能力，城乡可利用的天然水源、供水管网、市政消火栓等现状；城乡消防通道现状和城乡“119”火灾报警线路数量、城乡消防通信指挥系统现状等进行。

（一）城乡总体布局的消防安全规划

城乡总体布局是城乡总体规划的重要工作内容，是一项为城乡长远合理发展奠定基础的全局性工作，也是用来指导城乡建设的百年大计。城乡总体布局中的消防安全要求是为了使城乡布局更合理、更科学。在城乡总体布局中消防安全规划的基本要求如下：

（1）在城乡总体布局中，必须将生产、储存易燃易爆危险品的工厂、仓库设在城乡边缘的独立安全地区，并与人员密集的公共建筑保持规定的防火安全距离。位于旧城区严重影响城乡消防安全的工厂、仓库，必须纳入改造规划，采取限期迁移或改变生产使用性质等措施，消除不安全因素。

（2）在城乡规划中，应合理选择燃气供应站的储罐、瓶库，汽车加油加气站和煤气、天然气调压站的位置，并采取有效的消防措施，确保安全。合理选择城乡输送可燃气体、液体管道的位置，严禁在其干管上修建任何建筑物、构筑物或堆放物资。输送可燃气体、液体的管道阀门井盖应有标志。

（3）装运易燃易爆危险品的专用车站、码头，必须布置在城乡或港区的独立安全地段。

（4）城区内新建的各种建筑，应建造一级、二级耐火等级的建筑，控制三级耐火等级建筑，严格限制四级耐火等级建筑。

（5）城乡中原有耐火等级低、相互毗连的建筑密集区或大面积棚户区，必须纳入城乡近期改造规划，积极采取防火分隔，提高耐火性能，开辟防火间距和消防车通道等措施，逐步改善消防安全条件。

（6）地下铁道、地下公路交通隧道、地下街、地下停车场的规划建设与城乡其他建设，应有机地结合起来，合理设置防火分隔、疏散通道、安全出口和报警、灭火、排烟等设施。

（7）在城乡设置集市、贸易市场或营业摊点时，城乡规划部门应会同公安交通管理部门、公安消防监督部门、工商行政管理部门，确定其设置地点和范围，不得堵塞消防车通道和影响消火栓的使用。

（二）城乡组成要素规划布局的消防安全要求

1. 工厂、仓库

工厂、仓库是城乡形成与发展的主要因素，在布置上满足运输、水源、动力、劳动力、环境和工程地质等条件的同时，还应根据工厂、仓库的火灾危险程度和卫生类别、对外交通、货运量及用地规模等,合理地进行布局,以保障其消防安全。

(1)按照经济、消防安全、卫生的要求,应将生产、储存石油、化学肥料、钢铁、水泥、石灰等污染较大的工厂、仓库以及生产、储存易燃易爆危险品的工厂、仓库远离城乡布置;或将同类型工厂、仓库布置在城乡郊区;或依托旧城区,在其郊区以新建大型企业为基础,建立新的工业城镇。将协作密切、占地多、货运量大、火灾危险性大、有一定污染的工厂、仓库,按其不同性质组成工业区,布置于城乡的边缘、毗邻其居住区。

(2)对于占地面积不大、不需要铁路运输、生产过程中的火灾危险性不大、基本上无污染的工厂、仓库,可组成独立的街坊,布置在城乡内单独地段、居住区的边缘和交通干道的一侧。

(3)对于用地少、运输量少、对建筑物无特殊要求、生产过程中火灾危险性小、基本上无污染的工厂、仓库,可散置在居住街坊内,或与城乡绿化组合,组成前店后厂。

(4)工厂、仓库在城乡中的布置要综合考虑风向、地形、周边环境等多方面的影响因素。火灾危险性大的石油库、化学危险品库应布置在城乡郊区的独立地段,并应布置在该市常年主导风向的下风向或侧风向。靠近河岸的石油库应布置在港口码头、船舶所、水电站、水利工程、船厂以及桥的下游,如果必须布置在上游时,则距离要增大。

(5)要设置必要的防护带。工厂、仓库与居民区之间要有一定的安全距离构成防护带,防护带内应当加以绿化,起到阻止火灾蔓延的分隔作用。

(6)布置工厂、仓库应注意靠近水源并能满足消防用水的需要,应注意交通便捷,消防车沿途必须经过的公路及桥涵应能满足其通行的需要,且尽量避免公路与铁路交叉。

2. 大型公共建筑、公园、广场、绿地

大型公共建筑、公园、广场、绿地是消防分区的隔离带,在消防灭火、抢险救援、疏散人员和物资方面有着重要的实际意义,其布置应考虑分期建设,远近结合,留有发展余地的要求。对于旧城区原有布置不均衡、消防条件差的大型建筑、公园、绿地、广场,应结合规划做适当调整,并考虑对原有设施充分利用和逐步改善消防安全条件的可能性,以符合消防安全抢险救灾疏散的要求。

城乡中对大型公共建筑应按照《建筑设计防火规范》(GB50016-2006)、《高层民用建筑设计防火规范》《建筑内部装修设计防火规范》的规定,规划设计建筑物。

提高居住区边缘或临街建筑物的耐火等级，控制可燃建筑，以此形成城乡防火阻燃隔离带。

经验教训证明，当市区内发生大火，为避免辐射热造成人员伤亡，疏散避难场所（公园、绿地、广场）至少要在10公顷以上（国外标准为25公顷以上），最远疏散距离不应超过3千米（国外标准为2千米以内），也可结合城乡及河川、道路等设置防火绿地网。防火绿地网是城乡构成中连续而系统化的空间，即以公园和绿地为核心，将河川、道路、阻燃树林、广场和不燃化建筑布置成防火上的有效空间，在受灾时成为防火的网络，起到市区内切断火势和疏散避难的作用。防火绿地网的技术条件是疏散距离要控制在2千米以内。为了切断火势蔓延，防火绿地网的宽度应考虑为100~300米。防火绿地网核心问题是公园和绿地及广场组成的避难场所，同时这些场所应具有信息收集、传递、指挥、急救等职能。

3. 旧城区的改造

城乡旧城区的改造，应当根据老化程度、建筑规模、耐火性能、水源道路条件等情况，进行改造规划。

（1）在旧城区改造时，应本着"充分利用，逐步改造"的原则将消防安全纳入城乡改造规划之内，并与旧城区改造同步规划、同步设计、同步使用，积极改善防火条件。

（2）对于长条形棚户区或临街的易燃建筑，宜每隔80~100米采用防火分隔措施。有条件的城乡可每隔100~120米开辟或拓宽防火通道，其宽度不宜小于6米，既可阻止火势蔓延，又可作为消防车通道，且方便居民生活。

（3）对于大面积的方形或长方形的易燃棚户区，一时不易成片改造的，可划分防火分区。每个防火分区的占地面积不宜超过200平方米。各分区之间应留出不小于6米的防火通道，或者在每个分区的四周，建造三级及三级以上耐火等级的建筑，且每隔150米留出消防车通道，每隔80米留出人行通道，使之成为与防火墙相似的立体防火带。

（4）对于消防给水缺乏或不足的旧城区，一方面要结合区域内生活、生产给水管道的改造，积极改善消防给水设施，如加大供水管道管径，增设消火栓和消防加压点等；另一方面要进一步解决消防用水，对于无市政消火栓或消防给水不足，无消防车通道的，城乡建设部门应根据具体条件修建容量为100~200立方米的消防蓄水池。

（5）消除火险因素。针对旧城区电气线路年久失修等情况，加强维护管理，有计划地对棚户区旧电线逐步进行改造，以免养患成灾。

(6)严禁在人口稠密的旧城区建设火灾危险性大、易燃易爆的工厂、仓库。

在人口稠密旧城区现有的火灾危险性大的易燃易爆工厂、仓库必须纳入搬迁计划，限期解决。

4. 城乡居住小区

城乡居住小区消防安全规划一般包括以下几方面的内容：

(1)城乡居住小区总体布局中的防火间距。城乡居住小区总体布局应根据城乡规划的要求进行合理布局，各种功能不同的建筑物之间要有明确的功能分区。根据居住小区建筑物的性质和特点，各类建筑物之间应有必要的防火间距，具体应按《建筑设计防火规范》(GB50016—2014)和《高层民用建筑设计防火规范》中的有关规定执行。

在城乡居住小区内设置的煤气调压站、液化石油气瓶库等生活服务设施，与民用建筑的防火间距必须符合现行国家标准《建筑设计防火规范》(GB50016—2014)的有关规定。

(2)城乡居住小区消防给水。城乡居住小区消防给水规划的总原则是：在进行城镇、居住区、企事业单位规划和建筑设计时，必须同时设计消防给水系统。消防用水可由给水管网、天然水源或消防水池供给，也可采用独立的消防给水管道系统供给。利用天然水源时，应确定枯水期最低水位时消防用水的可靠性，且应设置可靠的取水设施；采用独立的消防给水管道系统供给时，消防给水宜与生产、生活给水管道系统合用，若合用在经济或技术上不可能，则可分别供给。

(3)城乡居住小区消防道路。城乡居住小区道路系统规划设计，要根据其建筑布局、车流和人流的数量等因素按功能分区，力求达到便捷畅通。道路的走向、坡度、宽度、交叉、拐弯等，要根据自然地形和现状条件，按现行国家标准《建筑设计防火规范》(GB50016—2014)的规定进行合理设计。

在高层建筑和规模较大的会堂、体育馆、剧院等建筑物周围，应设环形消防车道(可利用交通道路)，如设环形车道有困难时，可沿建筑物的两个长边设置消防车道；当建筑物的总长度超过 220 米时，应设置穿过建筑物的消防车道；消防车道的宽度不应小于 3.5 米，其路边距建筑物外墙宜大于 5 米，道路上空如遇有障碍物或穿过建筑物时，其净高不应小于 4 米；如穿过门垛时，其净宽不应小于 3.5 米。消防车道下面的管道和暗沟，应能承受大型消防车辆压力。

对居住小区不能通行车辆的道路，要结合城乡改造，根据具体情况，采取裁弯取直,扩宽延伸以及开辟新路的办法,逐步改善道路网,使之符合消防道路的要求。

(4)城乡居住小区消防队(站)。城乡居住小区要按照公安部消防局、住房和城乡建设部颁布的《城市消防站建设标准》的规定,结合居住小区的工业、商业、人口密度、建筑现状以及道路、水源、地形等情况,合理地设置消防站。

消防站的保护半径是以接到火警后5分钟内消防队可以到达责任区边缘为原则。

(5)城乡居住小区消防通信。消防通信装备是城乡火灾报警、受理火警、调度指挥灭火力量、将火灾损失降到最低限度的必需装备,随着科技的发展,现代电子通信产品和技术已在消防通信设备中得到广泛的应用,城乡居住小区规划的消防报警形式应多样化、现代化,但必须满足火灾发现及时、报警及时的要求。

(三)城乡公共消防设施规划

1.城乡消防站的规划

城乡消防站担负着扑救城乡火灾和抢险救援的重要任务,是城乡消防基础设施的重要组成部分。城乡消防站的建设应符合《城市消防站建设标准》的要求。

(1)消防站责任区面积要求。以接警后5分钟内消防队到达责任区内任意单位为标准计算,标准型普通消防站的责任区面积不应大于7平方千米,小型普通消防站的责任区面积不应大于4平方千米,特勤消防站兼有责任区面积要求的,其责任区面积同标准型普通消防站。

(2)消防站的选址。消防站的选址,应以便于消防车迅速出动扑救火灾和保障消防站自身安全为原则,设在责任区内适中位置和便于车辆迅速出动的临街地段。消防站的主体建筑距医院、学校、幼儿园、托儿所、影剧院、商场等容纳人员较多的公共建筑的主要疏散出口不应小于50米。责任区内有生产、储存易燃易爆危险品单位的,消防站应设置在其常年主导风向的上风或侧风处,其边界距上述部位一般不应小于200米。消防站车库门应朝向城乡道路,至城镇规划道路红线的距离宜为10~15米。

(3)消防站的通信。消防站应当建设比较先进的有线、无线火灾报警和消防通信指挥系统。有条件的消防站,应当建成由计算机控制的火灾报警和消防通信指挥中心,由指挥中心集中受理火警,使消防通信系统的接警、调度、通信、信息传送及力量出动等程序实现自动化。

大城乡的电话局或小城乡的电话局以及建制镇、独立工矿区至城乡消防指挥中心或火警接警中队的“119”火灾报警线路不应少于两对，以满足同时受理一个地区两起火灾的需要。

消防指挥中心或火警接警中队与城乡供水、供电、供气、急救、交通、环保等部门以及消防重点单位，应当设置专线通信，以保证报警、灭火等抢险救援工作的顺利进行。

2. 城乡消防给水

(1) 消防水源。城乡消防用水量，应当按照《建筑设计防火规范》(GB50016—2014)等消防技术规范的规定，并结合城乡的实际情况综合确定。城乡供水能力应能同时满足生产、生活和消防用水的要求，当市政水源不能满足消防给水要求时，可对现有水厂进行更新、扩建，或增建新的水厂，提高城乡水厂供水能力；或根据城乡的具体条件，建设合用或单独的消防给水管道、消防水池、水井或加水点等。

大面积棚户区或建筑耐火等级低的建筑密集区，无市政消火栓或消防给水不足、无消防车通道的，应由城建部门根据具体条件修建 100~200 立方米的消防蓄水池。

有天然水源的城乡，应当充分利用江河、湖泊、水塘等，以其作为消防水源，并修建通向天然水源的消防车通道或取水设施。

(2)消防给水管网。市政消防给水管网宜布置成环状管网。管道的最小管径不应小于 100 毫米，最不利点市政消火栓的压力不应小于 0.1 兆帕；对于给水管道陈旧，管径、水量、水压不能满足消防要求的现有给水管网，供水部门应密切结合市政给水管网的更新、改造，使城乡给水管网达到消防给水要求；对于给水管网压力低的地区和高层建筑集中地区，应增建给水加压站，确保给水管网的压力达到消防要求。

(3)市政消火栓。消火栓应沿道路设置，间距不应超过 120 米；当道路宽度超过 60 米时，宜在道路两边设置消火栓，并宜靠近十字路口。

地上式消火栓应有一个直径为 150 毫米或 100 毫米和两个直径为 65 毫米的栓口；地下式消火栓应有直径为 100 毫米和 65 毫米的栓口各一个，并有明显的标志。

3. 城乡消防通道

城乡消防通道主要指能供消防车行驶的道路。消防通道同城乡交通道路合用，城乡消防通道一并随城乡道路规划建设。

(1)消防通道的宽度、间距和限高。为保证发生火灾时消防车的顺利通行，城乡道路应考虑消防车的通行要求，其宽度不应小于 4 米。由于消火栓的保护半径为 150 米左右，为便于消防车使用消火栓灭火，城乡道路中心线间距不宜超过 160 米，当建筑物沿街部分长度超过 220 米时，应在适中位置设穿过建筑物的消防通道。考虑到常用消防车的高度，消防通道上空 4 米范围内不应有障碍物。

(2)环行消防通道。对于高层建筑、占地面积超过 3000 平方米的甲、乙、丙类厂房，占地面积超过 1500 平方米的乙、丙类库房、大型公共建筑、大型堆场、储罐区等较为重要的建筑物和场所，为了便于及时扑救火灾，其周围应当设置环行消防通道。

环行消防通道至少应有两处与其他车道连通，尽头式消防车道应设回车道或回车场。考虑到目前几种常用消防车的转弯半径的情况，消防车回车场的面积有不小于 12 米×12 米或 15 米×15 米或 18 米×18 米三种形式。

(3)消防车道的其他要求。供消防车取水的天然水源和消防水池，应当设置消防车道。对于有内院或天井的建筑物，当其短边长度超过 24 米时，可设置进入内院或天井的消防车道。有河流、铁路通过的城乡，可采取增设桥梁等措施，保证消防车道的畅通。

4. 城乡消防通信

城乡消防通信对于传递消防信息，搞好队伍执勤备战，完成火灾扑救任务，具有重要的保证作用。为了使我国城乡消防通信指挥日趋系统化、科学化、现代化。实现报警快、接警迅速、高度准确、通信畅通、适应灭火战斗的需要，必须逐步建立完善的消防通信指挥系统。

三、城乡建设消防安全规划的管理

(一)城乡建设消防安全规划的审批

城乡建设消防安全规划在编制过程中，需要协调处理好各种问题，为了达到消防安全规划的目的，编制规划时可提出多种方案，进行方案论证和比较，并征求有关部门的意见。

城乡消防安全规划审批前，当地人民政府可邀请上一级人民政府规划行政主管部门和公安消防机构以及有关专家进行评审，其评审意见是审批规划的重要依据。

城乡消防安全规划应当报人民政府批准。经批准的城乡消防安全规划是城乡消防工程建设的依据,当地人民政府应纳入城乡总体规划并按计划分步实施。

(二)编制和实施经费保障措施

各级人民政府应当将城乡消防安全规划的编制经费以及公共消防设施和消防装备的建设、维护、管理经费纳入本级财政预算,并予以保障。

投资主管部门应当根据城乡消防安全规划的要求对公共消防设施建设予以立项,并列入地方年度固定资产投资计划;在审查城乡基础设施建设、改造项目时,应当审查公共消防设施的投资计划。

建设、财政部门应当在城乡维护费中列出专项资金用于公共消防设施的维护和管理。消防供水费用应当列入地方财政专项资金支出。

城乡消防安全规划编制以及公共消防设施和消防装备建设、维护、管理经费具体办法由国务院财政、发展改革、应急管理部门联合制定。

(三)消防安全规划用地控制

城乡控制性详细规划应当落实消防安全规划确定的公共消防设施具体用地位置和面积,划定公共消防设施用地界线,明确公共消防设施控制指标的地理坐标。国土资源行政主管部门应当保证公共消防设施建设用地。

城乡土地开发利用和各项建设不得违反城乡消防安全规划的要求。新建、改建、扩建的建设工程项目不符合城乡消防安全布局要求的,城乡规划主管部门不得核发建设用地规划许可证和建设工程规划许可证。

(四)不符合规划的处理

位于旧城区,严重影响城乡消防安全的工厂、仓库,必须纳入规划优先改造,采取限期迁移或者改变生产使用性质等措施,消除不安全因素。旧城改造中,应当优先安排耐火等级低、相互毗连的建筑密集区或者大面积棚户区、城中村的拆迁、改造。

人员住宿与生产、储存、销售合用场所的密集区,乡和村庄木结构建筑连片的区域,应当纳入规划改造,改善消防安全条件。

(五)公共消防设施建设基本要求

公共消防设施应当与其他公共基础设施统一规划、统一设计、统一建设、统一验收。建设行政主管部门在安排年度城乡基础设施建设、改造计划时,应当根据城乡消防安全规划的要求将公共消防设施纳入建设、改造计划，统筹实施。

1. 公共消防供水设施的维护管理

市政消火栓等消防供水设施应当由市政供水主管部门负责建设和维护。自建设施供水的单位，负责供水区域内消火栓的建设和维护。乡、镇消防水源和消防供水设施由乡、镇人民政府负责管理、维护。村庄的消防水源应当纳入村庄整治和人畜饮水工程同步建设，由村民委员会负责管理、维护。

2. 消防车通道的建设和维护

城乡消防车通道由市政工程主管部门负责建设和维护。乡、镇、村庄消防车通道由乡、镇人民政府负责建设和维护。单位投资建设消防车通道的，由投资建设的单位或者其委托的单位负责维护。

3. 消防通信的建设和维护

电信业务经营单位应当负责消防通信线路的建设和维护管理，确保消防通信线路的畅通。无线电管理部门应当保障消防无线通信专频专用，不受干扰。

4. 公共消防设施保护

公共消防设施需要拆除、迁移的，应当报消防救援机构备案；拆除、迁移以及修复、重建公共消防设施的费用，由建设单位承担。消防救援机构发现公共消防设施不能保证正常使用时，应当通知并督促有关部门和单位及时维护、保养。

第四节 建设工程施工现场消防监督管理

社会主义经济建设的快速发展，一座座高楼大厦的拔地而起，既给建筑行业带来了勃勃生机，展示着城市、乡村的美好蓝图，同时又给消防工作带来了不容忽视的火灾隐患。建设工程施工现场大量存放、使用的各种木料、油漆、油料、沥青、架板、各种装饰材料、复合管材、焊接用的氢气瓶、氧气瓶、乙炔以及生活取暖用的燃料等可燃物和易燃易爆危险品；在工地进行做饭、取暖、电(气)焊切割、防水烤沥青，使用明火焰、临时乱接乱拉电气线路等现象随处可见；工地人员混杂，流动性强，人员安全意识淡薄，大多数建筑工地的人员来自农村，年龄大小不一，文化程度低，缺乏消防知识，安全意识差，不懂法律、法规等都是导致火灾事故的主要因素。使得建筑工地火灾频频发生。因此，建设工程施工现场必须遵循国家有关方针和政策，针对不同施工现场的火灾特点，按照《建设工程施工现场消防安全技术规范》(GB50720—2011)的规定采取可靠的消防监督管理措施。

一、建设工程施工现场消防监督管理的基本要求

(一)建设工程工地的消防监督管理责任

施工现场的消防监督管理由施工单位负责。实行施工总承包的,由总承包单位负责。分包单位应向总承包单位负责,并应服从总承包单位的管理,同时应承担国家法律、法规规定的消防责任和义务。监理单位应对施工现场的消防安全管理实施监管。

施工单位应根据建设项目规模、现场消防安全管理的重点,在施工现场建立消防安全管理组织机构及义务消防组织,并确定消防安全负责人和消防安全管理人,同时应落实相关人员的消防安全管理责任。

(二)建设工程工地的消防监督管理制度

施工单位应针对施工现场可能导致火灾发生的施工作业及其他活动制定消防监督管理制度。消防监督管理制度应包括以下主要内容:

(1)消防安全教育与培训制度。

(2)可燃及易燃易爆危险品管理制度。

(3)用火、用电、用气管理制度。

(4)消防安全检查制度。

(5)应急预案演练制度。

(三)防火技术方案

施工单位应做好并保存施工现场消防安全管理的相关文件和记录,建立现场消防安全管理档案,编制施工现场防火技术方案,并应根据现场情况变化及时对其修改、完善。防火技术方案应包括下列主要内容:

(1)施工现场重大火灾危险源辨识。

(2)施工现场防火技术措施。

(3)临时消防设施、临时疏散设施配备。

(4)临时消防设施和消防警示标志布置图。

(四)施工现场灭火及应急疏散预案

施工单位应依据灭火及应急疏散预案,定期开展灭火及应急疏散的演练。灭

火及应急疏散预案应包括下列主要内容：

(1)应急灭火处置机构及各级人员应急处置职责。

(2)报警、接警处置的程序和通信联络的方式。

(3)扑救初起火灾的程序和措施。

(4)应急疏散及救援的程序和措施。

(五)对施工人员进行消防安全培训教育

施工人员进场前,施工现场的消防安全管理人员应对施工人员进行消防安全培训教育。防火安全培训教育应包括下列主要内容：

(1)施工现场消防安全管理制度、防火技术方案、灭火及应急疏散预案的主要内容。

(2)施工现场临时消防设施的性能及使用、维护方法。

(3)扑灭初起火灾及自救逃生的知识和技能。

(4)报火警、接警的程序和方法。

(六)向作业人员进行消防安全技术交底

施工作业前,施工现场的管理人员应向作业人员进行消防安全技术交底。消防安全技术交底应包括下列主要内容：

(1)施工过程中可能发生火灾的部位或环节。

(2)施工过程中应采取的防火措施及应配备的临时消防设施。

(3)初起火灾的扑救方法及注意事项。

(4)逃生方法及路线。

(七)对施工现场进行消防监督检查

施工过程中,施工现场的消防安全负责人应定期组织消防安全管理人员对施工现场的消防安全进行监督检查。消防监督检查的主要内容应包括以下几点：

(1)可燃物及易燃易爆危险品的管理是否落实。

(2)动火作业的防火措施是否落实。

(3)用火、用电、用气是否存在违章操作,电(气)焊及保温防水施工是否执行操作规程。

(4)临时消防设施是否完好有效。

(5)临时消防车道及临时疏散设施是否畅通。

二、建设工程施工现场总平面布局的消防安全要求

(一)临时用房、临时设施布置的要求

临时用房,是指在施工现场建造的,为建设工程施工服务的各种非永久性建筑物,包括办公用房、宿舍、厨房操作间、食堂、锅炉房、发电机房、变配电房、库房等。临时设施,是指在施工现场建造的,为建设工程施工服务的各种非永久性设施,包括围墙、大门、临时道路、材料堆场及其加工厂、固定动火作业场、作业棚、机具棚、储水池及临时给排水、供电、供热管线等。

1. 施工现场总平面布局的要求

施工现场中的临时用房、临时设施在布置时,应满足现场防火、灭火及人员安全疏散的要求。施工现场的出入口、围墙、围挡;场内临时道路;给水管网或管路和配电线路敷设或架设的走向、高度;施工现场办公用房、宿舍、发电机房、配电房、可燃材料库房、易燃易爆危险品库房、可燃材料堆场及其加工厂、固定动火作业场;临时消防车道、消防救援场地和消防水源等临时用房和临时设施应纳入施工现场总平面布局。

2. 施工现场出入口的设置要求

施工现场出入口的设置应满足消防车通行的要求,并宜布置在不同方向,其数量不宜少于2个。当确有困难只能设置1个出入口时,应在施工现场内设置满足消防车通行的环形道路。

3. 临时办公、生活、生产、物料储存等功能区的要求

施工现场临时办公、生活、生产、物料储存等功能区宜相对独立布置,防火间距应符合要求。施工现场主要临时用房、临时设施的防火间距不应小于表4-1的规定,当办公用房、宿舍成组布置时,其防火间距可适当减小,但每组临时用房的栋数不应超过10栋,组与组之间的防火间距不应小于8米;组内临时用房之间的防火间距不应小于3.5米;当建筑构件燃烧性能等级为A级时,其防火间距可减少到3米。其他临时用房、临时设施与在建工程的防火间距不应小于6米。

4. 固定动火作业场、可燃材料堆场及其加工厂、易燃易爆危险品库房的布置要求

固定动火作业场应布置在可燃材料堆场及其加工厂、易燃易爆危险品库房等

全年最小频率风向的上风侧;宜布置在临时办公用房、宿舍、可燃材料库房、在建工程等全年最小频率风向的上风侧。

施工现场主要临时用房、临时设施的防火间距不应小于表 4-1 的要求。易燃易爆危险品库房应远离明火作业区、人员密集区和建筑物相对集中区。可燃材料堆场及其加工厂、易燃易爆危险品库房不应布置在架空电力线下。易燃易爆危险品库房与在建工程的防火间距不应小于 15 米,可燃材料堆场及其加工厂、固定动火作业场与在建工程的防火间距不应小于 10 米。

表 4-1　施工现场主要临建设施相互间的防火间距(米)

临建设施	办公用房、宿舍	发电机房、变配电房	可燃材料存放库房	厨房操作间、锅炉房	可燃材料堆场及其加工厂	固定动火作业场	易燃易爆危险品存放库房
办公用房、宿舍	4	4	5	5	7	7	10
发电机房、变配电房	4	4	5	5	7	7	10
可燃材料存放库房	5	5	5	5	7	7	10
厨房操作间、锅炉房	5	5	5	5	7	7	10
可燃材料堆场及其加工厂	7	7	7	7	7	10	10
固定动火作业场	7	7	7	7	10	10	12
易燃易爆危险品存放库房	10	10	10	10	10	12	12

注:①临时用房、临时设施的防火间距应按临时用房外墙外边线或堆场、作业场、作业棚边线

间的最小距离计算，如临时用房外墙有突出可燃构件时，应从其突出可燃构件的外缘算起。

②两栋临时用房相邻较高一面的外墙为防火墙时，其防火间距不限。

③本表未规定的，可按同等火灾危险性的临时用房、临时设施的防火间距确定。

（二）消防车道的布置

施工现场内应设置临时消防车道。临时消防车道与在建工程、临时用房、可燃材料堆场及其加工厂应当保持一定的距离，并不宜小于5米，且不宜大于40米。施工现场周边道路满足消防车通行及灭火救援要求时，施工现场内可不设置临时消防车道。

1. 临时消防车道的设置要求

（1）临时消防车道宜为环形，如设置环形车道确有困难，应在消防车道尽端设置尺寸不小于12米×12米的回车场。

（2）临时消防车道的净宽度和净空高度均不应小于4米。

（3）临时消防车道的右侧应设置消防车行进路线指示标志。

（4）临时消防车道路基、路面及其下部设施应能承受消防车通行压力及工作荷载。

2. 应设置环形临时消防车道的情形

下列建筑应设置环形临时消防车道，设置环形临时消防车道确有困难时，除应按规范要求设置回车场外，还应按规范的要求设置临时消防救援场地：

（1）建筑高度大于24米的在建工程。

（2）建筑工程单体占地面积大于3000平方米的在建工程。

（3）超过10栋，且为成组布置的临时用房。

3. 临时消防救援场地的设置要求

临时消防救援场地，是指施工现场中供人员和设备实施灭火救援作业的场地。

（1）临时消防救援场地应在在建工程装饰装修阶段设置。

（2）临时消防救援场地应设置在成组布置的临时用房场地的长边一侧及在建工程的长边一侧。

（3）场地宽度应满足消防车正常操作要求且不应小于6米，与在建工程外脚手架的净距不宜小于2米，且不宜超过6米。

三、建设工程施工现场建筑的防火要求

建设工程施工现场的建筑，主要有临时用房和在建工程建筑。为保证防火安全，都应采取可靠的防火分隔和安全疏散等防火技术措施。

（一）临时用房的要求

临时用房和在建工程的防火设计，应根据其施工性质、建筑高度、建筑规模及结构特点等情况进行确定。

1. 宿舍、办公用房的防火设计要求

（1）建筑构件的燃烧性能等级应为A级。当采用金属夹芯板材时，其芯材的燃烧性能等级应为A级。

（2）建筑层数不应超过3层，每层建筑面积不应大于300平方米。

（3）层数为3层或每层建筑面积大于200平方米时，应设置不少于2部疏散楼梯，房间疏散门至疏散楼梯的最大距离不应大于25米。

（4）单面布置用房时，疏散走道的净宽度不应小于1米；双面布置用房时，疏散走道的净宽度不应小于1.5米；疏散楼梯的净宽度不应小于疏散走道的净宽度。

（5）宿舍房间的建筑面积不应大于30平方米，其他房间的建筑面积不宜大于100平方米。

（6）房间内任一点至最近疏散门的距离不应大于15米，房门的净宽度不应小于0.8米，房间建筑面积超过50平方米时，房门的净宽度不应小于1.2米。

（7）隔墙应从楼地面基层隔断至顶板基层底面。

2. 发电机房、变配电房、厨房操作间、锅炉房、可燃材料库房及易燃易爆危险品库房的防火设计要求

（1）建筑构件的燃烧性能等级应为A级。

（2）层数应为1层，建筑面积不应大于200平方米。

（3）可燃材料库房单个房间的建筑面积不应超过30平方米，易燃易爆危险品库房单个房间的建筑面积不应超过20平方米。

（4）房间内任一点至最近疏散门的距离不应大于10米，房门的净宽度不应小于0.8米。

3. 其他临时用房的防火设计要求

（1）宿舍、办公用房不应与厨房操作间、锅炉房、变配电房等组合建造。

(2)会议室、文化娱乐室等人员密集的房间应设置在临时用房的第一层,其疏散门应向疏散方向开启。

(二)在建工程建筑的防火要求

1. 临时疏散通道的设置要求

临时疏散通道,是指施工现场发生火灾或意外事件时,供人员安全撤离危险区域并到达安全地点或安全地带所经的路径。在建工程作业场所的临时疏散通道应采用不燃、难燃材料建造并与在建工程结构施工同步设置,也可利用在建工程施工完毕的水平结构、楼梯作临时疏散通道。作业场所临时疏散通道的设置应符合下列要求:

(1)耐火极限不应低于0.5小时。

(2)设置在地面上的临时疏散通道,其净宽度不应小于1.5米;利用在建工程施工完毕的水平结构、楼梯作临时疏散通道,其净宽度不应小于1米;用于疏散的爬梯及设置在脚手架上的临时疏散通道,其净宽度不应小于0.6米。

(3)临时疏散通道为坡道,且坡度大于250时,应修建楼梯或台阶踏步或设置防滑条。

(4)临时疏散通道不宜采用爬梯,确需采用爬梯时,应有可靠固定措施。

(5)临时疏散通道的侧面如为临空面,必须沿临空面设置高度不小于1.2米的防护栏杆。

(6)临时疏散通道设置在脚手架上时,脚手架应采用不燃材料搭设。

(7)临时疏散通道应设置明显的疏散指示标志。

(8)临时疏散通道应设置照明设施。

2. 既有建筑的防火要求

既有建筑进行扩建、改建施工时,必须明确划分施工区和非施工区。施工区不得营业、使用和居住;非施工区继续营业、使用和居住时,应符合下列要求:

(1)施工区和非施工区之间应采用不开设门、窗、洞口的,耐火极限不低于3小时的不燃烧体隔墙进行防火分隔。

(2)非施工区内的消防设施应完好和有效,疏散通道应保持畅通,并应落实日常值班及消防安全管理制度。

(3)施工区的消防安全应配有专人值守,发生火情应能立即处置。

(4)施工单位应向居住和使用者进行消防宣传教育,告知建筑消防设施、疏散通道的位置及使用方法，同时应组织进行疏散演练。

（5）外脚手架搭设不应影响安全疏散、消防车正常通行及灭火救援操作；外脚手架搭设长度不应超过该建筑物外立面周长的1/2。

3. 外脚手架、支模架的防火要求

外脚手架、支模架的架体宜采用不燃或难燃材料搭设，其中，高层建筑和既有建筑改造工程的外脚手架、支模架的架体应采用不燃材料搭设。下列安全防护网应采用阻燃型安全防护网：

（1）高层建筑外脚手架的安全防护网。

（2）既有建筑外墙改造时，其外脚手架的安全防护网。

（3）临时疏散通道的安全防护网。

4. 作业场所疏散指示标志的设置要求

作业场所应设置明显的疏散指示标志，其指示方向应指向最近的疏散通道人口。作业层的醒目位置应设置安全疏散示意图。

四、用火、用电、用气、可燃物及易燃易爆危险品使用的防火管理

（一）用火、用电的管理

1. 施工现场动火的防火要求

施工现场严禁吸烟，重点防火部位或区域应设置防火警示标志。动火作业应当符合以下要求：

（1）动火作业应办理动火许可证，动火许可证的签发人收到动火申请后，应前往现场查验并确认动火作业的防火措施落实后，方可签发动火许可证。

（2）动火操作人员应具有相应资格。

（3）焊接、切割、烘烤或加热等动火作业前，应对作业现场的可燃物进行清理；对于作业现场及其附近无法移走的可燃物，应采用不燃材料对其覆盖或隔离。

（4）施工作业安排时，宜将动火作业安排在使用可燃建筑材料施工作业前进行。确需在可燃建筑材料施工作业之后进行动火作业的，应采取可靠的防火保护措施。

（5）裸露的可燃材料上严禁直接进行动火作业。

（6）焊接、切割、烘烤或加热等动火作业，应配备灭火器材，并设动火监护人进行现场监护，每个动火作业点均应设置1个监护人。

(7)五级(含五级)以上风力时,应停止焊接、切割等室外动火作业,确需动火作业时,应采取可靠的挡风措施。

(8)动火作业后,应对现场进行检查,确认无火灾危险后,动火操作人员方可离开。

(9)具有火灾、爆炸危险的场所严禁明火。

(10)施工现场不应采用明火取暖。

(11)厨房操作间炉灶使用完毕后,应将炉火熄灭,排油烟机及油烟管道应定期清理油垢。

2. 施工现场用电的防火要求

(1)施工现场供用电设施的设计、施工、运行、维护应符合现行国家标准《建设工程施工现场用电安全规范》(GB50194)的要求。

(2)电气线路应具有相应的绝缘强度和机械强度,严禁使用绝缘老化或失去绝缘性能的电气线路,严禁在电气线路上悬挂物品。破损、烧焦的插座、插头应及时更换。

(3)电气设备与可燃、易燃易爆和腐蚀性物品应保持一定的安全距离。

(4)有爆炸和火灾危险的场所,按危险场所等级选用相应的电气设备。

(5)配电盘上每个电气回路应设置漏电保护器、过载保护器。距配电盘2米范围内不应堆放可燃物,5米范围内不应设置可能产生较多易燃、易爆气体、粉尘的作业区。

(6)可燃材料库房不应使用高热灯具,易燃易爆危险品库房内应使用防爆灯具。

(7)普通灯具与易燃物距离不宜小于300毫米;聚光灯、碘钨灯等高热灯具与易燃物距离不宜小于500毫米。

(8)电气设备不应超负荷运行或带故障使用。

(9)禁止私自改装现场供用电设施。

(10)应定期对电气设备和线路的运行及维护情况进行检查。

(二)施工现场用气的防火要求

1. 气罐瓶及其附件的防火要求

(1)储装气体的罐瓶及其附件应合格、完好和有效;

(2)严禁使用减压器及其他附件缺损的氧气瓶,严禁使用乙炔专用减压器、回火防止器及其他附件缺损的乙炔瓶。

2. 气瓶运输、存放、使用的防火要求

(1)气瓶应保持直立状态,并采取防倾倒措施,乙炔瓶严禁横躺卧放。

(2)严禁碰撞、敲打、抛掷、溜坡或滚动气瓶。

(3)气瓶应远离火源,与火源的距离不应小于 10 米,并应采取避免高温和防止暴晒的措施。

(4)燃气储装罐瓶应设置防静电装置。

(5)气瓶应分类储存,库房内通风良好;空瓶和实瓶同库存放时,应分开放置,两者间距不应小于 1.5 米。

3. 气瓶使用的防火要求

(1)使用前,应检查气瓶及气瓶附件的完好性,检查连接气路的气密性,并采取避免气体泄漏的措施,严禁使用已老化的橡皮气管。

(2)氧气瓶与乙炔瓶的工作间距不应小于 5 米,气瓶与明火作业点的距离不应小于 10 米。

(3)冬季使用气瓶,如气瓶的瓶阀、减压器等发生冻结,严禁用火烘烤或用铁器敲击瓶阀,禁止猛拧减压器的调节螺丝。

(4)氧气瓶内剩余气体的压力不应小于 0.1 兆帕。

(5)气瓶用后,应及时归库。

(三)可燃物及易燃易爆危险品管理

(1)用于在建工程的保温、防水、装饰及防腐等材料的燃烧性能等级,应符合设计要求。可燃材料及易燃易爆危险品应按计划限量进场。施工产生的可燃、易燃建筑垃圾或余料,应及时清理。

(2)可燃材料进场后,宜存放于库房内。如露天存放时,应分类成垛堆放,垛高不应超过 2 米,单垛体积不应超过 50 立方米,垛与垛之间的最小间距不应小于 2 米,且采用不燃或难燃材料覆盖。

(3)易燃易爆危险品应分类专库储存,库房内通风良好,并设置严禁明火标志。

(4)室内使用油漆及其有机溶剂、乙二胺、冷底子油或其他可燃、易燃易爆危险品的物资作业时,应保持良好通风,作业场所严禁明火,并应避免产生静电。

五、临时消防设施及灭火器材的管理

临时消防设施，是指设置在建设工程施工现场，用于扑救施工现场火灾、引导施工人员安全疏散等的各类消防设施，包括灭火器、临时消防给水系统、消防应急照明、疏散指示标志、临时疏散通道等。

（一）基本防火要求

施工现场应设置灭火器、临时消防给水系统和临时消防应急照明等临时消防设施。临时消防设施应与在建工程的施工同步设置。房屋建筑工程中，临时消防设施的设置与在建工程主体结构施工进度的差距不应超过3层。

施工现场在建工程可利用已具备使用条件的永久性消防设施作为临时消防设施。当永久性消防设施无法满足使用要求时，应增设临时消防设施，并应符合有关技术要求。

施工现场消火栓泵应采用专用消防配电线路。专用消防配电线路应自施工现场总配电箱的总断路器上端接入，且应保持不间断供电。

临时消防给水系统的储水池、消火栓泵、室内消防竖管及水泵接合器等，应设有醒目标志。

（二）灭火器的配置要求

1. 在建工程及临时用房应配置灭火器的场所

下列具有火灾危险的场所应配置灭火器：

（1）易燃易爆危险品存放及使用场所。

（2）动火作业场所。

（3）可燃材料存放、加工及使用场所。

（4）厨房操作间、锅炉房、发电机房、变配电房、设备用房、办公用房、宿舍等临时用房场所。

2. 施工现场灭火器的配置标准

（1）灭火器的类型应与配备场所可能发生的火灾类型相匹配。

（2）灭火器的最低配置标准应符合表4-2的规定。

表 4-2　灭火器最低配置标准

项目	固体物质火灾		液体或可熔化固体物质火灾、气体火灾	
	单具灭火器最小灭火级别	单位灭火级别最大保护面积平方米/A	单具灭火器最小灭火级别	单位灭火级别最大保护面积平方米/B
易燃易爆危险品存放及使用场所	3A	50	89B	0.5
固定动火作业场所	3A	50	89B	0.5
临时动火作业点	2A	50	55B	0.5
可燃材料存放、加工及使用场所	2A	75	55B	1.0
厨房操作间、锅炉房	2A	75	55B	1.0
自备发电机房	2A	75	55B	1.0
变配电房	2A	75	55B	1.0
办公用房、宿舍	1A	100	—	—

(3)灭火器的配置数量应按照《建筑灭火器配置设计规范》(GB50140)的有关规定经计算确定,且每个场所的灭火器数量不应少于2具。

(4)灭火器的最大保护距离应符合表4-3的规定。

表 4-3　灭火器的最大保护距离(米)

灭火器配置场所	固体物质火灾	液体或可熔化固体物质火灾、气体类火灾
易燃易爆危险品存放及使用场所	15	9
固定动火作业场所	15	9
临时动火作业点	10	6
可燃材料存放、加工及使用场所	20	12
厨房操作间、锅炉房	20	12
发电机房、变配电房	20	12
办公用房、宿舍	25	—

(三)临时消防给水系统

1. 消防用水量的要求

(1)施工现场或其附近应设置稳定、可靠的水源,并应能满足施工现场临时消防用水的需要。消防水源可采用市政给水管网或天然水源。当采用天然水源时,应采取措施确保冰冻季节、枯水期最低水位时顺利取水,并满足临时消防用水量的要求。

(2)临时消防用水量应为临时室外消防用水量与临时室内消防用水量之和。

(3)临时室外消防用水量应按临时用房和在建工程的临时室外消防用水量的较大者确定,施工现场火灾次数可按同时发生一次考虑。

(4)临时用房建筑面积之和大于 1000 平方米或在建工程(单体)体积大于 1 万立方米时,应设置临时室外消防给水系统。当施工现场处于市政消火栓 150 米保护范围内,且市政消火栓的数量满足室外消防用水量要求时,可不设置临时室外消防给水系统。

(5)临时用房的临时室外消防用水量不应小于表 4-4 的要求。

表 4-4　临时用房的临时室外消防用水量

临时用房建筑面积之和	火灾延续时间(小时)	单位时间灭火用水量(升/秒)	每支水枪最小流量(升/秒)
1000 平方米<面积≤5000 平方米	1	10	5
面积>5000 平方米	1	15	5

(6)在建工程的临时室外消防用水量不应小于表 4-5 的要求。

表 4-5　在建工程的临时室外消防用水量

在建工程(单体)体积	火灾延续时间(小时)	单位时间灭火用水量(升/秒)	每支水枪最小流量(升/秒)
10000 立方米<体积≤30000 立方米	1	15	5
体积>30000 立方米	2	20	5

2. 施工现场临时室外消防给水系统的设置要求

(1)给水管网宜布置成环状。

(2)临时室外消防给水主干管的管径,应依据施工现场临时消防用水量和干管内水流计算速度进行计算确定,且不应小于 DN100。

(3)室外消火栓应沿在建工程、临时用房、可燃材料堆场及其加工厂均匀布置,距在建工程、临时用房、可燃材料堆场及其加工厂的外边线不应小于 5 米。

(4)消火栓的间距不应大于 120 米。

(5)消火栓的最大保护半径不应大于 150 米。

3. 在建工程的临时室蚋消防用水量的要求

建筑高度大于 24 米或单体体积超过 3 万立方米的在建工程,应设置临时室内消防给水系统。在建工程的临时室内消防用水量不应小于表 4-6 的要求。

表 4-6　在建工程的临时室内消防用水量

在建工程高度或体积（单体）	火灾延续时间（小时）	单位时间灭火用水量（升/秒）	每支水枪最小流量（升/秒）
24 米<建筑高度≤50 米或 30000 立方米<体积≤50000 立方米	1	10	5
建筑高度>50 米或体积>50000 立方米	1	15	5

4. 在建工程室内临时消防竖管的设置要求

在建工程室内临时消防竖管的设置应符合下列要求：

（1）消防竖管的设置位置应便于消防人员操作，其数量不应少于 2 根，当结构封顶时，应将消防竖管设置成环状。

（2）消防竖管的管径应根据在建工程室内临时消防用水量、竖管给水压力或流速进行计算确定，且管径不应小于 DN100。

5. 室内消火栓及消防软管的要求

设置临时室内消防给水系统的在建工程，各结构层均应设置室内消火栓接口及消防软管接口，并应符合下列要求：

（1）消火栓接口及软管接口应设置在位置明显且易于操作的部位。

（2）消火栓接口的前端应设置截止阀。

（3）消火栓接口或软管接口的间距，多层建筑不大于 50 米，高层建筑不大于 30 米。

（4）在建工程结构施工完毕的每层楼梯处，应设置消防水枪、水带及软管，且每个设置点不少于 2 套。

6. 消防水泵接合器、消防水泵及消防水池的要求

（1）设置室内消防给水系统的在建工程，应设消防水泵接合器。消防水泵接合器应设置在室外便于消防车取水的部位，与室外消火栓或消防水池取水口的距离宜为 15~40 米。

（2）高度超过 100 米的在建工程，应在适当楼层增设临时中转水池及加压水

泵。中转水池的有效容积不应少于10立方米,上下两个中转水池的高差不宜超过100米。

(3)临时消防给水系统的给水压力应满足消防水枪充实水柱长度不小于10米的要求;给水压力不能满足要求时,应设置消火栓泵,消火栓泵不应少于2台,且应互为备用;消火栓泵宜设置自动启动装置。

(4)当外部消防水源不能满足施工现场的临时消防用水量要求时,应在施工现场设置临时储水池。临时储水池宜设置在便于消防车取水的部位,其有效容积不应小于施工现场火灾延续时间内一次灭火的全部消防用水量。

(5)施工现场临时消防给水系统应与施工现场生产、生活给水系统合并设置,但应设置将生产、生活用水转为消防用水的应急阀门。应急阀门不应超过2个,且应设置在易于操作的场所,并设置明显标志。

(6)严寒和寒冷地区的现场临时消防给水系统应采取防冻措施。

(四)应急照明

(1)施工现场的下列场所应配备临时应急照明:①自备发电机房及变配电房;②水泵房;③无天然采光的作业场所及疏散通道;④高度超过100米的在建工程的室内疏散通道;⑤发生火灾时仍需坚持工作的其他场所。

(2)应急照明灯的要求。

①作业场所应急照明的照度值不应低于正常工作所需照度值的90%,疏散通道的照度值不应小于0.5勒克斯。

②临时消防应急照明灯具宜选用自备电源的应急照明灯具,自备电源的连续供电时间不应小于60分钟。

(3)地下工程的施工作业场所宜配备防毒面具。

(五)临时消防设施的日常维护管理要求

对临时消防设施应做好日常维护工作,对已失效、损坏或丢失的消防设施,应及时更换、修复或补充。临时消防车道、临时疏散通道、安全出口应保持畅通,不得遮挡、挪动疏散指示标志,不得挪用消防设施。施工期间,临时消防设施及临时疏散设施不应被拆除。

第五章　消防监督检查与火灾隐患整改

进行消防监督检查，及时发现并整改火灾隐患，做到防患于未然，是预防火灾发生的重要措施，是机关、团体、企业、事业等单位实施消防安全管理，以及消防监督机关实施监督管理的一个主要手段。所以，消防监督机关的消防监督检查人员应当掌握其基本形式、方法和要求。

第一节　消防监督检查

消防救援机构的消防监督检查，是指国家授权的消防监督机关为了督促查看所辖区域内各单位消防工作情况和查寻、验看消防工作中存在的问题而进行的检查。消防监督检查是政府的一项消防安全管理活动，也是政府实施消防安全管理的一条重要措施。

一、消防监督检查概述

（一）消防监督检查的分类

根据《消防法》的规定，消防救援机构所实施的监督检查，按照检查的对象和性质，通常有以下五种：

（1）对公众聚集场所在投入使用、营业前的监督检查。

（2）对单位履行法定消防安全职责情况的监督抽查。

（3）对举报投诉的消防安全违法行为的核查。

（4）对大型群众性活动举办前的消防安全检查。

（5）根据需要进行的其他消防监督检查。

（二）公安机关消防监督检查的职责分工、要求与方式

为了加强和规范消防监督检查工作，督促单位履行消防安全职责，消防救援机构和公安派出所应当依法对单位遵守消防法律、法规情况进行消防监督检查。

1. 公安机关消防监督检查的职责

（1）省（自治区、直辖市）、市（地区、州、盟）、县（市辖区、县级市、旗）消防救援机构具体实施消防监督检查，确定本辖区内的消防安全重点单位并由所属公安机关报本级人民政府备案。

（2）公安派出所负责对居民住宅区的物业服务企业、居民委员会、村民委员会履行消防安全职责的情况和上级公安机关确定的单位实施日常消防监督检查。

2. 公安机关消防监督检查职责分工的要求

（1）上级消防救援机构应当对下级消防救援机构实施消防监督检查的情况进行指导和监督。

（2）公安派出所日常消防监督检查的单位范围由省级消防救援机构、公安派出所工作主管部门共同研究拟定，报省级公安机关确定。

（3）消防救援机构应当与公安派出所共同做好辖区消防监督工作，并对公安派出所开展日常消防监督检查工作进行指导，定期对公安派出所民警进行消防监督业务培训。

（4）对消防监督检查的结果，消防救援机构可以通过适当的方式向社会公告；对检查发现的影响公共安全的火灾隐患应当定期公布，提示公众注意消防安全。

（5）铁路、交通运输、民航、森林公安机关在管辖范围内实施消防监督检查。

（6）有固定生产经营场所且具有一定规模的个体工商户，应当纳入消防监督检查范围。

3. 消防监督检查的方式

消防救援机构对单位履行消防安全职责的情况进行监督检查，可以通过以下基本方式进行。

（1）询问单位消防安全责任人、消防安全管理人和有关从业人员。

（2）查阅单位与消防安全工作有关文件、资料。

（3）抽查建筑疏散通道、安全出口、消防车通道是否保持畅通，以及防火分区改变、防火间距占用情况。

（4）实地检查消防设施的运行情况。

（5）根据需要采取的其他方式。

（三）消防监督检查的步骤

工作程序的正确与否，会对工作效果的好坏有着重要的影响。工作程序正确往往会收到事半功倍的效果，反之则不然。根据实践，消防安全检查应当按以下程序进行。

1. 拟订计划

在进行消防监督检查之前，要首先拟订检查计划，确定检查目标和主要目的，根据检查目标和检查目的，选抽各类人员组成检查组织；确定被检查的单位并进行时间安排；明确检查的主要内容，提出检查过程中的要求。

2. 检查准备

在实施消防监督检查之前，负责检查的有关人员对所要检查的单位或部位的基本情况应当有所了解。例如，对被检查单位所在位置及四邻单位情况，单位的消防安全责任人、管理人、安全保卫部门负责人、专职防火干部情况，生产工艺和原料、产品、半成品的性质，火灾危险性类别及储存和使用情况，重点要害部位情况，以往火灾隐患的查处情况和是否有火灾发生的情况等，都应有一个基本的了解。必要时，还应当对所要检查单位、部位的检查项目一一列出消防安全检查表，以免检查时有所遗漏。

3. 联系接洽

在具体实施消防监督检查之前，应当与被检查单位进行联系。联系的部门通常是被检查单位的消防安全管理部门或专职的消防安全管理人员或基层单位的负责人。要把检查的目的、内容、时间和需要哪一级领导人参加或接待等需要被检查单位做的工作告知被检查单位，以便被检查单位有所准备。但不宜通知过早，以防造假应付。必要时也可采取突然袭击的方式进行检查，以利于问题的发现。

与被检查单位的接待人员接洽时，应当首先自我介绍，并应主动出示证件，向接待的有关负责人重申本次检查的目的、内容和要求。在检查过程中，一般情况下被检查单位的消防安全责任人或管理人，以及消防安全管理部门的负责人和防火安全管理人员都应当参加。

4. 情况介绍

在具体实施实地检查之前，首先要听取被检查单位有关的情况汇报。汇报通常由被检查单位的消防安全责任人或消防安全管理部门的负责人介绍。汇报和介绍的主要内容应当包括:本单位消防工作的基本概况、消防安全管理的领导分工情况;消防安全制度的建立和执行情况;消防安全组织的建立和活动情况;职工的消防安全教育情况;工业企业单位的生产工艺过程和产品的变更情况;有无火灾等情况;上次检查发现的火灾隐患的整改情况及未整改的理由;消防工作的奖惩情况;其他有关防火灭火的重要情况;等等。

5. 实地检查

在汇报和介绍完情况之后,被检查单位应当派熟悉单位情况的负责人或其他人员等陪同上级消防安全检查人员深入到单位的实际现场进行实地检查,以协助消防安全检查人员发现问题,并随时回答检查人员提出的问题。亦可随时质疑检查人员提出的问题。

在对被检查单位的消防安全工作情况进行实地检查时,应从显要的并在逻辑上的必然地点开始。在一般情况下,应根据生产工艺过程的顺序,整个过程从原料的储存、准备开始,到最终产品的包装入库等结束,特殊情况也可例外。但是,无论情况如何,消防安全检查人员不能只是跟随陪同人员进行简单观察,而必须是整个检查过程的主导;也不能假定某个部位没有火灾危险而不去检查。疏散通道的每一扇门都应当打开检查,对上锁的疏散门应当要求陪同人员通知有关人员开锁。

6. 检查评议,填写法律文书

检查评议,就是把在实地检查中听到和看到的情况,进行综合分析,最后做出结论,提出整改意见和对策。对出具的《消防安全检查意见书》《责令当场改正书》《责令限期改正通知书》等法律文书,要抓住主要矛盾,情况概括要全面,归纳要有条理,用词要准确,并要充分听取被检查单位的意见。

7. 总结汇报,提出书面报告

消防安全检查工作结束,应当对整个检查工作进行总结。总结要全面、系统,对好的单位要给予表扬和适当奖励,对差的单位应当给予批评,对检查中发现的重大火灾隐患,应当通报督促整改。

8. 复查督促整改和验收

对于消防救援机构在监督检查中发现的火灾隐患,在整改过程中,消防部门应到现场检查,督促整改,防止出现新的隐患。消防救援机构应当在责令改正期限届满或者收到当事人的复查申请之日起 3 个工作日内进行复查。对逾期不改正的,应当依法予以处罚。

（四）消防监督检查的要求

消防救援机构进行消防监督检查应注意以下几点：

1. 检查人员应当具备一定的素质

消防监督检查人员应当具有一定的素养和一定的知识结构，不能随便安排一个人充当消防安全检查人员。公安消防监督检查人员必须是经公安部统一组织考试合格，并具有监督检查资格的专业人员。通常消防监督检查人员应当具备以下知识结构。

（1）应当具有一定的政治素养和正派的人品。所谓政治素养，就是指有为人民服务的思想，有满腔热忱和对技术精益求精的工作态度，有严格的组织纪律性和拒腐蚀、不贪财的素养。只要具备这些素养，就不会见到好的东西就想跟被检查单位要，就不会几杯酒下肚就信口开河，就不会接受特殊招待。

（2）应当具有一定的专业知识。消防监督检查所需要的专业知识主要包括：火灾燃烧知识、建筑防火知识、电气防火知识、生产工艺防火知识、危险物品防火知识、消防安全管理知识和公共场所管理知识，以及灭火剂、灭火器械和灭火设施系统知识、《消防法》等与消防安全有关的行政法规知识等。

（3）应当具有一定的社交协调能力和符合社会行为规范的举止。消防监督检查不仅仅是一项专业工作，它所面对的工作对象是各种不同的企业、事业单位或是机关、团体，或是不同的社会组织。他的行为所代表的是上级领导机关或是国家政府机关的行为。所以，消防监督检查人员的言谈、举止、着装等，都应当符合社会行为规范，并具有一定的社会交际能力。

2. 发现问题要随机解答，并说明理由

在实地检查过程中，要注意提出并解释问题，引导陪同人员解释所观察到的情况。每发现一处火灾隐患，都要给被检查单位解释清楚，为什么说它是火灾隐患，它如何会引起火灾或造成人员伤亡，应当怎样消除或减少和避免此类火灾隐患等。对发现的每一处不寻常的作业以及新工艺、新产品和所使用的新原料（包括温度、压力、浓度配比等新的工艺条件、新的原料产品的特性）等值得提及的问题，都要记录下来，并分项予以说明，以供今后参考。

3. 提出问题不可使用“委婉之术”

对在消防安全检查中发现的火灾隐患或不安全因素，应当十分慎重、有理有据、直言不讳地向被检查单位指出，不可竭力追求“委婉之术”。在消防监督检查工作中，指出被检查单位存在的问题，适当运用委婉的语气和态度，不搞盛气凌人、颐指气使那一套，无疑是正确的。但若采取这种不痛不痒、触而无感的隔靴搔痒的“委婉之术”，则对督促火灾隐患整改是非常不利的，故必须克服之。

4. 要有政策观念、法制观念、群众观念和经济观念

具体问题的解决，要以政策和法规为尺度，绝不可随心所欲；要有群众观念，充分地相信和依靠群众，深入群众和生产或工作第一线，倾听职工群众的意见，以更多得到真实情况，掌握工作主动权，达到检查的目的；还要有经济观念，把火灾隐患的整改建立在保卫生产安全和促进生产安全的指导思想基础之上，并当成是一项提高经济效益的措施去下气力抓好。

5. 要科学安排时间

科学安排时间是一个时间优化问题。由于检查时间安排不同，收到的效果也不尽相同。例如，生产工艺流程中的问题，只有在开机生产过程中才会暴露地更充分一些，检查时间就应该选择在易暴露问题的时间进行。再如，值班问题在夜间和休假日最能暴露薄弱环节，那么就应该选择夜间和休假日检查值班制度的落实情况和值班人员尽职尽责情况。由于消防监督干部管理范围广，部门数量多，科学地安排好监督检查时间，将会大大地提高工作效率，收到事半功倍的效果。

6. 要认真观察、系统分析、实事求是，做到原则性和灵活性相结合

对消防监督检查中发现的问题，要认真对待，进行合乎逻辑规律地，系统、全面地，由此及彼、由表及里地分析，抓住问题的实质和主要方面，并有针对性地、实事求是地提出切合实际的解决办法。对于重大问题，要敢于坚持原则，但在具体方法上要有一定的灵活性，做到严得合理、宽得得当。检查要与指导相结合，不仅要能够发现问题，更重要的是解决问题，故应提出正确合理地解决问题的办法和防止问题再次发生的措施，且上级机关应给予具体的帮助和指导。

7. 要注重效果，不走过场

消防监督检查是集社会科学与自然科学于一体的一项综合性的管理活动，是实施消防安全管理的最具体、最生动、最直接、最有效的形式之一，所以，必须严肃认真、尊重科学、脚踏实地、注重效果；切不可图形式、走过场，只图检查的次数，不图问题解决的多少。检查一次就应有一次的效果，就应解决一定的问题，就应对某一方面的工作有一个大的推动。但也不应有靠一两次大检查就可以一劳永逸、岁岁平安的思想。要根据本单位的发展情况和季节天气的变化情况，有重点地定期

组织检查。但平时有问题,要随时进行检查,不要使问题久拖,以防酿成火灾。

8. 要注意检查通常易被人们忽略的隐患

要注意寻找易燃易爆危险品的储存不当之处和垃圾堆中的易燃废物;检查需要设“严禁吸烟”标志的地方是否有醒目的警示标志,在“严禁吸烟”的区域内是否有烟蒂;易爆炸危险场所的电气设备、线路、开关等是否符合防爆等级的要求,以及防静电和防雷的接地连接是否紧密、牢固等;寻找被锁或被阻塞的出口,查看避难通道是否阻塞或标志是否合适;灭火器的质量、数量,以及与被保护的场所和物品是否相适应等。这些隐患往往易被人们忽略而导致火灾,故应当引起特别注意。

9. 态度要和蔼,注意礼节礼貌

在整个检查过程中,消防监督检查人员一定要注意礼节礼貌,着装要规范,举止要大方,谈吐要文雅,提问题要有理有据有逻辑。切不可着奇装异服、流里流气,讲话杂乱无章,有低级趣味,说话必须言而有信。在检查结束离去时,应当对被检查单位的合作表示感谢,并应向负责人表示乐意帮助对方办到上级或消防监督机构能够办到的事情,以建立友好的关系。

10. 监督抽查应保证一定的频次

消防救援机构应当根据本地区火灾规律和特点,结合重大节日、重大活动等消防安全的需要,组织监督抽查。对消防安全重点单位的监督抽查每半年至少应当组织一次,对其他单位的监督抽查每年至少组织一次。

消防救援机构组织监督抽查,宜采取分行业或者地区、系统随机方式确定检查单位的方法。抽查的单位数量,根据消防监督检查人员的数量和监督检查的工作量化标准和时间安排确定。消防救援机构组织监督检查时,可以事先公告检查的范围、内容、要求和时间。监督检查的结果可以通过适当的方式予以通报或者向社会公布。本地区重大火灾隐患情况应当定期公布。

11. 消防监督检查应当着制式警服,出示执法身份证件,填写检查记录

消防救援机构实施消防监督检查时,检查人员不得少于 2 人,应当着制式警服并出示执法身份证件。

消防监督检查应当填写检查记录,如实记录检查情况,并由消防监督检查人员、被检查单位负责人或者有关管理人员签名;被检查单位负责人或者有关管理人员对记录有异议或者拒绝签名的,检查人员应当在检查记录上注明。

12. 实施消防监督检查不得妨碍被检查单位正常的生产经营活动

为不妨碍被检查单位正常的生产经营活动，消防救援机构实施消防监督检查时，可以事先通知有关单位，以便被检查单位的生产经营活动有所准备和安排。被检查单位应当如实提供：消防设施、器材、消防安全标志的检验、维修、检测记录或者报告；防火检查、巡查和火灾隐患整改情况记录；灭火和应急疏散预案及其演练情况；开展消防宣传教育和培训情况记录；依法可以查阅的其他材料；等等。

13. 消防救援机构的上级应当对下级实施消防监督检查的情况进行指导和监督

上级消防救援机构应当对下级消防救援机构实施消防监督检查的情况进行指导和监督。消防救援机构应当与公安派出所共同做好辖区消防监督工作，并对公安派出所开展的日常消防监督检查工作进行指导，定期对公安派出所民警进行消防监督业务培训。

14. 消防监督检查的结果可以通过适当方式向社会公告

对消防监督检查的结果，消防救援机构可以通过适当方式向社会公告；对检查发现的影响公共安全的火灾隐患应当定期公布，提示公众注意消防安全。

15. 要严格遵守法定期限

为了保证消防监督效率，消防救援机构必须严格遵守消防行政的法定时限。根据公安部令第 107 号发布的《消防监督检查规定》，消防监督检查的法定时限基本分为四类：

第一类是需要立即承办的，时限为 24 小时。例如，对占用、堵塞、封闭疏散通道、安全出口或者其他妨碍安全疏散行为，以及擅自停用消防设施的，均应在接到投诉后 24 小时内查处。

第二类是正常工作时限，即为 3 个工作日。例如，对公众聚集场所开业前的消防监督检查、大型群众性活动现场的检查、举报投诉的一般检查、限期改正的复查和重大火灾隐患的书面通知等，都应当在 3 个工作日内完成。

第三类是需要组织集体研究决定的，时限为 7 个工作日。例如，在消防监督检查中，发现城乡消防安全布局、公共消防设施不符合消防安全要求，或者发现本地区存在影响公共安全的重大火灾隐患的，消防救援机构需要组织集体研究确定，应当自检查之日起 7 个工作日内提出处理意见，由所属公安机关书面报告本级人民政府解决。

第四类是技术复杂需要组织专家论证的,可在上述规定的基础上再延长 10 个工作日。例如,对重大火灾隐患判定涉及复杂或者疑难技术问题需要在确定前组织专家论证的,可在原规定的期限的基础上再延长 10 个工作日。

以上法定时限,消防监督人员应当严格遵守。

二、公众聚集场所在投入使用和营业前的消防监督检查

公众聚集场所,是指宾馆、饭店、商场、集贸市场、客运车站候车室、客运码头候船厅、民用机场航站楼、体育场馆、会堂以及公共娱乐场所等经常聚集大量人员的社会活动场所。公众聚集场所装饰装修豪华,且大部分都是可燃材料,甚至是燃烧后能够产生有毒烟雾的材料;电气设备多、着火源多、火源不宜控制;建筑防火条件差、建筑结构易产生烟囱效应;用火、用电、用气量大,火灾致灾因素多;营业厅面积大,各层空间上下连通,易造成蔓延扩大;可燃商品多,易造成重大经济损失;营业期间人员较为密集,极容易造成重大人员伤亡,所以公众聚集场所是消防监督检查的重点。

(一)公众聚集场所消防安全检查许可的范围

1. 公众聚集场所包括的范围

公众聚集场所主要包括:影剧院、夜总会、录像厅、舞厅、卡拉 OK 厅、游乐厅、保龄球馆、桑拿浴室等公共娱乐场所;客房数在 50 间以上的旅馆、宾馆、饭店和面积在 200 平方米以上的营业性餐馆;总建筑面积超过 3000 平方米的商场、超市和市内市场;礼堂、大(中)型展览场馆、20 层以上的写字楼;摄影棚、演播室;大专院校、中小学校、幼儿园和医院等经常聚集大量人员的社会活动场所。

2. 公众聚集场所消防安全检查许可的范围

根据《消防法》第 15 条的规定,公众聚集场所在投入使用、营业前,建设单位或者使用单位应当向场所所在地的县级以上地方人民政府消防救援机构申请消防安全检查。消防救援机构应当自受理申请之日起 10 个工作日内,根据消防技术标准和管理规定,对该场所进行消防安全检查。未经消防安全检查或者经检查不符合消防安全要求的,不得投入使用或者营业。

(1)建筑面积 200 平方米以上的公众聚集场所使用或者营业前的消防安全检查由消防救援机构实施。其他公众聚集场所使用或者营业前的消防安全检查由公安派出所实施。

(2)依法投入使用或者营业的公众聚集场所扩建、改建、装修或者变更用途，应当在依法经消防设计审核、消防验收或者备案后，重新申请消防安全检查。

(二)公众聚集场所开业前消防安全检查许可的办理

1. 应当提交的材料

公众聚集场所在投入使用或者营业前，建设单位或者使用单位应当向场所所在地的县级以上人民政府消防救援机构申请消防安全检查，并提交下列材料：

(1)消防安全检查申报表。

(2)营业执照复印件或者工商行政管理机关出具的企业名称预先核准通知书。

(3)依法取得的建设工程消防验收或者进行消防竣工验收备案的法律文件复印件。

(4)制定的消防安全制度、灭火和应急疏散预案。

(5)员工岗前消防安全培训教育记录和自动消防系统操作人员取得的消防行业特有工种职业资格证书复印件。

(6)其他依法应当申报的材料。

对依法进行消防竣工验收备案且没有进行备案抽查的公众聚集场所申请消防安全检查的，还应当提交场所室内装修消防设计施工图、消防产品质量合格证明文件，以及装修装饰材料防火性能符合消防技术标准的证明文件、出厂合格证。

消防救援机构对消防安全检查的申请，应当按照行政许可有关规定受理。

2. 公众聚集场所投入使用或者营业前消防监督检查的内容

对公众聚集场所投入使用或者营业前进行消防安全检查，应当检查下列内容：

(1)场所是否依法通过消防验收合格或者进行消防竣工验收备案抽查合格，依法进行消防竣工验收备案且没有进行备案抽查的场所是否符合消防技术标准。

(2)消防安全管理制度、灭火和应急疏散预案是否制定。

(3)自动消防系统操作人员是否持证上岗，员工是否经过岗前消防安全培训。

(4)消防设施、器材是否符合消防技术标准并完好有效。

(5)疏散通道、安全出口和消防车通道是否畅通。

(6)室内装修装饰材料是否符合消防技术标准。

3. 公众聚集场所开业前消防安全检查许可的时限与许可证的颁发

对公众聚集场所投入使用或者营业前的消防安全检查，消防救援机构应当自受理申请之日起10个工作日内进行检查，自检查之日起3个工作日内做出同意或者不同意投入使用或者营业的决定，并送达申请人。

4. 公众聚集场所开业前消防安全检查许可的撤销

对依法投入使用或者营业的公众聚集场所被处以停产停业或者予以临时查封的，消防救援机构应当同时撤销原消防安全检查许可决定，并收回消防安全许可证。

三、对大型群众性活动举办前的消防监督检查

大型群众性活动，是指法人或者其他组织面向社会公众举办的每场次预计参加人数达到1000人以上的体育比赛活动；演唱会、音乐会等文艺演出活动；展览、展销等活动；游园、灯会、庙会、花会、焰火晚会等活动；人才招聘会、现场开奖的彩票销售等活动。但影剧院、音乐厅、公园、娱乐场所等在其日常业务范围内举办的活动不在此范围。由于举办一次大型群众性活动往往涉及很多消防安全方面的问题，甚至存在重大火灾隐患。所以，消防救援机构应当重视大型群众性活动公共安全行政许可中的消防安全检查。

（一）对举办大型群众性活动进行消防安全检查的意义

大型群众性活动，是指大型集会、焰火晚会、灯会等群众性活动。例如，春节、劳动节、国庆节、元宵节以及各民族的传统节日，许多地方组织的有成千上万人参加的大型群众庆祝活动和大型的灯会、花会、焰火晚会，以及其他重大的国内、国际体育比赛和各种展览、展销等活动，都是群众性的大型活动。随着改革开放的深入以及市场经济的发展，全国各地举办大型集会、焰火晚会、灯会等群众性的活动越来越多。这些活动的举办，是国家政治稳定、经济繁荣、社会祥和昌盛的象征，是人民群众安居乐业、生活水平不断提高的体现。但在这些活动中，往往具有很大的火灾危险性和危害性，稍有疏漏就会发生火灾事故，且还会由于参加人员众多且聚集，容易引起混乱，如果存在火灾隐患，消防措施不得力，就可能发生火灾，甚至造成众多的人员伤亡和不良的政治影响，造成公民生命财产的重大损失。

（二）大型群众性活动消防监督检查的内容

在大型群众性活动举办前对活动现场进行消防监督检查，应当重点检查下列内容：

（1）室内活动使用的建筑物（场所）是否依法通过消防验收或者进行消防竣工

验收备案，公众聚集场所是否通过使用或者营业前的消防安全检查。

(2)临时搭建的建筑物是否符合消防安全要求。

(3)是否制定灭火和应急疏散预案并组织演练。

(4)是否明确消防安全责任分工并确定消防安全管理人员。

(5)活动现场消防设施、器材是否配备齐全并完好有效。

(6)活动现场的疏散通道、安全出口和消防车通道是否畅通。

(7)活动现场的疏散指示标志和应急照明是否符合消防技术标准并完好有效。

(三)大型群众性活动主办单位的消防安全要求

《消防法》第20条规定："举办大型群众性活动，承办人应当依法向公安机关申请安全许可，制定灭火和应急疏散预案并组织演练，明确消防安全责任分工，确定消防安全管理人员，保持消防设施和消防器材配置齐全、完好有效，保证疏散通道、安全出口、疏散指示标志、应急照明和消防车通道符合消防技术标准和管理规定。"因此，举办大型集会、焰火晚会、灯会等群众性活动的主办单位应当认真落实有关的消防安全措施。

1. 制定灭火和应急疏散预案

体育场馆、展览馆、博物馆的展览厅等场所临时举办活动时，应制定相应消防安全预案，明确消防安全责任人。大型群众性活动的灭火和应急疏散预案除了应符合消防安全重点单位一般预案的基本要求外，还应当包括组织领导机构、各级各岗位人员的职责，灭火措施，疏散路线、出口、应急措施等。

2. 认真落实消防安全措施

(1)举办大型群众性活动应当认真落实各项消防安全措施，重点应当落实：电气线路、照明电器等具有火灾危险性的电器的消防安全措施；绝对禁止在活动场所储藏、使用易燃易爆危险品，禁止携带易燃易爆危险品进入活动场所。

(2)必须施放焰火或使用易燃易爆危险品的，对所施放的焰火物品应当保证质量，安全系数应当达到标准，施放后应当燃烧彻底而不能有阴燃物存在，焰火物品的药剂量应当有所限制，在焰火可能放飞的半径范围内，地面上不得有露天的可燃物资堆场，并严格落实易燃易爆危险品的各项监控措施。

(3)需要搭建临时建筑时，应采用燃烧性能不低于B1级的材料。临时建筑与周围建筑的间距不应小于6米。

（4）大型演出或比赛等活动期间，配电房、控制室等部位须有专人值班。要严格控制各种火源，在活动场所内禁止吸烟，禁止动用明火（除施放焰火外），必需的用火须经批准并办理用火动火许可证。

（5）要配置必要的消防器材，保证消防水源，落实灭火措施，场所系高层等大型建筑物时还应有火灾自动监测、报警、联动灭火等自动消防措施。

（6）要加强管理，保障疏散通道、安全出口畅通，严格控制活动人员的总量。展厅等场所内的主要疏散走道应直通安全出口，其净宽度不应小于4米，其他疏散走道净宽度不应小于2米。

3. 积极申请消防监督检查，认真落实整改意见

在举办活动前，主办单位应当积极向消防救援机构申请消防监督检查，认真落实消防救援机构提出的整改意见。申请应当包括主办单位的名称、地址、负责人，活动的内容、地点，灭火和应急疏散预案，采取的消防安全措施，等等。

当地消防救援机构在接到申请后，应当对活动场所进行检查，主办单位应当认真落实消防救援机构提出的整改意见，在消防安全措施或消防救援机构提出的整改意见没有落实前，活动不得举办，否则应当承担法律责任。

（四）举办大型群众性活动对消防救援机构的要求

对大型群众性活动现场在举办前进行的消防安全检查，消防救援机构应当在接到本级公安机关治安部门通知之日起3个工作日内进行检查，并将检查记录移交本级公安机关治安部门。

当地消防救援机构对主办单位申请举办的大型集会、焰火晚会、灯会等群众性的活动，应当督促主办单位将消防安全工作纳入活动的总体方案之中，应及时了解活动内容、范围、时间、人员、场地等情况，在地点选择、电气线路的架设、电器的安装及消防设施的配置等方面，要按照有关消防法规和工程建筑消防技术标准严格把关。

在对活动场所进行消防监督检查时，应当把消除火灾隐患作为重点。在重大活动前，必须对活动场所的水源情况、安全通道、电器设备、消防设施以及其他不安全因素进行检查。消防安全措施不落实的不得举办，非法举办的应当责令当场改正，当场不能改正的，应当责令停止举办，并依据《消防法》和《治安管理处罚法》的有关条款追究责任。

为了切实保障消防安全，维护社会消防安全秩序，对特别重大的大型集会、焰

火晚会、灯会等群众性的活动，当地消防救援机构还应根据需要派出消防干警及车辆现场执勤，以确保消防安全。

四、单位履行法定消防安全职责情况的监督抽查

消防监督检查的内容，应当根据检查的对象和形式确定。

（一）对单位消防监督抽查的内容

消防救援机构，应当结合单位履行消防安全职责情况的记录，每季度制定消防监督检查计划，对单位遵守消防法律、法规的情况；单位建筑物及其有关消防设施符合消防技术标准和管理规定的情况进行抽样检查。对单位履行法定消防安全职责情况的监督检查，应当针对单位的实际情况，并检查下列内容。

（1）建筑物或者场所是否依法通过消防验收或者进行消防竣工验收备案，公众聚集场所是否通过投入使用或者营业前的消防安全检查。

（2）建筑物或者场所的使用情况是否与消防验收或者进行消防竣工验收备案时确定的使用性质相符。

（3）单位消防安全制度、灭火和应急疏散预案是否制定。

（4）建筑消防设施是否定期进行全面检测，消防设施、器材和消防安全标志是否定期组织检验、维修且完好有效。

（5）电器线路、燃气管路是否定期维护保养、检测。

（6）疏散通道、安全出口、消防车通道是否畅通，防火分区是否改变，防火间距是否被占用。

（7）是否组织防火检查、消防演练和员工消防安全培训教育，自动消防系统操作人员是否持证上岗。

（8）生产、储存、销售易燃易爆危险品的场所是否与居住场所设置在同一建筑物内。

（9）生产、储存、销售其他物品的场所与居住场所设置在同一建筑物内的，是否符合消防技术标准。

（10）对人员密集场所还应当抽查室内装修装饰材料是否符合消防技术标准。

（11）其他依法需要检查的内容。

（二）对消防安全重点单位抽查的内容

对消防安全重点单位履行法定消防安全职责情况的监督检查，除消防监督抽

查的内容外，还应当检查下列内容：

(1)是否确定消防安全管理人。

(2)是否开展每日防火巡查并建立巡查记录。

(3)是否定期组织消防安全培训和消防演练。

(4)是否建立消防档案、确定消防安全重点部位。

对属于人员密集场所的消防安全重点单位，还应当检查单位灭火和应急疏散预案中承担灭火和组织疏散任务的人员是否确定。

(三)对单位消防监督抽查的要求

(1)消防救援机构根据本地区火灾规律、特点等消防安全需要组织监督抽查；在火灾多发季节，重大节日、重大活动前或者期间，应当组织监督抽查。

(2)消防安全重点单位应当作为监督抽查的重点，非消防安全重点单位必须在监督抽查的单位数量中占有一定比例。对属于人员密集场所的消防安全重点单位每年至少监督检查一次。

五、举报投诉消防安全违法行为的核查

(一)举报投诉消防安全违法行为的受理程序

消防救援机构对报案、控告、举报，以及其他行政主管部门、司法机关移送的消防安全违法案件，应当依照《公安机关办理行政案件程序规定》及时受理，进行登记，并分别做出以下处理：

(1)对属于本单位管辖范围内的事项，应当及时调查处理。

(2)对属于公安机关职责范围，但不属于本单位管辖的，应当在受理后的24小时内移送有管辖权的单位处理，并告知报案人。

(3)对不属于公安机关职责范围内的事项，应告知当事人向其他有关主管机关报案或者投案。

(4)消防救援机构及其人民警察在日常执法执勤中发现的违法行为，应当按照以上所列情形分别处理。

(5)公安派出所对群众举报、投诉的消防安全违法行为，应当及时受理，依法处理；对属于消防救援机构管辖的举报、投诉，应当及时移送消防救援机构处理。

(二)举报投诉消防安全违法行为的受理要求

(1)报案人不愿意公开自己的姓名和报案行为的，消防救援机构应当在受案

登记时注明,并为其保密。

(2)消防救援机构对报案人提供的有关证据材料、物品等应当登记,并妥善保管。移送案件时,应当将有关证据材料和物品一并移交。

(3)公安机关对发现或者受理的案件暂时无法确定为刑事案件或者行政案件的,可以按照行政案件的程序办理。在办理过程中,认为涉嫌构成犯罪的,应当按照《公安机关办理刑事案程序规定》办理。

(三)特殊情况投诉消防安全违法行为的受理要求

对于属于公安机关职责范围但不属于本单位管辖的投诉案件,具有下列情形之一的,受理案件或者发现案件的消防救援机构及其人民警察,应当依法先行采取必要的强制措施或者其他处置措施,再移送有管辖权的单位处理:

(1)违法嫌疑人正在实施危害行为的。

(2)违法嫌疑人正在逃跑的。

(3)有人员伤亡,需要立即采取救治措施的。

(4)违法嫌疑人已被抓获或者被发现的。

(5)国家、集体或者公民利益正在遭受重大损害的。

(6)其他应当采取紧急措施的情形。

(四)核查举报投诉消防安全违法行为的时限要求

消防救援机构接到对消防安全违法行为的举报投诉后,应当及时受理、登记,并应当按照下列时限,对举报投诉的消防安全违法行为进行实地核查:

(1)对举报投诉的消防安全违法行为,应当在接到举报投诉之日起 3 个工作日内进行核查。但对举报投诉占用、堵塞、封闭疏散通道、安全出口或者其他妨碍安全疏散行为,以及擅自停用消防设施的行为,应当在接到举报投诉后 24 小时内进行核查。

(2)核查后,对消防安全违法行为应当依法处理。处理情况应当及时告知举报投诉人;无法告知的,应当在受理登记中注明。行政案件移送管辖的,询问查证时间和扣押等措施的期限重新计算。

六、根据需要进行的其他消防监督检查

(一)错时监督检查

错时消防监督检查,是指消防救援机构针对特殊监督对象,把监督执法警力

部署到火灾高发时段和高发部位，在正常工作时间以外的时段开展的消防监督检查。

1. 检查内容

消防救援机构对夜间营业的公众聚集场所进行消防监督检查时，应当重点检查单位履行下列消防安全职责的情况：

(1)自动消防系统操作人员是否在岗在位，是否持证上岗。

(2)消防设施是否正常运行，疏散指示标志和应急照明是否完好有效。

(3)场所疏散通道和安全出口是否畅通。

(4)防火巡查是否按照规定开展。

2. 检查要求

实施错时消防监督检查，消防救援机构可以会同治安、教育、文化等部门联合开展，也可以邀请新闻媒体参加，但检查结果应当通过适当方式予以通报或向社会公布。

(二)特殊建设工程施工工地的消防监督检查

对特殊建设工程的施工工地进行消防监督检查，应当重点检查施工单位下列情况：

(1)是否制定施工现场消防安全制度、灭火和应急疏散预案。

(2)对电焊、气焊等明火作业是否有相应的消防安全防护措施。

(3)是否设置与施工进度相适应的临时消防水源，安装消火栓并配备水带、水枪，消防器材是否配备并完好有效。

(4)是否设有消防车通道并畅通。

(5)是否组织员工进行消防安全培训教育和消防演练。

(6)员工集体宿舍是否与施工作业区分开设置，员工集体宿舍是否存在违章用火、用电、用油、用气的情况。

(三)人员密集场所消防监督检查

对人员密集场所进行消防监督检查时，应当检查以下要点：

1. 单位消防安全管理检查

(1)消防安全组织机构是否健全。

(2)消防安全管理制度是否完善。

(3)日常消防安全管理是否落实。火灾危险部位是否有严格的管理措施,是否定期组织防火检查、巡查,能否及时发现和消除火灾隐患。

(4)重点岗位人员是否经专门培训且持证上岗,员工是否会报警、扑救初起火灾、组织人员疏散。

(5)对消防设施是否定期检查、检测、维护保养,并有详细完整的记录。

(6)灭火和应急疏散预案是否完备,并有定期演练的记录。

(7)单位火警处置是否及时准确。对设有火灾自动报警系统的场所,随机选择一个探测器进行吹烟或手动报警,发出警报后,值班员或专(兼)职消防员携带手提式灭火器到现场确认,并及时向消防控制室报告。值班员或专(兼)职消防员是否会正确使用灭火器、消防软管卷盘、室内消火栓等扑救初起火灾。

2. 消防控制室检查

(1)值班员是否不少于2人,并经过培训,持证上岗。

(2)是否有每日值班记录,记录是否完整准确。

(3)是否有设备检查记录,记录是否完整准确。

(4)值班员能否熟练掌握《消防控制室管理及应急程序》,能否熟练操作消防控制设备。

(5)消防控制设备是否处于正常运行状态,能否正确显示火灾报警信号和消防设施的动作、状态信号,正确打印有关信息。

3. 防火分隔检查

(1)防火分区和防火分隔设施是否符合要求。

(2)防火卷帘下方有无障碍物,自动、手动启动防火卷帘,卷帘是否能下落至地板面。

(3)管道井、电缆井,以及管道、电缆穿越楼板和墙体处的孔洞是否封堵密实。

(4)厨房、配电室、锅炉房、柴油发电机房等火灾危险性较大的部位与周围其他场所是否采取了严格的防火分隔措施,且有严密的火灾防范措施和严格的消防安全管理制度。

4. 人员安全疏散系统检查

(1)疏散指示标志及应急照明灯的数量、类型、安装高度是否符合要求,疏散指示标志能否在疏散路线上明显看到,并明确指向安全出口。

(2)应急照明灯主、备用电源切换功能是否正常,切断主电后,应急照明灯能否正常发光。

(3)火灾应急广播是否能分区播放,且正确引导人员疏散。

(4)封闭楼梯、防烟楼梯及其前室的防火门是否向疏散方向开启,具有自闭功能,并处于常闭状态;平时因频繁使用需要常开的防火门是否能自动、手动关闭;平时需要控制人员随意出入的疏散门,是否能不用任何工具从内部开启,并有明显标志和使用提示;常开防火门的启闭状态在消防控制室是否能正确显示。

(5)安全出口、疏散通道、楼梯间是否保持畅通,未锁闭,无任何物品堆放。

5. 火灾自动报警系统检查

(1)检查故障报警功能。摘掉一个探测器,控制设备能否正确显示故障报警信号。

(2)检查火灾报警功能。任选一个探测器进行吹烟,控制设备能否正确显示火灾报警信号。

(3)检查火警优先功能。摘掉一个探测器,同时给另一探测器吹烟,控制设备能否优先显示火灾报警信号。

(4)检查消防电话通话情况。在消防控制室和水泵房、发电机房等处使用消防电话,消防控制室与相关场所能否相互正常通话。

6. 湿式自动喷水灭火系统检查

(1)报警阀组件是否完整,报警阀前后的阀门、通向延时器的阀门是否处于开启状态。

(2)对自动喷水灭火系统进行末端试水。将消防控制室联动控制设备设置在自动位置,任选一楼层,进行末端试水,水流指示器动作,控制设备能否正确显示水流报警信号;压力开关动作,水力警铃发出警报,喷淋泵启动,控制设备能否正确显示压力开关动作及启泵信号。

7. 消火栓、水泵接合器检查

(1)室内消火栓箱内的水枪、水带等配件是否齐全,水带与接口绑扎是否牢固。

(2)检查系统功能。任选一个室内消火栓,接好水带、水枪,水枪出水是否正常;将消防控制室联动控制设备设置在自动位置,按下消火栓箱内的启泵按钮,消火栓泵启动,控制设备能否正确显示启泵信号,水枪出水是否正常。

(3)室外消火栓是否被埋压、圈占、遮挡,标志是否明显,是否有专用开启工具,阀门开启是否灵活、方便,出水是否正常。

(4)水泵接合器是否被埋压、圈占、遮挡,标志是否明显,且标明供水系统的类型及供水范围。

8. 消防水泵房、给水管道、储水设施检查

(1)配电柜上控制消火栓泵、喷淋泵、稳压(增压)泵的开关是否设置在自动(接通)位置。

(2)消火栓泵和喷淋泵进、出水管阀门,高位消防水箱出水管上的阀门,以及自动喷水灭火系统、消火栓系统管道上的阀门是否保持常开。

(3)高位消防水箱、消防水池、气压水罐等消防储水设施的水量是否达到规定的水位。

(4)北方寒冷地区的高位消防水箱和室内外消防管道是否有防冻措施。

9. 防烟排烟系统检查

(1)检查加压送风系统。自动、手动启动加压送风系统,相关送风口能否开启,送风机能否启动,送风是否正常。

(2)检查排烟系统。自动、手动启动排烟系统,相关排烟口能否开启,排烟风机能否启动,排风是否正常。

10. 灭火器检查

(1)灭火器配置类型是否正确,如有固体可燃物的场所配有能扑灭 A 类火灾的灭火器。

(2)储压式灭火器压力是否符合要求,压力表指针是否在绿区。

(3)灭火器是否设置在明显和便于取用的地点,是否影响安全疏散。

(4)灭火器是否有定期维护检查的记录。

11. 室内装修检查

(1)疏散楼梯间及其前室和安全出口的门厅,其顶棚、墙面和地面是否采用不燃材料装修。

(2)房间、走道的顶棚、墙面、地面是否使用符合规范规定的装修材料。

(3)疏散走道两侧和安全出口附近是否有误导人员安全疏散的反光镜子、玻璃等装修材料。

12. 外墙及屋顶保温材料和装修检查

(1)了解掌握建筑外墙和屋顶保温系统构造和材料使用情况。

(2)了解外墙和屋顶使用易燃可燃保温材料的建筑,其楼板与外保温系统之间的防火分隔或封堵情况,以及外墙和屋顶最外保护层材料的燃烧性能。

(3)对外墙和屋顶使用易燃可燃保温、防水材料的建筑是否有严格的动火管理制度和严密的火灾防范措施。

13. 其他检查

(1)消防主、备电供电和自动切换是否正常;切换主、备电源,检查其供电功能,设备运行是否正常。

(2)电器设备、燃气用具、开关、插座、照明灯具等的设置和使用情况,以及电气线路、燃气管道等的材质和敷设是否符合要求。

(3)室内可燃气体、液体管道是否采用金属管道,并设有紧急事故切断阀。

(4)防火间距是否符合要求。

(5)消防车道是否符合要求。

七、公安派出所消防监督检查

公安派出所应当结合治安检查活动,对城市社区、农村的消防工作情况进行消防监督检查,开展消防宣传教育。

(一)公安派出所日常消防监督检查的内容

公安派出所进行的日常消防监督检查,按照检查对象的不同,可以分为对单位的消防监督检查和对居(村)民委员会的消防监督检查两类。

1. 公安派出所对单位进行日常消防监督检查的内容

公安派出所对其日常监督检查范围的单位,应当每年至少进行一次日常消防监督检查,并进行如下内容的检查。

(1)建筑物或者场所是否依法通过消防验收或者进行消防竣工验收备案,公众聚集场所是否依法通过投入使用或者营业前的消防安全检查。

(2)是否制定消防安全制度。

(3)是否组织防火检查、消防安全宣传教育培训、灭火和应急疏散演练。

(4)消防车通道、疏散通道、安全出口是否畅通,室内消火栓、疏散指示标志、应急照明、灭火器是否完好有效。

(5)生产、储存、销售易燃易爆危险品的场所是否与居住场所设置在同一建筑物内。

（6）对设有消防设施的单位，还应当检查单位是否每年对建筑消防设施至少进行一次全面检测。

（7）对居民住宅区的物业服务企业进行日常消防监督检查，还应当检查物业服务企业对管理区域内共用消防设施是否进行维护管理。

2. 公安派出所对居（村）民委员会进行日常消防监督检查的内容

（1）消防安全管理人是否确定。

（2）消防安全工作制度、村（居）民防火安全公约是否制定。

（3）是否开展消防宣传教育、防火安全检查。

（4）是否对社区、村庄消防水源（消火栓）、消防车通道、消防器材进行维护管理。

（5）是否建立义务消防队或志愿消防队等多种形式的消防组织。

（二）公安派出所对消防违法行为的查处

1. 公安派出所应当依法查处的消防违法行为

公安派出所民警在日常消防监督检查时，发现被检查单位有下列行为之一的，应当责令依法改正：

（1）未制定消防安全制度，未组织防火检查和消防安全培训教育、消防演练的。

（2）占用、堵塞、封闭疏散通道、安全出口的。

（3）占用、堵塞、封闭消防车通道，妨碍消防车通行的。

（4）埋压、圈占、遮挡消火栓或者占用防火间距的。

（5）室内消火栓、灭火器、疏散指示标志和应急照明未保持完好有效的。

（6）人员密集场所在门窗上设置影响逃生和灭火救援的障碍物的。

（7）违反消防安全规定进入生产、储存易燃易爆危险品场所的。

（8）违反规定使用明火作业或者在具有火灾、爆炸危险的场所吸烟、使用明火的。

（9）生产、储存、经营易燃易爆危险品的场所与居住场所设置在同一建筑物内的。

（10）未对建筑消防设施定期进行全面检测的。

2. 公安派出所依法查处消防违法行为的要求

（1）公安派出所发现被检查单位的建筑物未依法通过消防验收，或者进行消防竣工验收备案，擅自投入使用的；公众聚集场所未依法通过使用、营业前的消防安全检查，擅自使用、营业的，应当在检查之日起5个工作日内书面移交消防救援机构处理。

（2）公安派出所民警进行日常消防监督检查，应当填写检查记录，记录发现的消防安全违法行为、责令改正的情况。

（3）公安派出所在日常消防监督检查中，发现存在严重威胁公共安全的火灾隐患的，应当在责令改正的同时书面报告乡镇人民政府或者街道办事处和消防救援机构。

第二节　火灾隐患整改

火灾隐患的整改是消防安全工作的一项基本任务，也是做好消防安全工作的一项重要措施。一个企业、一个单位在任何时候都不可以讲没有火灾危险或不存在火灾隐患，只不过是多与少、大与小的差别而已。单位的消防安全不在于有没有火灾隐患，而关键在于能不能及时发现和认真加以整改。少数单位对于火灾隐患麻木不仁，听之任之，直至酿成火灾，这就是所谓的“养患成灾”。

一、火灾隐患的概念、分类与确认

（一）火灾隐患的概念及其含义

火灾隐患的概念有广义和狭义之分。从广义上讲，火灾隐患，应当是指在生产和生活活动中可能直接造成火灾危害的各种不安全因素。从狭义上讲，火灾隐患，是指违反消防法规或者不符合消防技术标准，增加发生火灾的危险性，或者发生火灾时会增加对人的生命、财产造成的危害，或者在发生火灾时严重影响灭火救援行动的一切行为和情况。据此分析，火灾隐患通常应包含以下三层含义：

（1）增加了发生火灾的危险性。例如，违反规定生产、储存、运输、销售、使用和销毁易燃易爆危险品；违反规定用火、用电、用气，明火作业，等等。

（2）一旦发生火灾，会增加对人身、财产的危害。例如，建筑防火分隔、建筑结构防火、防烟排烟设施等随意改变，失去应有的作用；建筑物内部装修、装饰违反规定，使用易燃材料；建筑物的安全出口、疏散通道堵塞，不能畅通无阻；消防设施、器材不完好有效；等等。

(3)一旦导致火灾会严重影响灭火救援行动,如缺少消防水源,消防车通道堵塞,消火栓、水泵结合器、消防电梯等不能使用或者不能正常运行等。

(二)火灾隐患的分类

火灾隐患根据其火灾危险性的大小和危害程度,按国家消防监督管理的行政措施可分为以下两类:

1.重大火灾隐患

重大火灾隐患,是指违反消防法律、法规,可能导致火灾发生或火灾危害增大,并由此造成特大火灾事故后果和严重社会影响的各类潜在不安全因素。

2.一般火灾隐患

一般火灾隐患,是指除特大、重大火灾隐患之外的隐患。

由于在我国消防行政执法中只有重大火灾隐患和一般火灾隐患之分,还未将特大火灾隐患确定为具体管理对象,所以,我们常说的重大火灾隐患亦包括特大火灾隐患。

(三)火灾隐患的确认

火灾隐患与消防安全违法行为应当是互有交集的关系。是火灾隐患并不一定都是消防安全违法行为,消防安全违法行为也不一定都是火灾隐患。虽然绝大多数火灾隐患都是违反消防法规和消防技术规范、标准造成的,但对于由于国家消防技术标准的修改而造成的火灾隐患就不属于违法行为。所以,一定要正确区分火灾隐患与消防安全违法行为的关系。确定一个不安全因素是否是火灾隐患,不仅要在消防行政法律上有依据,而且还应在消防技术上有标准,其专业性、思想性和科学性很强,应当根据实际情况,全面细致地考察和了解,实事求是地分析和判定,并注意区分火灾隐患与消防安全违法行为的界限。

消防工作中存在的问题,包括的范围很广,一般是指思想上、组织上、制度上和包括火灾隐患在内的所有影响消防安全的问题。火灾隐患只是能够造成火灾和火灾危害的那部分问题。正确区别火灾隐患与一般工作问题很有实际意义。如果把消防工作中存在的一般性工作问题也视为火灾隐患,采取制发通知书的法律文书方式,把不适宜用消防行政措施解决的问题不加区别地用消防行政措施去解决,就失去了消防安全管理的科学性和依法管理的严肃性,不利于火灾隐患的整改,故这些都是在实际工作中值得注意的。

综上所述，以下情形应当确定为火灾隐患：

（1）影响人员安全疏散或者灭火救援行动，不能立即改正的。

（2）消防设施未保持完好有效，影响防火灭火功能的。

（3）擅自改变防火分区，容易导致火势蔓延、扩大的。

（4）在人员密集场所违反消防安全规定，使用、储存易燃易爆危险品，不能立即改正的。

（5）不符合城市消防安全布局要求，影响公共安全的。

（6）其他可能增加火灾实质危险性或者危害性的情形。

二、重大火灾隐患的判定

重大火灾隐患的判定，应当依照《重大火灾隐患判定方法》（GB35181—2017）进行。根据判定的程序，重大火灾隐患可采取要件、要素综合分析判定的方法。所谓要件、要素综合判定法，是指对事物的构成要件和制约事物的要素进行对照、综合分析判定的方法。对重大火灾隐患这一事物的构成要件和制约重大火灾隐患的要素进行对照、综合分析判定的方法，就是重大火灾隐患要件、要素综合判定法。要件是指构成事物的主要条件；要素是指制约事物存在和发展变化的内部因素。

（一）重大火灾隐患的构成要件

根据火灾隐患的危险程度和一旦导致火灾的危害程度，以及火灾自救、逃生、扑救的难度，构成重大火灾隐患这一事物的要件通常应包括以下几点：

（1）场所或设备内的物品属于易燃易爆危险品（包括甲、乙类物品和棉花、秫秸、麦秸等丙类易燃固体），且其量达到了重大危险源的标准。

（2）场所建筑物属于二类以上保护建筑物。

（3）建筑物属于高层民用建筑。

这三个要件的任何一个要件都是构成重大火灾隐患的最基本要件，不具备任一要件都不构成重大火灾隐患。其他影响火灾隐患的任何一个单项要素，只能是一般火灾隐患。

（二）影响火灾隐患的要素

1. 违反规定进行生产、储存、装修等，增加了原有火灾危险性和危害性的要素

（1）场所或设备改变了原有的性质，增加了其火灾危险性和危害性的（如温度、压力、浓度超过规定，丙类液体、气体储罐改储甲类液体、气体等）；违反安全操

作规程操作,增加了可燃性气体、液体的泄漏和散发。

(2)生产或储存设备、设施违反规定未设置或缺少必要的安全阀、压力表、温度计、爆破片、安全连锁控制装置、紧急切断装置、阻火器、放空管、水封、火炬等安全设施,或虽有但不符合要求或存在故障不能安全使用的。

(3)设备及工艺管道违反规定安装导致火灾危险性增加的(如加油站储罐呼气管的直径小于50毫米而导致卸油时憋气、不安装阻火器等);场所或设备超量储存、运输、营销、处置的。

(4)违反规定使用可燃材料装修的(如建筑物内疏散走道、疏散楼梯间、前室室内的装修材料燃烧性能低于B1级的)。

(5)原普通建筑物改为人员密集场所或场所超员使用的。

2. 违反规定从事用火、用电和产生明火等能够形成着火源而导致火灾的要素

(1)违反规定进行电焊、气焊等明火作业的,或存在其他足以导致火灾的引火源的。

(2)违反规定使用能够产生火星的工具和进行开槽、凿墙眼等能够产生火星作业的。

(3)违反规定使用电器设备、敷设电气线路(如违反规定,在可燃材料或可燃构件上直接敷设电气线路或安装电气设备)的。

(4)违反规定在易燃易爆场所使用非防爆电器设备或防爆等级低于场所气体、蒸气的危险性的。

(5)未按规定设置防雷、防静电设施(含接地、管道法兰静电搭接线),或虽设置但不符合要求的。

3. 建筑物的防火间距、防火分隔、建筑结构,防火、防烟排烟、安全疏散违反国家消防规范标准,一旦发生火灾,会增加对人身、财产危害的要素

(1)建筑物的防火间距(包括建筑物之间、建筑物与火源或重要公共建筑物与重大危险源之间的间距等)不能满足国家消防规范标准的,或建筑物之间的既有防火间距被占用的。

(2)建筑物的防火分区不能满足国家消防规范标准,或擅自改变原有防火分区,造成防火分区面积超过规定的。

(3)厂房或库房内有着火、爆炸危险的部位未采取防火防爆措施,或这些措施不能满足防止火灾蔓延要求的。

（4）擅自改变建筑内的避难走道、避难间、避难层与其他区域的防火分隔设施，或避难走道、避难间、避难层被占用、堵塞而无法正常使用的。

（5）建筑物的安全疏散通道、疏散楼梯、安全出口、安全门、消防电梯或防烟排烟设施等安全设施应设置但未设置，或虽已设置但不能满足国家消防规范标准的；未按规定设置疏散指示标志、应急照明，或虽已设置但不符合要求的；按规定安全出口应独立设置而未独立，或数量、宽度不符合规定或被封堵的；安全出口、楼梯间的设置形式不符合规定的；疏散走道、楼梯间、疏散门或安全出口设置栅栏、卷帘门，或未按规定设置防烟排烟设施，或已设置但不能正常使用或运行的等。

4. 违反国家消防规范标准，消防设施、器材不完好、有效，一旦导致火灾会严重影响灭火救援行动的要素

（1）根据国家现行消防规范标准应当设置消防车通道但未设，或虽设置但不能满足国家消防规范标准的，以及消防车道被堵塞、占用不能正常通行的。

（2）根据国家消防规范标准应当设置消防水源、室（内）外消防给水设施，或备置相关灭火器材但未设置或备置，或虽设置或配置不符合国家消防规范标准的；或已设置但不能正常使用或运行的。

（3）根据国家消防规范标准应当设置火灾自动报警系统、自动灭火系统但未设置，或虽设置或配置但不符合国家消防规范标准的；或系统处于故障状态不能正常使用或运行、不能恢复正常运行，或不能正常联动控制的。

（4）消防用电设备未按规定采用专用的供电回路、设备末端自动切换装置，或虽设置但不能正常工作的；消防电梯无法正常运行的。

（5）举高消防车作业场地被占用，影响消防扑救作业的；建筑物既有外窗被封堵或被广告牌等遮挡，影响灭火救援的。

（三）重大火灾隐患的判定原则

（1）重大火灾隐患的三个构成要件是构成重大火灾隐患的最基本要件，不具备任一要件都不构成重大火灾隐患。

（2）根据以上要件和要素，如果任一要素只要有 1 个，并与任一要件同时具备的，则应当确定为重大火灾隐患。但下列隐患违反规定达到一定的量时才能确定为重大火灾隐患：

①场所或设备可燃物品（含易燃易爆危险品）的储存量超过原规定储存量的25%的。

②人员密集场所（商店营业厅）内的疏散距离超过规定距离，或超员使用达25%的。

③高层建筑和地下建筑未按规定设置疏散指示标志、应急照明，或损坏率超过30%的；其他建筑未按规定设置疏散指示标志、应急照明，或损坏率超过50%的。

④人员密集场所的高层建筑的封闭楼梯间、防烟楼梯间门的损坏率超过20%的；其他建筑的封闭楼梯间、防烟楼梯间门的损坏率超过50%的。

⑤建筑物的防火分区不能满足国家消防规范标准，或擅自改变原有防火分区，造成防火分区面积超过规定的50%的；防火门、防火卷帘等防火分隔设施损坏的数量超过该防火分区防火分隔设施数量的50%的。

（3）根据以上要件和要素，如果任一要素只要有1个，并与任一要件同时具备的，则应当确定为特大火灾隐患，既省政府挂牌督办的重大火灾隐患。

（4）其他的任一要素只要具备了其中1个要素，则可以认定为一般火灾隐患。

（5）可以立即整改的，或因国家标准修订引起的（法律法规有明确规定的除外），或依法进行了消防技术论证，发生火灾不足以导致特大火灾事故后果或严重社会影响并已采取相应技术措施的火灾隐患，可不判定为重大火灾隐患。

例如，某百货大楼，属于重要的公共建筑物，有消防车通道和消防水源，但防火分区面积超过了《建筑设计防火规范》（GB50016—2014）规定的每层面积1500平方米和总建筑面积3000平方米以上设自动喷水灭火系统的标准。可见，该百货大楼已满足了以上的第二种情况，应当确定为重大火灾隐患；如若该百货大楼同时没有消防车通道或没有消防水源，那么该百货大楼的火灾隐患就应当属于以上的第三种情况，即省政府挂牌督办的重大火灾隐患。

表 5-1　重大火灾隐患要件、要素综合判定法

重大火灾隐患的构成要件	影响重大火灾隐患的要素		重大火灾隐患的判定方法
1. 场所或设备存放的物品属于易燃易爆危险品,且其量达到了重大危险源的标准。 2. 场所建筑物属于二类以上保护建筑物。	1. 违反规定进行生产、储存、装修等,增加了原有火灾危险性和危害性的要素。	1. 场所或设备改变了原有的性质,增加了其火灾危险性和危害性的(如温度、压力、浓度超过规定,丙类液体、气体储罐改储甲类液体、气体等);违反安全操作规程操作,增加了可燃性气体、液体的泄漏和散发。 2. 生产或储存设备、设施违反规定未设置或缺少必要的安全阀、压力表、温度计、爆破片、安全连锁控制装置、紧急切断装置、阻火器、放空管、水封、火炬等安全设施,或虽有但不符合要求或存在故障不能安全使用的。 3. 设备及工艺管道违反规定安装导致火灾危险性增加的(如加油站储罐呼气管的直径小于 50 毫米而导致卸油时憋气、不安装阻火器等);场所或设备超量储存、运输、营销、处置的。 4. 违反规定使用可燃材料装修的(如建筑物内疏散走道、疏散楼梯间、前室室内的装修材料燃烧性能低于 B1 级的)。 5. 原普通建筑物改为人员密集场所或场所超员使用的。	1. 根据以上要件和要素,如果任一要素只要有 1 个,并与任一要件同时具备的,则应当确定为重大火灾隐患。但下列隐患违反规定达到一定的量时才能确定为重大火灾隐患: (1) 场所或设备可燃物品(含易燃易爆危险品)的储存量超过原规定储存量的 25%的。 (2) 人员密集场所(商店营业厅)内的疏散距离超过规定距离,或超员使用达 25%的。 (3) 高层建筑和地下建筑未按规定设置疏散指示标志、应急照明,或损坏率超过 30%的;
	2. 违反规定从事用火、用电和产生明火等能够形成着火源而导致火灾的要素。	1. 违反规定进行电焊、气焊等明火作业的,或存在其他足以导致火灾的引火源的。 2. 违反规定使用能够产生火星的工具和进行开槽、凿墙眼等能够产生火星作业的。 3. 违反规定使用电器设备、敷设电气线路(如违反规定,在可燃材料或可燃构件上直接敷设电气线路或安装电气设备)的。 4. 违反规定在易燃易爆场所使用非防爆电器设备或防爆等级低于场所气体、蒸气的危险性的。 5. 未按规定设置防雷、防静电设施(含接地、管道法兰静电搭接线),或虽设置但不符合要求的。	

续　表

重大火灾隐患的构成要件	影响重大火灾隐患的要素		重大火灾隐患的判定方法
3. 建筑物属于高层民用建筑。注：这三个要件的任一要件是构成重大火灾隐患的最基本要件，不具备任何一个要件都不构成重大火灾隐患。其他影响火灾隐患的任何一个单项要素，只能是一般火灾隐患。	3. 建筑物的防火间距、防火分隔、建筑结构，防火、防烟、排烟，安全疏散等防火设施违反国家消防规范标准，一旦发生火灾，会增加对人身、财产危害的要素。	1. 建筑物的防火间距（包括建筑物之间、建筑物与火源或重要公共建筑物与重大危险源之间的间距等）不能满足国家现行消防规范标准的，或建筑之间的既有防火间距被占用的。 2. 建筑物的防火分区不能满足国家消防规范标准，或擅自改变原有防火分区，造成防火分区面积超过规定的。 3. 厂房或库房内有着火、爆炸危险的部位未采取防火防爆措施，或这些措施不能满足防止火灾蔓延的要求。 4. 擅自改变建筑内的避难走道、避难间、避难层与其他区域的防火分隔设施，或避难走道、避难间、避难层被占用、堵塞而无法正常使用的。 5. 安全疏散通道、安全门、消防电梯或防烟排烟设施等安全设施应设置但未设置，或已设置但不能满足国家现行消防规范标准的；未按规定设置疏散指示标志、应急照明，或已设置但不符合要求的；按规定应设置独立的安全出口和疏散楼梯而未设置，或建筑物安全出口数量不符合规定，或被封堵的；安全出口、楼梯间的设置形式及数量、宽度不符合规定的；疏散走道、楼梯间、疏散门或安全出口设置栅栏、卷帘门的；未按规定设置防烟排烟设施，或已设置但不能正常使用或运行的等。	其他建筑未按规定设置疏散指示标志、应急照明，或损坏率超过50%的。 （4）人员密集场所的高层建筑的封闭楼梯间、防烟楼梯间门的损坏率超过20%的；其他建筑的封闭楼梯间、防烟楼梯间门的损坏率超过50%的。 （5）建筑物的或防火分区不能满足国家消防规范标准，或擅自改变原有防火分区，造成防火分区面积超过规定的50%的；或防火门、防火卷帘等防火分隔设施损坏的数量超过该防火分区防火分隔设施数量的50%的。

续　表

重大火灾隐患的构成要件	影响重大火灾隐患的要素		重大火灾隐患的判定方法
	4. 违反国家消防规范标准，消防设施、器材不完好、有效，一旦导致火灾会严重影响灭火救援行动的要素。	1. 根据国家消防规范标准应当设置消防车通道但未设，或虽设有但不能满足国家消防规范标准的，以及消防车道被堵塞、占用不能正常通行的。 2. 根据国家消防规范标准应当设置消防水源、室（内）外消防给水设施，或备置相关灭火器材但未设置，或虽设置或配置不符合国家消防规范标准的；或已设置但不能正常使用或运行的。 3. 根据国家消防规范标准应当设置火灾自动报警系统、自动灭火系统但未设置，或虽设置或配置但不符合国家消防规范标准的；或系统处于故障状态不能正常使用或运行的，不能恢复正常运行，或不能正常联动控制的。 4. 消防用电设备未按规定采用专用的供电回路、设备末端自动切换装置，或虽设置但不能正常工作的；消防电梯无法正常运行的。 举高消防车作业场地被占用，影响消防扑救作业的；建筑物既有外窗被封堵或被广告牌等遮挡，影响灭火救援的。	2. 根据以上要件和要素，如果任一要素只要有1个，并与任一要件同时具备的，则应当确定为省政府挂牌督办的重大火灾隐患（特大火灾隐患）。 3. 其他的任一要素只要具备了其中1个要素，则可以认定为一般火灾隐患。

注：①消防设施，是指火灾自动报警系统、自动灭火系统、消火栓系统、防烟排烟系统以及应急广播和应急照明、安全疏散等设施。

②重要场所，是指发生火灾可能造成重大社会影响和经济损失的场所。例如，国家机关，城市供水、供电、供气、供暖调度中心，广播、电视、邮政、电信楼，发电厂（站），省级及以上博物馆、档案馆及文物保护单位，重要科研单位中的关键建筑设施，城市地铁等。

③易燃易爆危险场所，是指生产、储存、销售易燃易爆危险品的场所，包括工厂、仓库、储罐（区）、专业商店、专用车站和码头，可燃气体储备站、充装站、调压站、供应站，加油加气站和麦秸、棉花、黄麻、稻草、秫秸、干草等易燃固体的易燃材料堆场。

（四）可直接判定的重大火灾隐患

根据以上条件，以下情形均可直接判定为重大火灾隐患：

(1)生产、储存和装卸易燃易爆危险物品的工厂、仓库和专用车站、码头、储罐区,未设置在城市的边缘或相对独立的安全地带的;

(2)甲、乙类厂房设置在建筑的地下、半地下室的;

(3)甲、乙类厂房与人员密集场所或住宅、宿舍混合设置在同一建筑内的;

(4)公共娱乐场所、商店、地下人员密集场所的安全出口、楼梯间的设置形式及数量不符合规定的;

(5)旅馆、公共娱乐场所、商店、地下人员密集场所未按规定设置自动喷水灭火系统或火灾自动报警系统的;

(6)可燃性液体、气体储罐(区)未按规定设置固定灭火和冷却设施的。

为了便于在实际工作中使用,可按表 5-1 进行判定。

三、消防安全违法行为的查处

在消防监督检查中发现消防安全违法行为的,消防救援机构应当按照《消防法》和《公安机关办理行政案件程序规定》等有关规定,及时处理或者受案调查;对公安派出所移交查处的公众聚集场所消防安全违法行为,除应依法受案调查处理外,还应当将处理情况通报公安派出所。

(一)责令限期改正或者责令改正消防安全违法行为的处置

1. 基本要求

(1)在消防监督检查中,消防救援机构对发现的依法应当责令限期改正或者责令改正的消防安全违法行为,应当当场制作责令改正通知书,并依法予以处罚。

(2)对违法行为轻微并当场改正完毕,依法可以不予行政处罚的,可以口头责令改正,并在检查记录上注明。

(3)对依法责令限期改正的,应当根据改正违法行为的难易程度合理确定改正期限。

(4)在责令改正期限届满或者收到当事人的复查申请之日起 3 个工作日内消防救援机构应当进行复查。对逾期不改正的,应当依法予以处罚。

2. 影响公共安全的重大火灾隐患的处置

在消防监督检查中,发现城乡消防安全布局、公共消防设施不符合消防安全要求,或者发现本地区存在影响公共安全的重大火灾隐患的,消防救援机构应当组织集体研究确定,自检查之日起 7 个工作日内提出处理意见,由所属公安机关书面报告本级人民政府解决;对影响公共安全的重大火灾隐患,还应当在确定之日起3个工作日内书面通知存在重大火灾隐患的单位进行整改。

3. 涉及复杂或者疑难技术问题的重大火灾隐患的处置

重大火灾隐患判定涉及复杂或者疑难技术问题的,消防救援机构应当在确定前组织专家论证。组织专家论证的影响公共安全的重大火灾隐患,处置期限可以延长10个工作日。

（二）临时查封消防安全违法行为的处置

1. 应当采取临时查封措施的消防安全违法行为

消防救援机构在消防监督检查中发现火灾隐患,应当通知有关单位或者个人立即采取措施消除。对具有下列情形之一,不及时消除可能严重威胁公共安全的,应当对危险部位或者场所予以临时查封:

（1）疏散通道、安全出口数量不足或者严重堵塞,已不具备安全疏散条件的;

（2）消防设施严重损坏,不再具备防火灭火功能的;

（3）人员密集场所违反消防安全规定,使用、储存易燃易爆危险品的;

（4）公众聚集场所违反消防技术标准,采用可燃材料装修装饰可能导致重大人员伤亡的;

（5）当事人逾期不执行消防救援机构做出的停产停业、停止使用、停止施工决定的;

（6）其他可能严重威胁公共安全的火灾隐患。

2. 采取临时查封措施的程序

（1）告知当事人拟做出临时查封的事实、理由及依据,并告知当事人依法享有的权利,听取并记录当事人的陈述和申辩。

（2）消防救援机构负责人应当组织集体研究决定是否实施临时查封措施。决定临时查封的,应当明确临时查封危险部位或者场所的范围、期限和实施方法,并自检查之日起3个工作日内制作和送达临时查封决定。

（3）实施临时查封的,应当在被查封的单位或者场所的醒目位置张贴临时查封决定,并在危险部位或者场所及其有关设施、设备上加贴封条或者采取其他措施,使危险部位或者场所停止生产、销售或者使用。

（4）对临时查封情况制作笔录。必要时,可以进行现场照相或者录音录像。

3. 临时查封的要求

（1）情况危急、不立即查封可能严重威胁公共安全的，消防监督检查人员可以在口头报请消防救援机构负责人同意后立即对危险部位或者场所实施临时查封，并在临时查封后 24 小时内按照程序规定做出临时查封决定，送达当事人。

（2）临时查封由消防救援机构负责人组织实施。需要公安机关其他部门或者公安派出所配合的，消防救援机构应当报请所属公安机关组织实施。

（3）实施临时查封后，当事人请求进入被查封的危险部位或者场所整改火灾隐患的，应当允许。但不得在被查封的危险部位或者场所生产、销售等。

4. 临时查封措施的解除

（1）对检查确认火灾隐患已消除的，应当做出解除临时查封的决定。

（2）临时查封期限不得超过 30 日。但逾期未消除火灾隐患的，不受查封期限的限制。

（3）火灾隐患消除后，当事人应当向做出临时查封决定的消防救援机构申请解除临时查封。消防救援机构应当自收到申请之日起 3 个工作日内进行检查，自检查之日起 3 个工作日内做出是否同意解除临时查封的决定，并送达当事人。

四、消防救援机构及其人员在消防监督检查中的法律责任

消防救援机构应当健全消防监督检查工作制度，建立执法档案，定期进行执法质量考评，落实执法过错责任追究。消防救援机构及其工作人员进行消防监督检查，应当自觉接受单位和公民的监督，有下列情形的，对直接负责的主管人员和其他直接责任人员应当依法给予处分；构成犯罪的，依法追究刑事责任：

（1）不按规定制作、送达法律文书，不按照本规定履行消防监督检查职责，拒不改正的。

（2）对不符合消防安全条件的公众聚集场所准予消防安全检查合格的。

（3）无故拖延消防安全检查，不在法定期限内履行职责的。

（4）未按照本规定组织开展消防监督抽查的。

（5）发现火灾隐患不及时通知有关单位或者个人整改的。

（6）利用消防监督检查职权为用户指定消防产品的品牌、销售单位或者指定消防安全技术服务机构、消防设施施工、维修保养单位的。

（7）接受被检查单位、个人财物或者其他不正当利益的。

(8)其他滥用职权、玩忽职守、徇私舞弊的行为。

消防救援机构工作人员的近亲属严禁在其管辖的区域或者业务范围内经营消防公司、承揽消防工程、推销消防产品。违反规定的,按照有关规定对消防救援机构工作人员予以处分。

第六章　消防产品质量监督与管理

消防产品,是指经过加工、制作,具有特定物理、化学性能的专门用于火灾预防、灭火救援和火灾防护、避难、逃生的专用器材和设备的工业产品。它是由工厂制作出来,以商品的形式销售给用户,专用以防止和扑救火灾的十分重要的安全产品。它遍布在社会的各种易发生火灾的场所和设置在各种重要的工程上,装备着每一支公安、专职、义务消防队伍,应用于火灾发生的危急时刻,所以,其质量的好坏、数量的多少、适用可否等,关系都十分重大。质量优异,则功效显著,遇警起用能化险为夷;否则,临警失效,则会贻误战机,不但起不到防止和扑救火灾的作用,反而会造成更大的经济损失,使小火酿成重灾,甚至危及生命安全。因此,必须坚持"质量第一"的方针,加强对消防产品的质量监督管理。

第一节　消防产品质量管理概述

一、消防产品的分类

消防产品的品种很多,按其性能和用途,大体上可分为以下六类:

(一)灭火剂产品

灭火剂,是指能够有效地破坏燃烧的条件,中止燃烧的物质。常见的灭火剂主要有水、泡沫、二氧化碳等。比较专业的主要有以下几种。

1. 干粉灭火剂

干粉灭火剂又称化学粉末灭火剂,其所使用的干粉是一种易于流动的微细固体粉末。一般借助于专用的灭火器或灭火设备中的气体压力,将干粉从容器中喷出,以粉雾的形式灭火。干粉灭火剂的组成成分主要有钠盐干粉、氨基干粉、通用或多用干粉和钾盐干粉等几种。干粉灭火剂按用途分为:普通干粉灭火剂、多用途干粉灭火剂和D类干粉灭火剂三类。

普通干粉灭火剂主要是全硅化碳酸氢钠干粉。这类灭火剂适用于扑灭B类火灾和C类火灾，又称为BC类干粉。BC类干粉按照其主要成分，还可分为钠盐干粉（以碳酸氢钠为基料）、紫钾盐干粉（以碳酸氢钾为基料）、钾钠盐干粉（以氯化钾或硫酸钾为基料）、氨基干粉（以尿素和碳酸氢钠或碳酸氢钾为基料）等。

多用途干粉灭火剂主要是磷酸铵盐干粉，具有抗复燃的性能，不仅适用于扑救液体、气体火灾，还适用于扑救一般固体物质的火灾（A类火灾），因此又称为ABC类干粉。ABC类干粉按照主要成分，还可分为磷酸盐干粉（以磷酸二氢铵、磷酸氢二铵、磷酸铵或焦磷酸盐等为基料）和碳硫氨基干粉（以碳酸铵与硫酸铵混合或聚磷酸铵为基料）等。D类干粉，是指适用于扑救D类物质的火灾的干粉。其基料目前主要有氯化钠、碳酸氢钠和石墨等。

干粉按粒径的大小可分为：普通干粉灭火剂和超细干粉灭火剂两类。超细干粉灭火剂，是指粒径小于或等于20微米的固体粉末灭火剂。

2. 气溶胶灭火剂

气溶胶灭火剂是一种以液体或固体为分散相，气体为分散介质所形成的粒径小于5微米的溶胶体系的灭火介质。其特点是：可以不受方向的限制绕过障碍物达到保护空间的任何角落，并能在着火空间有较长的驻留时间，从而实现全淹没灭火；不需耐压容器；灭火效率较干粉灭火剂更高；既可用于封闭空间，也可用于开放的空间，对臭氧层的耗损指标为零。由于该灭火剂具有不易降落、可以绕过障碍物等气体的特性，故在工程上也可当作气体灭火剂使用。按形成方式的不同，气溶胶灭火剂还可分为热气溶胶和冷气溶胶灭火剂两类。

3. 金属火灾灭火剂

扑救金属火灾可以选用的灭火剂，目前主要有以下几种：

（1）偏硼酸三甲酯（7150）。偏硼酸三甲酯是一种无色透明的可以固化的液体灭火剂，化学名称为三甲氧基硼氧六环，化学分子式为$(CH_3O)_3B_3O_3$，由硼酸三甲酯与硼酐按一定比例加热回流反应而制得。其灭火机理是，当把其喷洒到着火物质表面时，可在燃烧高温的烘烤下迅速固化，并把着火物质的表面包裹起来，使其与空气隔绝而使燃烧窒息。但是，由于其价格较贵，使用面不太广，故市场上销售较少。

（2）原位膨胀石墨灭火剂。原位膨胀石墨灭火剂是一种灰黑色鳞片状粉末，稍有金属光泽，是石墨层间化合物，由石墨与络合剂硫酸及水在辅助试剂存在下反应，并加入润湿剂，再解吸和吸附除去对环境有害的分解产物，再加入无害的反应物而制得。其主要成分是原位膨胀石墨,具有不污染环境、易于储存、喷洒方便和易于清除灭火后金属表面上附着的固体物和回收未烧毁的剩余金属等优点。其主要用于扑救金属钠等碱金属和镁等轻金属火灾。其灭火机理是,将其喷洒在着火的金属表面上时,灭火剂中的反应物,在火焰的高温作用下迅速呈气体逸出使石墨迅速膨胀,且由于化合物的松装密度低,能够在燃烧的金属表面形成海绵状泡沫,与金属接触部分则被燃烧的金属润湿,生成金属碳化物或部分生成石墨层间化合物(若灭金属钠火灾,则生成的化合物为 $C_{64}Na$ 和 NaC_2),瞬间造成与空气隔绝的耐火膜,从而达到灭火的效果。

（二）灭火器产品

灭火器,是指将灭火剂充装于容器内,再借助自身的驱动压力,将其内部所充装的灭火剂喷出以扑救火灾,并可由人力移动的灭火器具。根据所充装灭火剂的不同,灭火器可分为水基型灭火器、泡沫灭火器、干粉灭火器、二氧化碳灭火器等几种。按照构造形式又可分为手提式和推车式两种,其中干粉灭火剂还有背负式的。

（三）消防电子产品

消防电子产品,是指专门用于消防安全上的无线电和电子技术产品。目前电子消防产品主要有火灾探测器、火灾报警控制器、消防车用警报器和消防通信器材等。其中火灾探测器根据其作用原理的不同,有感烟探测器、感温探测器、感光探测器 3 种。感烟探测器有离子型和光电型 2 种;感温探测器有定温型、差温型 2 种;感光探测器又分为紫外光型和红外光型 2 种。其他的消防电子产品还有可燃气体报警器、可燃气体检漏仪、静电电位计等。

（四）工程消防产品

所谓工程消防产品,是指工业与民用建筑、地下工程、轮船、飞机、海上石油钻井平台等安装使用的固定式灭火设备。目前主要有自动喷水灭火设备和泡沫、干粉、二氧化碳、混合气体(烟落尽)、气溶胶等灭火剂装配的固定灭火设备。这些固定设备若与自动报警设备连成一体,即成为自动报警灭火系统,近期已有发展为应用电子计算机控制的。另外,还有建设工程中用于消防安全的建筑防火构配件和设备等消防产品。

（五）消防装备产品

消防装备产品,是指装备于公安、专职、义务消防队伍用的消防车、艇,消防车随车装备和消防战斗员的个人装备等产品。

消防车是消防队伍最重要的灭火装备，在发生火灾时它是运载消防指战员、消防器具、灭火剂紧急出动，迅速驶向火场，为扑救火灾、抢救公民生命财产和保护消防员自身安全提供物资保证的重要装备。国产的消防车产品当前主要有泵浦消防车、水罐消防车、供水消防车，泡沫、干粉、二氧化碳和干粉、泡沫联用消防车，云梯车，登高平台车，举高喷射车，通信指挥车，火场照明、破拆工具，后勤供应、消防救护车和摩托消防车等。

消防车的随车装备有：吸水管、水枪、水带、滤水器、接口等供水线路上的器具，单杠梯、挂钩梯、二节和三节拉梯等消防梯，消防斧、铁铤、背负式金属切割机等破拆工具。

消防战斗员的个人装备，是提高消防战斗员战斗力和保护自身安全的消防产品。主要有头盔、战斗服、战斗靴，安全带、安全钩、保险钩，安全绳、腰斧、隔热服、避火服，空气或氧气呼吸器，手提式照明灯具等，还有用于救人或自救的救生网、救生袋、缓降器等。

（六）防火产品

防火产品，是指专为防止火灾而使用的消防产品，主要有防火门、防火玻璃、防火涂料、防火堵料、防火阀门、防火烟筒、火星熄灭器（防火帽）、阻火器、阻燃电缆、阻燃织物、阻燃材料等，及其他与防止火灾有关的产品。

防火材料、阻燃制品的消防安全性能，应当符合国家标准或者行业标准，并经依照《产品质量法》的规定确定的检验机构检验合格。

上述这些消防产品均属消防产品管理的对象和范围。随着科学技术的进步，国民经济的发展、工业生产技术水平的提高，还会有更多的新的消防产品问世。

二、政府有关部门消防产品质量监督管理的职责

（一）消防救援机构的监督职责

消防救援机构负责消防产品使用领域的监督检查，并依法履行以下职责：

（1）组织开展在建建设工程消防产品专项监督抽查；

（2）在实施建设工程消防验收、开业前检查和消防监督检查时，依照有关规定对消防产品实施检查；

（3）对消防产品质量认证、检验和消防设施检测等消防技术服务机构开展的

认证、检验和检测活动进行监督；

(4)对发现的不合格的消防产品或者国家明令淘汰的消防产品，依法予以处理；

(5)受理消防产品使用领域的违法行为的举报、投诉，并按规定进行调查、处理。

(二)质检部门的监督职责

产品质量监督部门负责消防产品生产领域的监督检查，并依法履行以下职责：

(1)组织开展消防产品生产领域的监督抽查；

(2)负责消防产品质量认证、检验机构的资质认定和监督管理；

(3)对制售假冒伪劣消防产品的违法行为，依法予以查处，并将查处情况通报消防救援机构；

(4)受理消防产品生产、流通领域违法行为的举报、投诉，并按规定进行调查、处理。

(三)工商部门的监督职责

工商行政管理负责消防产品流通领域的监督检查，并依法履行以下职责：

(1)组织开展消防产品生产领域的监督抽查；

(2)对销售假冒伪劣消防产品的违法行为，依法予以查处，并将查处情况通报消防救援机构；

(3)受理消防产品流通领域的违法行为的举报、投诉，并按规定进行调查、处理。

(四)消防产品单位的消防安全职责

消防产品单位，是指消防产品的生产、销售和使用等单位。

(1)消防产品必须符合国家标准或者行业标准。无国家标准、行业标准的，应当依照有关规定，经技术鉴定符合消防安全要求的，方可生产、销售、维修、使用。

(2)为建设工程供应消防产品的单位应当提供强制性产品认证合格或者技术鉴定合格的证明文件、出厂合格证；供应有防火性能要求的建筑构件、建筑材料、室内装修装饰材料的单位应当提供符合国家标准、行业标准的证明文件、出厂合格证，并应做出质量合格的承诺。

禁止生产、销售或者使用不合格的消防产品以及国家明令淘汰的消防产品；禁止使用不符合国家标准、行业标准或者地方标准的配件或者配料维修、保养消防设施和器材。

(3)消防品的使用单位应当根据建(构)筑物的火灾危险等级选用相应质量要求的消防产品。

(4)消防产品生产、销售、安装、维修单位的基本信息目录由有关消防产品管理组织编制,并定期向社会公布。

(5)建筑构件和建筑材料的防火性能必须符合国家标准或者行业标准。室内装修、装饰工程,根据国家工程建设消防技术标准的规定,应当使用不燃、难燃材料或者阻燃制品的,必须依照消防技术标准选用由《产品质量法》规定确定的检验机构检验合格的材料。

第二节　消防产品质量监督管理的措施

在新中国成立初期,全国没有实行统一的消防产品监督管理。1959 年 7 月,根据国务院通知的要求,全国各地的消防器材厂由公安部领导,1995 年后公安部消防产品行业管理办公室先后对消防产品实施了生产许可证制度和产品认证制度管理。2003 年公安部、国家质量监督检验检疫总局下发文件,就逐步调整消防产品的市场准入规则和相关问题做出规定,2012 年 8 月 13 日,公安部、国家工商行政管理总局、国家质量监督检验检疫总局令第 122 号公布《消防产品监督管理规定》。该《规定》分总则、市场准入、产品质量责任和义务、监督检查、法律责任、附则 6 章 44 条,自 2013 年 1 月 1 日起施行。目前,我国消防产品管理通过制定行业政策,鼓励技术创新,正在形成一个统一、开放、竞争、有序的市场机制,以适应社会防控火灾的需要和不断变化的新情况。

一、实行消防产品市场准入制度

消防产品市场准入制度,是指消防产品在经过国家具有资格的消防产品质量监督检验机构检验合格才可上市销售的制度,即对消防产品的市场准入实行强制性产品认证制度(3C 认证)和型式认可制度。对尚未纳入上述制度管理的消防产品,采用强制检验措施,如防火材料、阻燃制品的防火性能须经国家指定的消防产品质量监督检验中心检验合格方准进入市场。

(一)强制性产品认证制度

强制性产品认证,就是对经国家认证认可监督管理委员会审核批准,列入强制性产品认证目录的消防产品实行强制性产品认证制度。

实行强制性产品认证制度的消防产品,生产企业应当向公安部消防产品合格评定中心提出认证申请,由具有认证资质的人员组成检查组,对申请认证企业的工厂条件进行考核检查,检查通过后再抽取产品样品送国家指定的消防产品质量监督检验中心作认证检验。最后,在工厂条件检查合格和产品检验合格的基础上颁发3C认证证书。企业凭3C认证证书上市销售产品。消防车和消防摩托车产品在接受强制性产品认证的同时,还应当列入国家发改委《道路机动车辆生产企业及产品公告》。目前,实行强制性产品认证的消防产品有以下四类:

(1)消防车。

(2)火灾报警设备,主要包括点型感烟火灾探测器、点型感温火灾探测器、火灾报警控制器、消防联动控制设备、手动火灾报警按钮。

(3)消防水带,主要包括衬里消防水带、消防湿水带。

(4)喷水灭火设备,主要包括洒水喷头、湿式报警阀、水流指示器、消防用压力开关。

(二)消防产品型式认可制度

消防产品型式认可制度,是指对已制定国家标准、行业标准和尚未实行强制性产品认证的消防产品,企业凭《型式认可证书》上市销售消防产品的制度。具体操作程序是,实行型式认可制度的消防产品,生产企业向公安部消防产品合格评定中心提出型式认可申请,由具有检查资质的人员组成检查组,对申请型式认可企业的工厂条件进行考核检查,检查通过后再抽取产品样品送国家指定的消防产品质量监督检验中心作型式检验。最后,在工厂条件检查合格和产品检验合格的基础上颁发型式认可证书,企业凭型式认可证书上市销售产品。

根据2006年9月公布的强制性认证和型式认可消防产品目录,中国目前实施型式认可管理制度的消防产品主要包括灭火剂、防火门、消火栓、消防接口、灭火器、消防枪炮、建筑防火构配件、可燃气体探测报警产品、防火阻燃材料等九类。

(三)消防产品强制检验制度

消防产品强制检验制度,就是对不属于强制性产品认证、型式认可的消防产品规定必须经国家认可、指定的检验机构检验合格,凭型式检验合格报告才可进入市场销售的制度。

实行强制检验制度的消防产品由企业提出申请,经当地省级消防救援机构抽封样品，送国家指定的消防产品质量监督检验中心检验，凭型式检验合格报告进入市场销售。

（四）机动车公告制度

机动车公告制度，是指消防车、消防摩托车类产品，除了取得3C认证外，还应列入《道路机动车辆生产企业及产品公告》。

二、加强对消防产品市场准入评价机构的管理

为了保证消防产品检测检验的真实可靠性，保证其质量，国家有关政府机关要加强对有关消防产品检测研究机构的监督管理，制定严密的检测检验操作程序和规程，定期进行检查或抽查，并对出具虚假文件的行为追究其相关的法律责任。对消防产品市场准入进行评价的机构主要有公安部消防产品合格评定中心、国家固定灭火系统和耐火构件质量监督检验中心、国家消防装备质量监督检验中心、国家消防电子产品质量监督检验中心、国家防火建筑材料质量监督检验中心。

三、加强对消防产品质量的监督检查

消防救援机构对消防产品依法进行监督检查，是消防监督检查的重要内容之一。但由于对消防产品的监督检查政策水平和技术水平要求更高，因而除了消防监督检查的基本要求外，在检查的形式和内容上还应当注意以下要求。

（一）消防产品监督检查的形式

消防产品监督检查的形式根据实际需要，主要有以下几种：

（1）结合消防监督检查、建设工程消防验收等对消防产品进行抽样性监督检查。消防救援机构开展消防监督检查，包括对消防安全重点单位和非重点单位的监督检查，围绕重大节日、重大活动安全保卫开展的消防监督检查等，都可以同时进行消防产品监督检查；在建设工程消防验收时，应当在执行验收规定的同时，对消防产品进行监督抽查，有重点地检查部分建设工程消防产品的市场准入手续、产品一致性和产品质量性能。

（2）对存在严重质量问题的消防产品开展专项整治检查。对在日常开展的消防产品质量监督检查工作中发现的较为严重、比较普遍的消防产品质量问题，可结合实际依法开展专项治理检查。所谓较严重和普遍的问题，是指消防产品的防火、灭火主要性能存在严重缺陷，或检查发现的问题具有一定普遍性。消防救援机构

应当根据本行政区域流通、使用消防产品质量问题的严重情况，分析原因，研究对策，制订方案，协调组织有关部门的力量，发挥舆论宣传作用，有针对性地组织开展集中专项质量整治活动，以取得预期的效果。

（3）对举报、投诉的消防产品质量问题和违法行为进行调查处理。消防救援机构对有关消防产品质量问题和违法行为的群众举报、投诉，应当建立登记制度，并根据属地管理原则和案情程度，指定专人或会同有关部门进行查处。消防产品质量问题，一般是指消防产品不符合市场准入制度、产品一致性不合格以及产品的性能指标不符合标准的要求等。违法行为，主要是指生产、销售、安装、维修、使用不符合市场准入制度、质量不合格、国家明令淘汰、失效、报废或者假冒伪劣的消防产品等危害社会安全的行为。

（4）根据需要进行的其他消防产品监督检查。除了上述三方面的监督检查外，消防救援机构还应当根据需要和可能，适时开展其他形式的消防产品监督检查。例如，上级规定配合国家监督抽查、行业抽查和地方抽查，进行产品抽样检查；根据当地中心工作或重大活动消防保卫工作的需要，组织开展消防产品监督检查，等等。

（二）消防产品监督检查的内容

消防救援机构实施消防产品监督检查时，根据需要可采取以下检查方法：

（1）消防产品的销售、安装、维修、使用情况检查。通过现场检查和查验记录，查清有无销售、安装、维修、使用假冒伪劣消防产品；系统安装调试是否符合相应标准和技术规范的要求；是否使用不符合标准规定的配件和灭火剂维修消防设施和器材；各类消防设施能否保持正常运行状态。

（2）消防产品的市场准入检查。主要是查验消防产品是否具有国家规定的强制性产品质量认证、型式认可证书、型式检验报告以及相应的3C认证、型式认可标志。此外，对防火材料、阻燃制品，要查验生产单位是否将经检验证实的防火阻燃性能指标，明确标示在产品或者其包装上。市场准入检查项目、要求及不合格情况见表6-1。

表 6-1　市场准入检查项目、要求及不合格情况表

检查项目	要求	不合格情况描述
强制性产品认证	纳入强制性产品认证目录的产品应获得产品认证证书	未获得强制性产品认证证书或证书到期擅自生产、销售的
型式认可	纳入消防产品型式认可目录的产品应获得消防产品型式认可	未获得消防产品型式认可证书或证书到期擅自生产、销售的
强制检验	不属于强制性产品认证、型式认可的产品，应经国家认可、指定的检验机构检验合格	未经国家认可、指定的检验机构型式检验合格或检验报告到期擅自生产、销售的
机动车公告	消防车、消防摩托车产品应列入《道路机动车辆生产企业及产品公告》	未列入公告擅自生产、销售的
标志使用	获得强制性产品认证或型式认可证书的产品，应当使用 3C 认证标志或型式认可标志	未按规定使用 3C 认证标志或型式认可标志的
假冒伪劣产品甄别	不得伪造或者冒用认证标志等质量标志	伪造或者冒用认证标志等质量标志的
	不得伪造产品的产地，伪造或者冒用他人的厂名、厂址	伪造产品的产地，伪造或者冒用他人的厂名、厂址的
	不得在产品中掺杂、掺假，以假充真，以次充好	在产品中掺杂、掺假，以假充真，以次充好的
	不得以不合格产品冒充合格产品	以不合格产品冒充合格产品的
淘汰产品	不得生产、销售和使用国家明令淘汰的产品	生产、销售和使用国家明令淘汰的产品的
过期失效产品	不得生产、销售和使用过期、失效的产品	生产、销售和使用过期、失效的产品的

(3)消防产品标志使用说明检查。检查其内容是否符合相关产品标准的要求。例如,是否具有合格证,铭牌、说明书内容是否符合法律以及标准规定的要求,是否有生产厂名、生产地址、注册商标以及这些标志的真假。特别对获得强制性产品认证或型式认可证书的消防产品,应当检查使用3C认证或型式认可标志情况。

(4)消防产品的一致性检查。对照企业提供的由国家消防产品质量监督检验中心出具的型式检验报告,检查产品的型号规格、外观标识、结构部件、使用材料、产品性能参数等是否与强制性产品认证、型式认可或强制检验的结果相一致。例如,带防火玻璃的防火门,其防火玻璃的尺寸若大于型式检验报告所描述的尺寸,则属于超出范围,该产品的一致性即可判为不合格。检查要求是符合认证、认可规定和产品标准要求,生产企业名称、产品名称、规格型号必须与强制性产品认证、型式认可证书或强制检验报告相一致,同时产品的实物也与强制性产品认证、型式认可证书或认证检验、认可检验、强制检验报告中的描述相一致。以上产品一致性检查项目、要求及不合格情况见表6-2。

表6-2　消防产品一致性检查项目、要求及不合格情况表

<table>
<tr><th>检查项目</th><th>要求</th><th>不合格情况描述</th></tr>
<tr><td>外观</td><td rowspan="5">符合认证、认可规定和产品标准要求,生产企业名称、产品名称、规格型号必须与强制性产品认证、型式认可证书或强制检验报告相一致,同时产品的实物也与强制性产品认证、型式认可证书或认证检验、认可检验、强制检验报告中的描述相一致。</td><td rowspan="5">与强制性产品认证、型式认可证书或认证检验、认可检验、强制检验报告中的描述不一致。</td></tr>
<tr><td>产品标识</td></tr>
<tr><td>结构部件</td></tr>
<tr><td>材料</td></tr>
<tr><td>性能参数</td></tr>
</table>

(5)消防产品性能现场检测。对一些安装后的消防产品可在检查现场进行检测,如自动报警系统的功能试验,自动喷水灭火系统的末端试水,防火门、防火卷帘的启闭功能,灭火器的喷射性能,消防应急灯的应急照明功能,防烟排烟系统各种阀门的启闭性能以及消防控制系统信息采集、控制和联动功能测试等。

消防救援机构的监督检查人员进行消防产品现场监督检查时,应填写《消防产品监督检查记录》并交被检查单位主管人员阅后签字。依据公安部行业标准《消防产品现场检查判定规则》可以对消防产品进行现场判定,对不合格的,消防救援机构应当出具《消防产品现场检查判定报告》。

(6)消防产品封样送检。对消防产品质量有疑义但现场无法判定的,消防救援机构应当按规定抽取样品,填写抽样单,送消防产品质量检验机构进行检验。抽封样品时填写的《消防产品监督检查抽样单》,应由被抽样单位负责人签字确认。抽样数量不得超过检验的合理需要,通常为1~3件。

生产、销售、安装、维修、使用单位对现场检查判定结果或者抽样检验结果有异议的,可以自收到检验报告之日起15日内向实施监督抽检的消防救援机构或其上一级消防救援机构申请复验。申请复验以一次为限。承担复验的机构由受理复验申请的部门指定。复验结果有改变的,复验费用由原检验机构承担;复验结果没有改变的,复验费用由申请复验的单位承担。

(三)消防救援机构查处消防产品的程序

消防救援机构对涉嫌违反消防法律、法规的行为进行查处时,可以行使以下职权:

(1)对当事人涉嫌从事违法生产、销售、安装、维修、使用的场所实施现场检查。

(2)向当事人的法定代表人、主要负责人和其他有关人员调查、了解与涉嫌从事违法活动有关的情况。

(3)查阅、复制当事人有关的合同、发票、账簿以及其他有关资料。

(4)对有根据认为不符合市场准入制度、质量不合格、国家明令淘汰、失效、报废或者假冒伪劣的消防产品,以及直接用于生产、销售、安装、维修该项产品的原辅材料、包装物、生产工具,予以查封或者扣押。消防救援机构实施查封、扣押时,应当向被查封、扣押单位出具《查封/扣押物品、文件清单》。查封、扣押的期限一般不超过3个月。需要延长查封、扣押期限的,应当在期限届满前10日内报上一级消防救援机构批准。查封、扣押的期限到期而又没有确凿证据的,应当将查封、扣押物品退还。

(四)消防产品监督检查的要求

对当事人涉嫌从事违法生产、销售、安装、维修、使用消防产品的场所,各级消防救援机构应当实施现场检查,以弄清违法事实,取得证据。现场检查时应当符合以下要求:

(1)检查的程序要合法。

(2)注意证据的收集,通过实地照相、录像等形式进行记录、取证,获取违法的证据。

(3)检查记录应交被检查单位主管人员阅后签名。

(4)产品现场检验前,样品应得到被检查单位主管人员确认,产品数量较多时,应采取随机抽样方式获取样品。

(5)调查询问时,至少有两名以上检查人员在场。

(6)注意取得相关的证人证言材料并采用各种方法固定保存。

(7)实施查封、扣押时应当严格按程序进行,会同被查封、扣押的单位主管人员查点清楚,写明被查封或者扣押物品清单,一式二份,由物品持有人或者见证人签名后,一份交给持有人或者见证人,一份附卷备查。查封、扣押到期时,应及时做出处理决定,逾期不做出处理决定的,应当退还当事人;需要解除查封、扣押的,应当出具《查封/扣押物品、文件发还凭证》。

第三节　消防技术服务机构监督管理

消防技术服务的机构,是指从事消防产品质量认证、消防安全监测和评估、消防设施检测和维护保养、电器设备及线路防火检测和消防安全专业培训等消防安全技术服务的机构。由于该机构及其执业人员的服务质量对服务对象的消防安全起着非常重要的作用。所以,对消防技术服务机构及其执业人员的资格应当进行严格的消防监督管理。

根据国务院 2011 年 12 月 30 日印发的《关于加强和改进消防工作的意见》(国发〔2011〕46 号)的规定,国家要制定消防技术服务机构管理规定,严格消防技术服务机构资质、资格审批,规范发展消防设施检测、维护保养和消防安全评估、咨询、监测等消防技术服务机构,督促消防技术服务机构规范服务行为,不断提升服务质量和水平。

消防技术服务机构及从业人员违法违规、弄虚作假的,要依法依规追究责任,并降低或取消相关资质和资格。要加强消防行业特有工种职业技能鉴定工作,完善消防从业人员职业资格管理制度,探索建立行政许可类消防专业人员职业资格管理制度,推进社会消防从业人员职业化建设。

第四节　消防产品质量监督的法律责任

一、使用不合格消防产品或者国家明令淘汰的消防产品行为的处罚

(一)消防救援机构实施的处罚

在人员密集场所使用不合格的消防产品或者国家明令淘汰的消防产品的,责令限期改正;逾期不改正的,处5000元以上5万元以下罚款,并对其直接负责的主管人员和其他直接责任人员处500元以上2000元以下罚款;情节严重的,责令停产停业。

(二)其他相关部门实施的处罚

消防救援机构对于使用不合格的消防产品或者国家明令淘汰的消防产品的,除依法对使用者予以处罚外,还应当将发现不合格的消防产品和国家明令淘汰的消防产品的情况通报产品质量监督部门、工商行政管理部门。产品质量监督部门、工商行政管理部门应当对生产者、销售者依法及时查处。

二、消防技术服务机构出具虚假文件行为的处罚

根据《消防法》第69条的规定,消防产品质量认证、消防设施检测等消防技术服务机构出具虚假文件的,责令改正,处5万元以上10万元以下罚款,并对直接负责的主管人员和其他直接责任人员处1万元以上5万元以下罚款;有违法所得的,并处没收违法所得;给他人造成损失的,依法承担赔偿责任;情节严重的,由原许可机关依法责令停止执业或者吊销相应资质、资格。

三、消防救援机构工作人员消防产品质量管理违法行为的处罚

消防救援机构工作人员违反消防产品质量监督要求具有以下行为,尚不构成犯罪的,依法给予处分:

(1)利用职务为用户、建设单位指定或者变相指定消防产品的品牌、销售单位或者消防技术服务机构、消防设施施工单位的;

(2)将消防车、消防艇以及消防器材、装备和设施用于与消防和应急救援无关的事项的;

(3)其他滥用职权、玩忽职守、徇私舞弊的行为。

综上所述,在对消防产品开展监督检查的过程中,要始终根据法律、法规的要求,立足现有的消防监督检查程序规定,分清各种形式的违法表现,确认违法行为,在法定职责范围内依法做出处理。对属于应当由其他部门处理的违法行为,要履行移交手续;违法行为构成犯罪的,应当将案件移送有管辖权的司法机关,依法追究刑事责任。

第七章　火灾事故原因调查

任何一个单位，一旦发生火灾往往会在政治上带来不良影响，在经济上造成重大损失，甚至造成人员伤亡。而任何一起火灾的发生，都有其直接或间接的原因，都是火灾发生单位在消防安全工作上存在问题的一次大暴露。因此，及时查明事故起因，找出导致火灾发生的根本所在，研究出防止火灾事故的对策，对有效防止火灾事故的发生，推动消防安全工作的开展，具有十分重要的意义。

第一节　火灾事故概述

一、火灾及其分类

（一）火灾的定义及构成要件

1. 火灾的定义

根据国家标准《消防基本术语》的规定，火灾，是指在时间或空间上失去控制的燃烧所造成的灾害。由此可知，火灾是由失去控制的燃烧造成的，但并非失去控制的燃烧。那种把火灾当作失去控制的燃烧的观点是错误的。

2. 火灾的构成要件

根据火灾的定义，火灾应当由以下三个要件构成：

（1）必须造成灾害，包括人员伤亡或财物损失等；

（2）该灾害必须是由燃烧造成的；

（3）该燃烧必须是失去控制的燃烧。

要确定一种燃烧现象是否为火灾，应当根据以上三个条件去判定。比如，人们在家里用煤气做饭的燃烧就不能算火灾，因为它是有控制的燃烧；又如，垃圾堆里的燃烧，虽然该燃烧是失去控制的燃烧，但该燃烧没有造成灾害，所以也不能算作火灾。因此，火灾必须是由失去控制的燃烧而造成人员伤亡或（和）财产损失的灾害。

（二）火灾的分类

1. 按人员伤亡和财物损失金额的大小分

国务院第 493 号令颁布的《生产安全事故报告和调查处理条例》（自 2007 年 6 月 1 日起施行），按人员伤亡和财物损失金额的大小，将生产安全事故分为特别重大、重大、较大和一般四个等级标准。公安部 2007 年 6 月 26 日下发的《关于调整火灾等级标准的通知》将火灾等级标准调整为：特别重大火灾、重大火灾、较大火灾和一般火灾四类。

（1）特别重大火灾，是指造成 30 人以上死亡，或者 100 人以上重伤，或者 1 亿元以上直接财产损失的火灾；

（2）重大火灾，是指造成 10 人以上 30 人以下死亡，或者 50 人以上 100 人以下重伤，或者 5000 万元以上 1 亿元以下直接财产损失的火灾；

（3）较大火灾，是指造成 3 人以上 10 人以下死亡，或者 10 人以上 50 人以下重伤，或者 1000 万元以上 5000 万元以下直接财产损失的火灾；

（4）一般火灾，是指造成 3 人以下死亡，或者 10 人以下重伤，或者 1000 万元以下直接财产损失的火灾。

注："以上"包括本数，"以下"不包括本数。

2. 按燃烧物质的性状分

根据国家质检总局和国家标准委批准的推荐性国家标准《火灾分类》（GB/T4968-2008），按可燃物的类型和燃烧特性，将灭火器、灭火剂适用对象中的火灾分为六个类别。

（1）A 类火灾，指固体物质火灾。这种物质通常具有有机物性质，一般在燃烧时能产生灼热的余烬。

（2）B 类火灾，指液体或可熔化的固体物质火灾。

（3）C 类火灾，指气体火灾。

（4）D 类火灾，指金属火灾。

（5）E 类火灾，指带电火灾。物体带电燃烧的火灾。

（6）F 类火灾，指烹饪器具内的烹饪物（如动植物油脂）火灾。

二、火灾原因调查的基本任务

根据《消防法》第 51 条的规定，火灾扑灭后，消防救援机构负责调查火灾原因,统计火灾损失,并根据火灾现场勘验、调查情况和有关的检验、鉴定意见,制作《火灾事故认定书》,作为处理火灾事故的证据。

(一)调查火灾原因

火灾原因分为起火原因和致灾原因两类。起火原因,是指直接引起物体燃烧的原因;致灾原因,是指导致人员伤亡和经济损失的原因。

为了发现消防安全工作中的问题或难题,积累消防安全工作正、反两方面的经验和资料,从中找出问题的症结所在,采取针对性的改进措施和对策,防止类似事故的再次发生,并为改进火灾扑救工作,调整灭火作战计划,增加新的灭火设备或器材,研究新的灭火战术、技术对策提供经验和素材。为消防科研部门提供研究课题,为单位的消防安全解决实际问题。所以,对每一起火灾必须查明致灾原因。

(二)统计火灾经济损失和人员伤亡情况

统计火灾经济损失和人员伤亡情况是为国家提供准确的、时效性强的火灾情报和统计资料,为制定消防工作对策提供决策依据。

火灾损失分为直接损失和间接损失两类。火灾直接经济损失,是指被烧毁、烧损、烟熏和灭火中被拆,水渍以及因火灾引起的污染所造成的损失。火灾间接损失,是指因火灾而停工、停产、停业所造成的损失,以及现场施救、善后处理费用(包括清理火场,人身伤亡之后所支出的医疗、丧葬、抚恤、补助救济、歇工工资等费用)。

在火灾发生后和扑救过程中,因烧、摔、砸、炸、窒息,中毒、触电、高温辐射等所致的人员伤亡,均应属于火灾人员伤亡的统计范围。

(三)做出火灾事故认定

为了依法追究火灾责任者的责任,使火灾肇事者受到应有的惩罚,使职工群众从中受到警示教育,从而提高人们的防火警惕性,消防救援机构应当根据现场勘查和技术鉴定等提供的事实根据,确定火灾事故的性质,对火灾事故做出认定,以便有关部门根据火灾事故的性质、情节和后果,对有关责任者提出处理意见,及时有力地打击过失犯罪和放火犯罪,维护社会治安,保护人民群众的利益和国家的利益。

(四)总结火灾教训,依法对火灾事故做出处理

火灾原因查清之后,应当按照有关法律程序和要求做好善后处理工作。为总

结火灾教训,应当坚持事故原因查不清不放过、领导和职工受不到教育不放过、未定出防火改进措施不放过的“三不放过”原则。对火灾肇事者和相关责任人及时做出严肃认真的处理,以教育本人和群众,体现消防法规的严肃性。

火灾原因认定,就是将调查询问的情况,火场勘查的情况和物证技术鉴定的情况等进行综合分析和逻辑推理,对火灾发生的原因做出正确的结论。

三、火灾事故原因调查的管辖与分工

(一)火灾事故原因调查的管辖

1. 基本管辖

(1)火灾事故调查由县级以上人民政府公安机关主管,并由本级消防救援机构实施;尚未设立消防救援机构的,由县级人民政府公安机关实施。

(2)铁路、交通、民航、林业消防救援机构负责调查其消防监督范围内发生的火灾。

(3)军事设施发生火灾需要消防救援机构协助调查的,由省级人民政府消防救援机构或者公安部消防局调派火灾事故调查专家协助。

(4)跨行政区域的火灾,由最先起火地的消防救援机构按照分工负责调查,相关行政区域的消防救援机构予以协助。

(5)对管辖权发生争议的,报请共同的上一级消防救援机构指定管辖。县级人民政府公安机关负责实施的火灾事故调查管辖权发生争议的,由共同的上一级主管公安机关指定。

2. 管辖的要求

(1)上级消防救援机构应当对下级消防救援机构火灾事故调查工作进行监督和指导。上级消防救援机构认为必要时,可以调查下级消防救援机构管辖的火灾。

(2)消防救援机构接到火灾报警后,应当及时派员赶赴现场,并指派火灾事故调查人员开展火灾事故调查工作。

(3)公安派出所应当协助公安机关火灾事故调查部门维护火灾现场秩序,保护现场,控制火灾肇事嫌疑人。

3. 需要公安机关刑侦部门参加调查和立案侦查的火灾事故

具有下列情形之一的火灾事故,消防救援机构应当立即报告主管公安机关并通知具有管辖权的公安机关刑侦部门,公安机关刑侦部门接到通知后应当立即派员赶赴现场参加调查;涉嫌放火罪的,公安机关刑侦部门应当依法立案侦查,消防救援机构予以协助。

(1)有人员死亡的火灾;

(2)国家机关、广播电台、电视台、学校、医院、养老院、托儿所、幼儿园、文物保护单位、邮政、通信、交通枢纽等部门和单位发生的社会影响大的火灾;

(3)具有放火嫌疑的火灾。

(二)火灾事故调查的分工

1. 各省火灾事故原因调查的分工

火灾事故调查由火灾发生地消防救援机构按照下列分工进行:

(1)一次火灾死亡10人以上的,重伤20人以上或者死亡、重伤20人以上的,受灾50户以上的火灾事故,由省、自治区人民政府消防救援机构负责调查;

(2)一次火灾死亡1人以上的,重伤10人以上的,受灾30户以上的火灾事故,由设区的市或者相当于同级的人民政府消防救援机构负责调查;

(3)一次火灾重伤10人以下或者受灾30户以下的火灾事故,由县级人民政府消防救援机构负责调查;

(4)其他仅有财产损失的火灾事故调查,由省级人民政府公安机关结合本地实际做出管辖规定,报公安部备案。

2. 直辖市火灾事故原因调查的分工

(1)一次火灾死亡1人以上的,重伤10人以上的,受灾30户以上的火灾事故,由直辖市消防救援机构负责调查;

(2)一次火灾重伤10人以下或者受灾30户以下的火灾事故,直辖市的区、县消防救援机构负责调查。

四、火灾事故原因调查工作的组织

火灾原因调查工作,是一项政策性、技术性、时效性很强的工作,必须依据《消防法》的授权和公安部《火灾事故调查规定》,统一组织,统一指挥,专人承办,严肃认真地对待。对重大、特大火灾案件或疑难火灾案件,消防救援机构的领导同志应亲自挂帅,组成火灾联合调查组,具体领导组织火灾调查工作。

(一)火灾调查组的成立

火灾调查组应由县以上公安机关负责人组织,并担任领导工作。其成员一般由消防救援机构和起火单位的保卫部门、安技部门及其上级部门组成。根据需要，同级人民检察院、人民法院、监察、安全生产监管等有关部门也可参加，必要时，可聘请有关技术人员参加。火灾联合调查组组成后，应根据需要分设现场保护组、调查询问组、现场勘查组、损失核查组等专业小组。

(二)火灾调查组的职责

根据火灾调查的任务、作用和有关要求，火灾调查组应当严格履行以下职责：

(1)查明起火原因和致灾原因；

(2)统计人员伤亡及经济损失情况；

(3)认定火灾的性质和责任，提出对火灾责任者的处理建议；

(4)提出火灾处理及防止类似火灾再次发生所应采取措施的建议；

(5)检查控制火灾的应急措施是否得当和落实；

(6)写出火灾调查报告。

(三)火灾调查人员的职权

火灾调查人员受公安机关指派，有下列职权：

(1)有权要求有关单位派人参加调查工作；

(2)有权根据需要封闭火灾现场；

(3)有权要求有关单位和人员提供必要的资料；

(4)有权对有关人员进行询问；

(5)有权检查和提取火场物证、痕迹或采取应急措施(包括必要时依法对人身进行检查)；

(6)必要时报经公安机关领导批准，有权对火灾肇事者及嫌疑人依法采取传唤、拘留等手段进行审查。

五、火灾调查人员的基本要求

由于火灾原因调查工作是一项政策性、专业性、时效性都很强的非常严肃的工作。所以，火灾调查人员必须在政治上、思想上、技术上和纪律上符合有关要求。

(一)火灾调查人员的基本素养

火灾现场，特别是重大火灾现场，经过消防队及群众扑救和物资疏散以至破拆后，常常变得杂乱无章，形成一片废墟，给火灾调查工作带来很大困难。火灾调查人贝要从这混乱中理出头绪，从细微的残留痕迹中发现起火点，确定起火原因，就必须具备过硬的本领。这种本领也就是火灾调查人员必须具备的基本素养。它一般包括以下三个方面：

1. 政治素养

由于火灾原因调查工作的政策性强，所以要求每一位火灾调查人员，必须具有较高的思想觉悟和政策水平，作风正派，能够秉公办事。

2. 文化素养

火灾调查人员进行火灾原因调查，要胜任调查询问、现场勘查及原因分析等一系列工作，就必须有坚实的文化基础做保障。这文化基础即是指文化素养。它包括汉语写作能力；逻辑分析能力，证人心理知识、笔录知识及快速记录能力；一定的专业基础知识（如物理、化学、火灾燃烧学）等基本功。

3. 专业技能素养

从事火灾原因调查工作，重点是查明起火原因和致灾原因，而这些工作的完成必须具备一定的专业基本技能。专业基本技能一般包括两个方面：一是消防基本业务，包括可燃物及危险品的危险特性、燃烧特性和管理知识，生产工艺防火知识，电气防火和建筑防火知识等；二是火调基本技能，主要包括现场勘查和调查询问技术，如现场拍照、绘图识图、痕迹鉴别技能，询问技巧和记录技巧等技能。

（二）火灾调查人员的条件

火灾调查人员除了应具备以上素养外，从法学角度看还应满足以下两个条件：

（1）具有火灾调查所需要的某一方面的特长；

（2）与所发生的火灾没有直接的利害关系。

（三）火灾调查人员的纪律

根据火灾调查人员应当具备的条件，在进行火灾调查工作时，火灾调查人员有下列情形之一者，应当主动自行回避，或由调查组组长或上一级领导决定回避：

（1）是本案的当事人或本案当事人的近亲属；

（2）本人或其近亲属与本案有利害关系；

（3）与本案当事人有其他关系，可能影响公正处理本案的。

六、火灾事故原因调查工作应遵循的基本原则

火灾事故调查，应当坚持群众路线和及时、客观、公正、合法的原则。

（一）群众路线

火灾形成的原因多而复杂，涉及的面也很广，有人为的因素也有自然的因素；有直接的人或设备的因素，也有间接的社会的因素；有时原因暴露得比较明显，但更多的时候比较隐蔽。所以，要及时查明火灾原因，就必须坚持专门机关与群众相结合的群众路线。切不可仅仅靠几个火灾调查人员孤立地进行办案。因为在各类火灾中，尽管有的离奇特异，错综复杂，但无论是什么原因造成的火灾，都有其特殊的背景。这个背景只有本地区、本单位的群众最清楚。例如，放火案，尽管罪犯诡计多端，但不可能一点儿蛛丝马迹也不留下，而这些蛛丝马迹有时可能躲过专门机关的专门人员，但难以逃脱人民群众的眼睛。所以，对这类案件只有动员和依靠人民群众才能侦破。

另外，众多的火灾事故都与人的因素有关，而往往一起火灾事故的形成，都有一个过程。无论是设备的因素、人的因素、管理的因素还是技术的因素，本单位的职工群众最了解、最清楚。因此，不管火灾的原因多么离奇复杂，也不管困难和障碍多么多，只要我们集中群众智慧，依靠群众、动员群众、群策群力，许多疑难问题都能迎刃而解，任何疑难棘手的火灾事故，也能查个真相大白。具体到群众中的每一个人，由于受条件的限制，情况不可能了解得十分全面，但通过发动群众，把每个群众了解的都汇集起来，经过认真的分析和甄别，火灾原因和有关情况就可搞清楚。虽然随着科学技术的发展、先进技术的应用，会完善和提高对火灾原因调查的手段。但这些技术和手段也必须在依靠群众的基础上才能更好、更充分地发挥它的作用。因此，我们在加强技术现代化的同时，必须加强群众工作的基础建设。

（二）及时

火灾原因调查工作，在时间上来说及时非常重要。一起火灾事故的发生，如果能够及时展开调查，就能及时查清其原因，否则就可能成为永远的谜案。火灾原因调查工作的及时应包括八个方面：一是到场及时，就是在得到火灾报警的第一时间就要及时赶到火场，及时观察火场的火焰及烟雾颜色、蔓延途径和施救的影响等情况；二是对有关人员询问及时，就是对与火灾有关的人员要及时进行询问，以免时间长了嫌疑人串供，得不到真实的情况；三是火场保护及时，就是对有关的火灾现场及时保护起来，尽量减少因火灾施救造成的破坏；四是火场勘查及时，为了减少因时过境迁对火灾现场造成的破坏，火灾扑灭后应当及时进行勘查，及时获得有关的物证；五是物证鉴定及时，就是对经过现场勘查得到的物证应当及时进行鉴定确认,以免因时间拖久使物证性态变失而失去物证的效能;六是损失统计及时,就是在火灾扑灭后,在不影响起火原因调查的基础上,要及时对火灾损失进行统计,以尽快恢复生产和工作,减少损失;七是对有关责任者控制和处理及时,为了及时查处有关责任者,对涉及的有关责任者和涉嫌犯罪的有关人员,应当及时给予有效控制,防止逃逸,以免给责任追究带来困难;八是制定今后改进措施及时,就是在起火原因和致灾原因都调查清楚之后,应当及时制定今后的改进措施,以防止类似事故再次发生。

(三)客观

客观,就是指按事物的本来面目去反映,不掺杂个人的主观意愿,也不为他人意见所左右,就是实事求是;就是做到是就是,非就非,泾渭分明,不夸大,也不能缩小。决不能主观臆断,先入为主,捕风捉影,以偏概全,混淆黑白,使火灾调查工作步入歧途。我们办理每一个火灾案件,处理每一个火灾责任者,轻则拘留、罚款,重则处以刑罚甚至关及性命,来不得半点儿虚假和马虎。因此,火灾调查人员必须自觉洗刷唯心观念,克服主观主义和形而上学,无条件地坚持实事求是的思想路线,发扬踏实细致的工作作风和百折不挠的求是务实精神,全面收集证据,详尽占有材料,直到把事实真相全部查清楚。保证做出的结论经得起历史的检验。

(四)公正

公正就是平等、公平正直,没有偏失。其基本内涵是人们之间权利或利益的合理分配关系。如果人们之间的权利或利益分配(分配过程、分配方式和分配结果)是合理的,则被称之为公正;反之,则被称之为不公正。这也就是说,公正,是指人们之间分配关系上的合理状态。火灾事故原因调查工作涉及当事人的切身利益,必须做到公平正义。要做到公平正义就应当态度端正,依法办事,做到调查,实事求是;处理,不偏不倚。

(五)合法

社会主义法治是无产阶级和劳动人民意志的集中反映,是治国安邦之宝,是打击敌人,惩罚犯罪,保护人民的锐利武器。火灾调查人员必须加强法治观念,严格执行国家的法律,把法律的原则贯彻到整个火灾调查工作中去,这样才能体现法律的尊严。由于火灾调查人员在执行公务中,必然会遇到这样或那样的问题,如果不懂法或法治观念不强,就有可能侵犯公民的权利和自由,伤害群众的利益,引起人民群众的不满,造成工作上的失误,甚至出现冤假错案。如果出现这种情况,那就不仅仅是失职,甚至可能是犯罪。因此,每一个火灾调查人员,都必须依法办事,做到有法必依、执法必严、违法必究,彻底查清火灾事故的原因,使火灾责任者受到应有的惩处,使犯罪分子得到有力的打击,使人民群众从中受到有益的教育。

第二节　火灾事故原因调查的程序

为了及时有效地调查火灾,根据火灾的规模大小,火灾原因的调查有简易程序和一般程序两种。

一、简易程序

(一)可以适用简易调查程序的火灾

同时具有下列情形的火灾,可以适用简易调查程序:

(1)没有人员伤亡的;

(2)直接财产损失轻微的(如河北省公安厅规定直接财产损失 5 万元以下的火灾);

(3)当事人对火灾事故事实没有异议的;

(4)没有放火嫌疑的。

(二)实施简易调查程序的要求

适用简易调查程序的,可以由一名火灾事故调查人员调查,并按照下列程序实施:

(1)表明执法身份,说明调查依据;

(2)调查走访当事人、证人,了解火灾发生过程、火灾烧损的主要物品及建筑物受损等与火灾有关的情况;

(3)查看火灾现场并进行照相或者录像;

(4)告知当事人调查的火灾事故事实,听取当事人的意见,当事人提出的事实、理由或者证据成立的,应当采纳;

(5)当场制作《火灾事故简易调查认定书》,由火灾事故调查人员、当事人签字或者捺指印后交付当事人;

(6)火灾事故调查人员应当在 2 日内将《火灾事故简易调查认定书》报所属消防救援机构备案。

二、一般程序

（一）一般要求

（1）除适用简易调查程序外，消防救援机构对火灾进行调查时，火灾事故调查人员不得少于2人。必要时，可以聘请专家或者专业人员协助调查。

（2）复杂、疑难的火灾，公安部和省级人民政府公安机关应当成立火灾事故调查专家组协助调查。专家协助调查的火灾事故，专家组应当出具专家意见。

（3）火灾发生地的县级消防救援机构应当根据火灾现场情况，排除现场险情，初步划定现场封闭范围，设置警戒标志，并应当对火灾现场封闭的范围、时间和要求等予以公告。禁止无关人员进入现场，控制火灾肇事嫌疑人。

（4）消防救援机构应当根据火灾事故调查需要，及时调整现场封闭范围，并在现场勘验结束后及时解除现场封闭。

（5）消防救援机构应当自接到火灾报警之日起30日内做出火灾事故认定；情况复杂、疑难的，经上一级消防救援机构批准，可以延长30日。火灾事故调查中需要进行检验、鉴定的，检验、鉴定时间不计入调查期限。

（二）火灾事故现场调查

1. 火灾事故知情人员的询问

火灾事故调查人员应当根据调查需要，对发现、扑救火灾的人员，熟悉起火场所、部位和生产工艺的人员，火灾肇事嫌疑人和被侵害人等知情人员进行询问。对火灾肇事嫌疑人可以依法传唤。必要时，可以要求被询问人到火灾现场进行指认。

询问应当制作笔录，由火灾事故调查人员和被询问人签名或者捺指印。被询问人拒绝签名或捺指印的，应当在笔录中注明。

2. 火灾现场勘验

勘验火灾现场应当遵循火灾现场勘验规则，采取现场照相或者录像、录音，制作现场勘验笔录和绘制现场图等方法记录现场情况。

对有人员死亡的火灾现场进行勘验的，火灾事故调查人员应当对尸体表面进行观察并记录，对尸体在火灾现场的位置进行调查。

现场勘验笔录应当由火灾事故调查人员、证人或者当事人签名。证人、当事人拒绝签名或者无法签名的，应当在现场勘验笔录上注明。现场图应当由制图人、审核人签字。

3. 现场提取痕迹、物品的程序

现场提取痕迹、物品，应当按照下列程序实施：

(1)量取痕迹、物品的位置、尺寸，并进行照相或者录像。

(2)填写火灾痕迹、物品提取清单，由提取人、证人或者当事人签名；证人、当事人拒绝签名或者无法签名的，应当在清单上注明。

(3)封装痕迹、物品，粘贴标签，标明火灾名称和封装痕迹、物品的名称、编号及其提取时间，由封装人、证人或者当事人签名；证人、当事人拒绝签名或者无法签名的，应当在标签上注明。

(4)提取的痕迹、物品，应当妥善保管。

4. 现场实验

根据调查需要，经负责火灾事故调查的消防救援机构负责人批准，可以进行现场实验。现场实验应当照相或者录像，制作现场实验报告，并由实验人员签字。现场实验报告应当载明下列事项：

(1)实验的目的；

(2)实验时间、环境和地点；

(3)实验使用的仪器或者物品；

(4)实验过程；

(5)实验结果；

(6)其他与现场实验有关的事项。

(三)检验与鉴定

火灾事故调查的检验与鉴定，主要包括技术鉴定、医学鉴定和价格鉴证三个方面。

1. 技术鉴定

(1)现场提取的痕迹、物品需要进行技术鉴定的，消防救援机构应当委托依法设立的鉴定机构进行，并与鉴定机构约定鉴定期限和鉴定检材的保管期限。

(2)有人员死亡的火灾，消防救援机构应当立即通知本级公安机关刑事科学技术部门进行尸体检验。公安机关刑事科学技术部门应当出具尸体检验鉴定文书，确定死亡原因。

2. 医学鉴定

对火灾中受伤人员的人身伤害的医学鉴定由法医进行。卫生行政主管部门许可的医疗机构具有执业资格的医生出具的诊断证明，可以作为消防救援机构认定人身伤害程度的依据。但是，具有下列情形之一的，应当进行医学伤害鉴定：

(1)受伤程度较重，可能构成重伤的；

(2)火灾受伤人员要求做鉴定的；

(3)当事人对伤害程度有争议的；

(4)其他应当进行鉴定的情形。

3. 价格鉴证

消防救援机构可以根据需要委托依法设立的价格鉴证机构对火灾直接财产损失进行鉴定。对受损单位和个人提供的由价格鉴证机构出具的鉴定意见，消防救援机构应当审查下列事项：

(1)鉴证机构、鉴证人是否具有资质、资格；

(2)鉴证机构、鉴证人是否签名、盖章；

(3)鉴定意见依据是否充分；

(4)是否存在其他影响鉴定意见正确性的情形。

对符合规定的，可以作为证据使用；对不符合规定的，不予采信。

(四)火灾损失统计

火灾受损单位和个人，应当于火灾扑灭之日起 7 日内向火灾发生地的县级消防救援机构如实申报火灾直接财产损失，并附有效证明材料。

消防救援机构应当根据受损单位和个人的申报、依法设立的价格鉴证机构出具的火灾直接财产损失鉴定意见以及调查核实情况，按照有关规定，对火灾直接经济损失和人员伤亡进行如实统计。

(五)火灾事故认定

消防救援机构应当根据现场勘验、调查询问和有关检验、鉴定意见等调查情况，及时做出起火原因和灾害成因的认定。

1. 起火原因的认定

对起火原因已经查清的，应当认定起火时间、起火部位、起火点和起火原因；对起火原因无法查清的，应当认定起火时间、起火点或者起火部位以及有证据能够排除的起火原因。

2. 灾害成因的认定

灾害成因的认定应当包括下列内容：

(1)火灾报警、初起火灾扑救和人员疏散情况；

(2)火灾蔓延、损失情况；

(3)与火灾蔓延、损失扩大存在直接因果关系的违反消防法律法规、消防技术标准的事实。

3. 火灾事故原因认定的要求

(1)消防救援机构在做出火灾事故认定前,应当召集当事人到场,说明拟认定的起火原因,听取当事人意见;当事人不到场的,应当记录在案。

(2)消防救援机构应当制作《火灾事故认定书》,自做出之日起 7 日内送达当事人,并告知当事人向消防救援机构申请复核和直接向人民法院提起民事诉讼的权利。无法送达的,可以在做出火灾事故认定之日起 7 日内公告送达。公告期为 20 日,公告期满即视为送达。

(3)消防救援机构做出火灾事故认定后,当事人可以申请查阅、复制、摘录《火灾事故认定书》、现场勘验笔录和检验、鉴定意见,消防救援机构应当自接到申请之日起 7 日内提供,但涉及国家秘密、商业秘密、个人隐私或者移交公安机关其他部门处理的,依法不予提供,并说明理由。

(六)火灾事故认定复核

火灾原因调查的复核是预防和减少错案的重要步骤,不可认为可有可无而马虎从事。

1. 火灾事故认定复核的条件

当事人对火灾事故认定有异议的,可以自《火灾事故认定书》送达之日起 15 日内,向上一级消防救援机构提出书面复核申请。复核申请应当载明复核请求、理由和主要证据。复核申请以一次为限。

2. 火灾事故认定不予复核的情形

复核机构应当自收到复核申请之日起 7 日内做出是否受理的决定并书面通知申请人。有下列情形之一的,不予受理:

(1)非火灾当事人提出复核申请的;

(2)超过复核申请期限的;

(3)已经复核并做出复核结论的;

(4)任何一方当事人向人民法院提起诉讼,人民法院已经受理的;

(5)适用简易调查程序做出火灾事故认定的。

3. 受理复核申请的要求

(1)除火灾事故认定不予复核的情形外,符合复核条件的火灾事故认定消防救援机构应当受理。消防救援机构受理复核申请的,应当书面通知其他相关当事人和原认定机构。

(2)原认定机构应当自接到通知之日起 10 日内,向复核机构做出书面说明,并提交火灾事故调查案卷。

(3)复核机构应当对复核申请和原火灾事故认定进行书面审查,必要时,可以向有关人员进行调查;火灾现场尚存且未变动的,可以进行复核勘验。

(4)复核机构应当自受理复核申请之日起 30 日内,做出复核结论,并在 7 日内送达申请人和原认定机构。

(5)复核审查期间,任何一方当事人就火灾向人民法院提起诉讼并经人民法院受理的,消防救援机构应当终止复核。

(6)原火灾事故认定主要事实清楚,证据确实、充分,程序合法,起火原因和灾害成因认定正确的,复核机构应当维持原火灾事故认定。

4. 责令原认定机构重新做出火灾事故认定的条件

原火灾事故认定具有下列情形之一的,复核机构应当责令原认定机构重新做出火灾事故认定:

(1)主要事实不清,或者证据不确实、充分的;

(2)违反法定程序,影响结果公正的;

(3)起火原因、灾害成因认定错误的。

5. 责令原认定机构重新做出火灾事故认定的要求

(1)原认定机构接到重新做出火灾事故认定的复核结论后,应当重新调查,在 15 日内重新做出火灾事故认定,并撤销原《火灾事故认定书》。

(2)重新调查需要委托检验、鉴定的,原认定机构应当在收到检验、鉴定意见之日起 5 日内重新做出火灾事故认定。

(3)原认定机构在重新做出火灾事故认定前,应当向有关当事人说明重新认定情况；重新做出的《火灾事故认定书》，应当按照规定的时限送达当事人，并报复核机构备案。

第三节　火灾事故现场保护措施

火灾事故现场是提取查证火灾原因痕迹物证的重要场所。保护火灾现场的目的，是为了发现起火物、引火物，根据着火物质的燃烧特性、火势蔓延、放火犯罪的痕迹，研究火灾发展蔓延的过程，为确定起火点，收集物证创造条件。因此，火灾现场一旦遭到破坏，就会直接影响火灾现场勘查工作的顺利进行，影响获取火灾现场诸因素的客观资料，影响勘查工作的质量。同时也会影响火调人员做出准确的判断。所以，保护好火灾现场是做好现场勘查工作的前提。

一、火灾事故现场保护范围的划定

火灾事故现场保护范围的划定，应根据着火物质的性质和燃烧特点等不同情况来决定。在保证能够查清火因的前提下，应尽量将保护范围缩到最小限度。如在建筑群中起火的建筑物只有一幢，那么需要保护的现场一般也只限于起火的那一幢。如果着火的部位只是一个房间，则需要保护的火场也应限定在起火的这个房间内。在一般情况下，建筑物火灾在被烧建筑物外墙的 1 米之内，露天火灾在被烧物质范围外的 1 米之内都应划为现场保护区。但是，当起火部位不明显，对起火点位置看法有分歧或初步认定的起火点与火场遗留痕迹不一致时，其保护范围还应根据现场条件和勘查工作的需要扩大，当起火原因怀疑为电气设备故障所致时，凡属与火场用电设备有关的线路、电器（总配电盘、开关、灯座、插座）、设备（电机、托动设备）与它们通过和安装的场所都应划入被保护的范围。如果起火点与故障点不一致，甚至相距很远时，其保护范围还应扩大到发生故障的那个场所。对于爆炸火灾的现场除应把抛出物的着地点列入保护范围外，同时还应把爆炸破坏或影响波及的建筑物列入保护的范围。但并不是把所有这些范围都禁锢起来，而只是将有助于查明原因、分析爆炸过程及爆炸威力的有关物件保护或圈定起来。

火灾现场保护的时间应从发现起火时起至失去保护价值时止。火场保护的撤销，应由消防监督机构或立案机关决定。

二、火灾事故现场保护的基本要求

(一)火灾现场保护要及时、严密

火灾事故现场的保护工作应当从发现起火时开始,不要等消防队或火调人员到达后再开始。所以,能够最早到达火场和发现起火单位的义务消防员、专职消防队员、治保人员、街道居委会以及单位负责人等都有责任保护现场,广大的干部群众都有义务和权利协助保护好现场。火调人员到达现场后必须立即布置保护现场的措施。火灾现场保护人员应当是政治上可靠,身体健康,与火案没有直接联系的人,应佩戴袖标,且不应少于 3 人,并保证任何时刻的在场人数都不少于 2 人。

(二)火灾事故现场保护期间的要求

火灾事故现场在保护期间,未经火灾调查机构同意,严禁任何人进入保护范围。对无抢救价值的物资不应随意翻动。如发现火灾现场已被破坏,应当依法对故意破坏或擅自变动现场的人给予处罚,并勒令其恢复原状。火灾扑救人员和现场保护人员应注意观察现场情况和人员活动情况,发现疑点,应及时向火灾调查组反映。同时,在实施勘查现场前,现场保护人员应详细记录现场变动情况。

(三)要迅速勘查,尽量缩短保护时间

火灾调查人员在接到报警后应迅速到达火场,及时组织力量进行勘查,并积极部署火场保护工作,以减少在火灾发生、发展过程中或火灾发生后,由于人为的或自然的因素,引起火场不同程度的变化。同时,在勘查过程中应根据情况逐步缩小现场保护的范图,压缩保护的时间,以利灾后的恢复。

(四)扑火过程应加强现场的保护

扑火救灾的过程也应视为火灾现场保护的重要组成部分。火场指挥员在灭火行动中应充分注意这一点。在火势被控制后扑灭残火时或对火场进行检查时,不宜用直流水直射重点保护区,最好采用雾状水,以尽量避免破坏现场或移动物证。同时,在检查时应尽量不移动室内物品和电器(开关、电闸)、机器设备,避免踩踏或破坏物品。对可能盛有危险品的容器不宜随便触摸和挪动,以免破坏上面可能留有的指纹痕迹。当灭火过程中所使用的动力设备(如链锯、便携式发动机、手抬机动泵等)需要加油时,应在火场以外的地方进行,以免溢出的汽油误为物证。如在消防监督机构的火灾调查人员还未到达火场之前火已被扑灭,灭火的消防中

队不应马上离开火场，以免给现场保护工作留下空当。应交由企业单位的保卫人员或街道辖区派出所安排保护，如果企业保卫人员或街道辖区的派出所工作人员也未来到，参加灭火的消防中队或专职消防队应坚守火场或留下部分人员看守，待公安火灾调查人员到场后，把了解的情况向他们作一介绍，将保护现场的任务移交后再离开。

第四节　火灾事故调查询问

火灾事故调查询问是通过和那些掌握着有关起火原因、起火点和火灾蔓延等第一手情况的人员交谈，以尽可能准确地再现火灾的过程，获得有关人员亲眼看见的火灾情况，为查明起火原因收集证据材料的活动。

一、调查询问的作用

(1)能为火调人员提供采取紧急措施的素材。在刚发生火灾不久就应及时进行调查询问，当事人、群众记忆犹新，提供的情况比较详细、准确，这些情况常常是采取急救、灭火、排险或消除障碍等紧急措施重要的依据。

(2)通过调查询问最早发现起火的人，可对准确地判断起火点提供很有价值的情况，使勘查范围缩小，加快火灾调查的进程。

(3)验证现场情况。通过调查询问可使实地勘验的情况与调查了解的情况互相印证，使火场勘查工作进一步深入细致。

(4)通过调查询问所获得的材料，可以配合实地勘验，认定火灾痕迹、物证和火灾的因果关系。通过调查询问还可以帮助判断有关物证是否为原来现场所有，某物证是否变动了位置等。

(5)通过向当事人、有关的群众调查了解现场物品的种类、性质、数量及位置关系，了解火场的生产设备、工艺条件及生产中的故障情况，了解火源、电源的使用及其他情况等，可帮助发现哪些地方有哪些痕迹和物证，帮助分析火灾是怎样形成的。

(6)可帮助查找火灾肇事者和放火犯罪分子。通过调查询问，可以了解现场的人、物、事以及相互关系的详细情况，了解火灾发生时群众的所见所闻。同时，还可以找到火灾肇事者和放火犯罪分子直接的见证人，并能够更清楚地说明事情的原委。

二、调查询问的主要对象及主要内容

火灾调查询问一般分为初步询问和详细询问两个过程。初步询问是消防监督机构接到火警或报告后在扑救火灾的同时进行的初步询问；详细询问是在调查工作全面展开时有重点、有目标地进行的专门询问。详细询问针对不同的对象，还有不同的询问内容。实践证明，以下十种人是火灾调查应当询问的主要对象。这十种人并不是每次火灾都要全部询问，询问时要根据具体情况和需要进行选择。

（一）初步询问的人

由于初步询问是在扑救火灾的过程中进行的，所以时间比较紧，人手也不齐，因此应主要询问起火单位名称、地址和所属系统；报警人姓名、单位、职务和报警时间等；起火部位、着火物品、蔓延过程和烟火的气味、颜色、高度等现象；灭火出动、到场、控制火势、扑灭火灾的时间与灭火力量、战斗方法；上级领导到场的时间、姓名、职务，以及火灾原因和损失的初步调查情况等。

（二）最早发现火灾的人和报警人

向最早发现火灾的人和报警人应主要了解：发现起火的时间，最初起火的部位和能够证实起火时间、起火部位的依据，发现起火的详细经过，在什么情况下发现，起火前有什么征象，发现时有什么声、光、味等现象。发现起火后火场的变化情况，火势蔓延的方向，燃烧范围，火焰的烟雾和颜色，是否有可疑的人出入火场，还有什么其他已知的现象和可疑的情况，以及还有谁知道以上这些情况等。为了验证起火时间和起火部位的准确性，除了通过实地勘验外，还应找第二个、第三个起火发现人进行核实。

（三）最先到达火场扑救的人

有时最先参加扑救的人也可为确定起火部位提供重要的线索，所以也应将其列为重点调查询问的对象。向最先到达火场扑救的人包括首先进入现场的消防执勤人员尤其是火情侦察员主要了解：到场时火灾发展的形势和特点，火势蔓延和扑灭的过程；扑救过程中是否发现了可疑的物件、痕迹和可疑的人；起火单位的消防器材和设施是否遭到了破坏；起火点附近在扑救过程中是否经过破拆和破坏，原来的状态怎样以及采用何种方式灭火，使用什么灭火剂，作用如何，等等。

（四）着火时在场的人和起火前最后离开着火部位的人

向着火时在场的人和起火前最后离开着火部位的人应主要了解：离开起火部

位之前是否吸烟、动用了明火，生产设备运转情况，本人具体作业或其他活动的内容及位置；离开时火源、电源的处理情况，是否关闭燃料气源、电源，附近有无可燃物以及种类、性质、数量；离开时有无异常气味和响动，门窗关闭情况，其他在场人的具体位置和活动内容，何时为何离去，有无他人来往，来的此目的，具体活动及来往的时间；最后离开起火部位的具体时间，有无证人以及对火灾原因的见解和依据，等等。

（五）熟悉起火部位情况的人

向熟悉起火部位情况的人包括在此工作、生产、居住及经常来往的人应主要了解：

(1)起火部位存放、使用的物料、产品情况，包括种类、数量、相互位置、有无自燃性或其他化学危险性及存放日期、存放条件等。

(2)起火部位的明火源、电源、热源等情况，包括生产、生活用火的设备和器具与可燃物的距离，使用燃料及运行使用情况，灯具的种类、位置、功率和使用情况等。

(3)设备和工艺情况，包括在什么位置，使用何种原料和生产设备生产何种产品，以及设备的安全设施和生产操作安全制度等。

(4)以往生产及设备的使用情况，火灾之前什么设备、什么原因、发生过何种故障；是否发生过火灾以及改进工艺、设备检修、检查情况；谁操作，精神状态、操作技术如何；有谁常来此及活动的内容等。

（六）火灾责任者和火灾受害人

向火灾责任者和火灾受害人应主要了解：有无本人因生产、生活用火、用电不慎、疏忽大意或违反安全操作规程引起火灾的可能；起火前后及起火时当事人、受害人在何处，何位置，在做什么，肇事前或受灾后的行动等。对于居民火灾还应了解受害人与邻居的关系或有无仇人，判断有无因私仇或纠纷而放火的可能。

（七）火灾现场周围的群众

向火灾现场周围的群众应主要了解：起火当时和起火前后耳闻目睹的有关情况，如看到什么可疑的人进入或离开现场，看到什么火光和火焰颜色，听到什么异常的爆炸声或喊叫声；群众对起火的各种反映、议论、情绪及其他活动；当事人的有关情况，如政治、经济、作风和思想品质，家庭和社会关系，火灾前后的行为表现；当地地理环境特点、社会风土人情、人员往来情况，等等。

（八）火灾发生单位的领导

向火灾发生单位的领导应主要了解：消防安全制度的执行情况，生产中有无火灾隐患及整改情况和已往火灾事故或其他事故方面的情况等。

（九）基层公安保卫人员和现场保护人员

向基层公安保卫人员和现场保护人员应主要了解：火灾发生后都有哪些人进入火灾现场，进去做什么，现场哪些部位因采取保护措施变动过，是如何变动的，在保护现场过程中，特别是抢救人命、扑灭火灾、排除爆炸时发现了什么重要的情况和可疑的人和事等。

（十）首先到达火场的消防队员

首先到达火场的消防队员，尤其是看到燃烧实际位置及其蔓延扩大情况的消防队员，是火灾调查人员获得资料的宝贵来源。在火因调查的步骤和要求方面，受过训练的消防战斗员所提供的情况，对于火调人员来说尤其宝贵。因为他们知道哪些细节情况最重要、哪些不重要。所以，应注意对消防战斗员的调查询问。了解的主要内容包括：

（1）接近和到达火场时火场总的情况；

（2）风速、风向和气温等气候情况；

（3）正在撤离现场的汽车和人员，如果可能的话还应记录下汽车牌照号码和人员的外貌特征；

（4）到达时火场的烟雾和火焰的颜色，建筑物的着火程度，燃向左、右、前方的火苗和火焰的高度（如部分火焰已窜上墙或到达屋顶，或整个房间都燃烧起来），火焰蔓延的速度和方向；

（5）有无异常气味或引火物的迹象，开始用水扑火时有无异常反应，有无互有联系或没有任何联系的多处着火，木质材料有无异常或不平均的燃烧状况；

（6）着火前在地板、墙壁或天花板上有无开凿进出的孔洞，门窗是关着还是开着，若关着是否锁着，有无破门窗而人的迹象；

（7）消防设施启动部分是否失灵，消防设施系统有无故障，如喷水系统阀门状况，火灾探测和报警系统是否失灵，防火门是否打得开，是否有损坏痕迹等；

（8）建筑物内有无不该有的东西，现场是否有失踪的物品，如衣物、家具、电视机、电冰箱等是否失踪，抽屉里、隔板上的物品是否被洗劫一空等；

（9）公用事业设备有无损坏的痕迹，如打开的气体开关、破裂的气体管道、电气设备的改动等；

(10)有无蜡烛或蜡烛的残留物，有无火柴或火柴盒、打火机，如有受害者，其位置情况等。

三、火灾事故原因调查询问的基本步骤

火灾事故调查询问活动可被视为询问者与被询问者之间的谈话，但又是一项十分严肃的执法公务活动。所以，在调查询问时应注意一定的程序。火灾调查人员应当根据调查需要，对发现和扑救火灾人员，熟悉起火场所、部位和设备人员，火灾肇事嫌疑人和受害人等知情人员进行询问。对火灾肇事嫌疑人可以依法传唤。必要时，可以要求被询问人到火灾现场进行指认。询问应当制作笔录。

第一步，引入话题。火灾事故调查询问活动，应当是一种有的放矢的谈话，但不能是漫无边际的侃大山。所以调查询问时，应首先制订和选择询问方案，以及能找到从对方得到答案的手段。由以往的经验可知，如果调查询问是以随便提问的方法进行的，则被询问者的回答似乎更准确、更详细。所以，询问开始时，询问者要有意将所提的问题范围扩大些，使被询问者有机会用自己的语言来描述火灾的经过。不要提出针对性很强的问题，以免使被询问者回答出实际上不是他们亲眼看见的而是询问者的提问所暗示的事实。询问者应该对被询问者所谈的目击的每一件事都表示出兴趣，要附和被询问者，不要加任何评论。在被询问者陈述时，应适当地记下所谈的要点。这些要点有可能成为有关火灾原因分析的重要依据，或成为下一步需要查明的重要内容。

第二步，详细询问。当被询问者详细叙述火灾发生的情况后，询问者就应将谈话引入第二阶段。在这一阶段，询问者应当掌握谈话的主动权。如果被询问者提供的情况似乎已够完整和准确，询问者就不必再进一步探明细节情况。相反，如果询问者感到对方还没有把情况全部讲出来，或者叙述得还不够准确，与以前询问时提供的情况有矛盾时，就应做进一步的核实。核实工作可以直接提问的方式进行，或请被询问者对自己所说的某些内容做进一步的说明。此时，询问者不应该对被询问者所述情况的准确性表态，也不要流露出认为被询问者故意隐瞒情况的想法。倘若询问者流露出对被询问者责难的意思，那么就可能得不到准确、完整的情况。如有不够准确、完整和故意隐瞒的情况，可在下一阶段对目击者提供的内容做进一步的查明。

第三步，重点提问。在此阶段，调查询问人员应该提出一些具体问题，这些问

题在每次火灾调查的询问中都是差不多的。它们应该有针对性,事先就写好,能使被询问者做出简单而又明确的回答。即使目击者所谈的内容已经包括这些问题的要点,询问者仍旧应该把它们重复一遍,以保证它们的可靠性和完整性。

第四步,提出补充。在询问者结束询问前,应该提问被询问者是否还有什么要补充的。最后这么一问是很有必要的,因为这样能促使被询问者回忆以前没有谈到的火灾情况。这一作最后补充的机会能使目击者感到自己有充分发表意见的权力,同时往往能使其补充更多的情况。

第五步,结束询问。在对被询问者所要了解的内容已询问完之后,若被询问者没有要补充的内容,询问便可进入结束程序。这时,应将询问笔录交于被询问者阅看或向其宣读核对,经核对无误后应让被询问者在询问笔录上逐页签字,并应在签名处和每一有涂改的地方按上手印,这是作为书证所必需的。同时,询问人员、记录人员也应在笔录上签字。至此,这一询问过程结束。

四、火灾事故调查询问的基本技巧和要求

(一)调查询问的基本技巧

调查询问的对象是十分复杂的,他们不仅有性格、性别、年龄、职业、爱好、文化和觉悟程度的不同,而且有的与火灾事故的发生有一定的利害关系,有的还与嫌疑人有密切的关系。所以,从社会心理学角度来看,火灾调查的询问工作也必须掌握一定的技巧。

1. 利用矛盾

利用矛盾就是利用口供中的自相矛盾之处,攻其不备,使其无法自闺其说。有些火灾肇事者,为了逃避责任,不想交代造成火灾的经过,却漫无边病地说些离题万里的话,在这种情况下,可以随时抓住口供中前后矛盾的话,或所谈情况与客观事实的矛盾之处,突然发问,使其在没有思想准备的情况下,无法自圆其说。

2. 重复询问

对调查询问中的重点问题,要反复询问两次以上。因为被调查询问者想不到询问人员会重复询问,第一次编造的具体情节会很快遗忘,同时又起到了验证作用。

3. 巧妙运用证据

由于一些火灾肇事者有侥幸心理,会自信火调人员不可能掌握证据,所以可

能拒不交代。在这种情况下，询问人员若能巧妙地运用证据，往往可以收到较好的效果。

4. 包抄迂回

包抄迂回就是从外围向内推进，步步深入的办法。在时间上要拖长，使被讯问者注意力分散，摸不清询问人员的具体所指，使其失掉戒心，或产生错误判断。在谈话范围逐渐缩小时，也就基本上把所要问的问题收集了起来。

5. 给予辅助

给予辅助就是当被询问人在语言表达上有困难时，利用各种机会提供话题、给予辅助。这时询问人要善于助人，态度要好，主动使被询问人感到轻松自在。这在询问的第一步中最为重要。只有使被询问者显得自在了，在询问的第二步、第三步才会取得有效的结果。

6. 摘要提示

摘要提示就是把被询问者松散的谈话加以适当的归纳，摘出要点提示给他，这样能使被询问者所谈的内容相应地集中。

7. 引发话题

调查询问人员必须时刻掌握谈话范围，不要离题太远。有时则应引发话题，避免停顿。引发话题应在被询问者处于恐惧、怀疑、惊诧等心理状况或精神出现不安的情况下采用。可以利用他们心情的不稳定，视对方的情况采取单刀直入、开门见山、投石问路等方法。

8. 用情感化

对于那些容易冲动而且重感情的人，要触动其内心感情发生变化，使其谈出问题。所以，在调查询问中要持友好的态度，并表现出足够的好奇心。尤其对“到底发生了什么事情”表示有兴趣，只要询问者表示出稍微相信，他们就会积极地告诉你有关的事情，并对情况不做丝毫的掩饰。

对于那些有生理缺陷或由于着火、爆炸受伤难于表述事故经过的人，询问者要表现出明显的同情，使对方对询问者产生信赖。可以这样说，询问成功与否在很大程度上取决于被询问者对询问者的信赖程度。

9. 根据询问对象选择询问方法

由于调查询问的对象十分复杂，且有些与火灾有些直接或间接的关系，所以调查询问时应根据不同的询问对象选择不同的技巧和方法：

（1）对最早发现起火的人、报警人和先行扑救的群众，一般情况下与火灾没有什么利害关系，所以询问时通常可以以信赖的口吻直接向他提出所要了解的有关问题，但也应注意特殊情况。

（2）在询问当事人或受害人时，要首先安定其情绪，然后再问话。如果被询问者受重伤，应先送医院抢救，再根据健康情况，找适当时机进行谈话。对于生命垂危的人，应取得医生协助，抓紧时间，简短提问。不能讲话的可借助于手势、笔写等方法获取材料。

（3）在场的人和起火前最后离开起火部位的人，往往与火灾责任有一定的关系，易有惧怕追究责任或怕被怀疑的心理，可能隐瞒歪曲真实情况。应当正确运用开导的方法，排除其心理上的疑虑，从多角度询问，提出疑点，发现破绽立即追问，以使其不能够隐瞒和歪曲事实。

（4）对于火灾嫌疑人，要先听后提问，不要过早地揭露矛盾，以免暴露意图。同时要严肃地对他们讲明，应如实提供证言，如果有意作伪证或隐瞒事实，隐匿罪证，要负法律责任。

（5）对小学生和儿童询问时，最好由家长或老师陪同一起谈话，这样容易鼓起孩子说话的勇气，反映真实的情况。

10. 收束话题

当主要问题谈到一定程度时，就要有层次地将话题收束。此时，要对照调查提纲，对调查的内容略加总结，若有遗漏可以用提问方式重引话题。

（二）调查询问的基本要求

1. 及时

火灾原因的调查询问是一项时间性十分强的工作，必须抓住起火不久，人们记忆犹新，精神比较兴奋，尚未受到外界影响，顾虑比较小的有利时机，迅速赶赴火场，立即调查。否则，时过境迁，证据被毁，证人遗忘或当事人串供等，会给火因调查带来极大的困难，甚至造成火因无法调查清楚的结果。因此，火灾调查询问应在大火被控制住时立即开始，对应当调查询问的人不隔夜地及时查问，尤其防止怕负责任而串供。实践证明，调查越及时，获得情况相对来说越真实和准确。

2. 全面

在调查询问过程中，要按照何时、何地、何事、何人、何故的“五何要素”向被询问者问清来龙去脉。要听取正面的、肯定的意见,也要听取反面的、否定的意见,要听先进群众的意见,也要听后进群众的意见。决不能只听一面之词,满足于一得之见。只有全面、细致、详尽地占有材料,才能透过现象看本质,准确地查证火灾事故。

3. 细致

在调查询问过程中,不仅要注意那些明显的情节,而且还要注意发现与案件有关的所有的细枝末节。应当既全面又细致。一个看来很平常的情况,一个很细微的痕迹、物证(如一个烟头、一个火柴梗、一个盛过汽油的玻璃瓶、一根毛发、一滴血迹等),往往都能成为查明火因的重要线索和证据。

4. 客观

就是要按照事件的本来面目去认识。调查询问是一项非常实际的调查研究活动,所以要有实事求是的科学态度,决不能先入为主,偏听偏信,带着框框去调查询问,更不能主观臆断地去分析判断。否则会把火调工作引入歧途。

5. 合法

火因调查的询问工作是一项严肃的政策性很强的司法活动,所以在询问时必须严格遵守有关的法律规定和程序要求。在索取证言材料时,必须有 2 人以上参加并主动出示证件,询问证人时,应坚持单独询问的原则,不要让无关人员在场;一般不应对两个以上的证人同时进行询问和取证。实践证明,同时询问几个证人,往往互相影响,失去证言的真实性。几个当事人同时被询问,也往往因为各种关系,不能客观地反映事件真相,有时甚至会共同掩盖事实。

五、调查询问记录与证言的审查和印证

(一)询问记录的印证

在进行调查询问时,要及时准确地做好笔录。因为经核实后,经证人签名的笔录或录音是证据的一个重要组成部分。

1. 笔录的内容

笔录的内容主要包括询问的时间、地点、参加人员;被询问人的姓名、年龄、性别、职业、工作单位、家庭住址;询问的中心内容,即被询问人员反映情况及所述的情况。

2. 记录方式的选择

记录的方式常见的有笔录和录音两种。采用何种方式来记录被询问者的谈话内容,要依据询问的目的和询问过程中每一步的具体需要而定。如果需要逐字逐句地记下目击者(被询问者)所讲的话,就应用录音机将整个询问过程都录下来。但是,逐字逐句地记下常常是不必要的。因为这样做既不实用,也收不到好的效果。尽管录音机能准确无误地记录下所有的谈话内容,但它会使被询问者紧张起来,而且被询问者所叙述的某些方面,对于火因调查来说并非全有实际用途,冗长的记录往往会妨碍人们了解重要细节,因此,除非遇到特别重大的火灾,使用录音记录并不一定是最理想的手段。根据有关规定的要求,在讯问重大火灾肇事者及有关责任人时,应在文字记录的同时,也采用录音记录。其他的询问中,在第三步时为获得被询问者所供情况的准确记录,亦可采用录音记录。

3. 记录的方法

记录的方法应与谈话的每一阶段相一致。在第一步,可以记录下在第二步中要搞清楚的问题。此时,少量地做些记录能使被访者感到自在,以有利于询问的顺利进行,同时还能使被询问者意识到一些需进一步说明的问题。第二步的内容更加集中于对于火灾调查来说特别重要的情况。因此,询问者应记录下自己提的问题和回答的足够的情况,使所提的问题获得完整明确的答案。这里,由于答案的可靠程度对于火灾调查人员来说,在分析火灾原因上具有重要的作用,所以应该重复被访者的回答,以核实其准确性。对重要的情况可同时用录音记录下来。

(二)证言的审查与印证

由于证人证言的形成和来源有许多复杂的情况,因此,对在调查询问中所收集的各种反映材料,必须经过多方面的审查和印证后,才可作为分析问题的依据,而并不是所有调查询问来的材料都可以作为证据材料。证言的审查和印证一般包括以下几个方面:

(1)审查证人的年龄、性别、职业和个人成分,以判断其识别分析问题的能力。因为一个人的年龄和职业,决定了他的认识能力和判断能力,所以审查证人的年龄、性别、职业是分析和印证其提供情况可信程度的基本依据。

(2)审查证人发现起火的时间和他当时的位置与行动,以判断所供证言是否符合客观事实。对于知情人提供的开始燃烧的部位,必须了解他发现这种情况时所在的位置。因为位置不同,看到的现象也会有差异,所看到的范围也不一样。例如,在室外的地面上看二楼的室内,通过窗口只能看到室内的吊顶,而不能看到二楼的室内地面。当室内有障碍视线的物体时,对室内开始燃烧的情况就不容易看清。所以要收集从不同位置看到同样事件的有关资料,将人们提供的情况,用几何学的方法进行审查,以此得出起火部位的准确概念。对此,利用现场进行实地勘验,是很有必要的。

对于起火点的情况,发现越早越容易看清。但有这种有利时机的情况并不常见。起火部位燃烧的情景,会因燃烧物体的不同而不同。因此,对起火部位要做出准确的描述,对一般人来说是难以做到的。所以在审查火灾发现人发觉着火时的情景时,当首先搞清在何时、何处、怎样发现的,所指部位处于何种状态等。例如,在夜间从室外暗处看到室内映红的玻璃和一闪一闪的火焰,可以判定室内起火。在白天多数要从窗缝或瓦缝冒出来的烟来判断。这就是明亮度对视觉影响的缘故。由于白天和黑夜的亮度不同,所以发现起火的条件也不一样。

(3)审查报警人的报警动机,报警前后的时间、位置和行动。

(4)审查证人与火灾责任的关系。如对于起火与证人有责任,则他们的谈话往往会含糊其辞,避重就轻,所以不要轻信他们提供的情况,要慎重印证。

(5)审查证人的身体和生理状况。根据其生理上有无缺陷,看其记忆力如何,理解力是否正常等情况判定其能否得到所说的见证情况。

(6)审查证言来源,是证人亲眼看见的,还是听嫌疑人讲的,还是纯属道听途说的。

(7)审查提供证言的过程,情况是证人主动讲的,还是在反复追问下被迫提供的。

(8)审查证人与责任或嫌疑人之间的关系。

(9)审查证人的一贯表现和证言中的具体内容或情节,分析是否符合客观事物的发展规律。

(10)审查证人的证言前后、几次证言、各个证人的证言之间,同其他证据之间有无矛盾。当然和其他证据不一样的证言也不一定不准确,关键是要正确地分析他们之间的矛盾及其关系。

最后指出一点,第一出动到达火场的消防指挥员,在火场上了解的情况,对判断起火点和起火原因有很大的作用。但实践证明,消防人员提供的情况,往往由于他们在火场上的注意力集中于迅速控制火势,把火扑灭,而不能注意很多火场上的细节,所以,对于他们的证言也应一一核对。

第五节　火灾事故现场勘查

火灾事故现场勘查是法定的火灾调查机关依法对火灾发生场所和相关场所、物品、人身、尸体以及能够为确定火灾原因作为物证的一切对象进行实地调查的查看活动，是火灾原因调查项目的一项重要工作。

一、火灾事故现场勘查的目的、任务和要求

（一）火灾事故现场勘查的目的

火灾事故现场勘查的目的主要是通过实地勘查来收集证据，确定起火部位最初起火点，获取火场上留下的有关痕迹、物证；验证群众对火灾起因的反映。

实践证明，现场勘查的好坏，是查明真实火因的关键所在。现场勘查得好，就能及时提供有价值的物证材料，用以正确分析判断火灾原因和事故性质。相反，如若勘查得不好，现场痕迹、物证未能发现或发现了而未及时提取，时过境迁，就会给查明火因带来很大的困难。

（二）火灾事故现场勘查工作的任务

火灾事故现场勘查工作必须弄清如下情况：

（1）火场方位及地形状况；

（2）建筑物和构筑物的耐火等级及其在火灾中被烧损的程度；

（3）设备、储罐等所处的位置及被火烧的情况；

（4）金属结构受热变色、变形、烧熔、破裂、倒塌等情况；

（5）火灾蔓延和烟熏状况；

（6）火场残留物的状况；

（7）起火物及其位置和火灾前使用情况；

（8）爆炸中心和冲击波破坏的范围和程度，飞出物的材质、体积、重量、分布点、方向和距离等；

（9）人员伤亡的位置和原因及数量；

（10）消防设施的效能情况及其他。

（三）火灾事故现场勘查的基本要求

勘查火灾事故现场应当遵循火灾现场勘查规则，采取现场照相或者录像、录

音,制作现场勘查笔录和绘制现场图等方法记录勘查情况。

勘查有人员死亡的火灾现场时,火灾调查人员应当对尸体表面进行观察并记录,对尸体在火灾现场的位置进行调查。

现场勘查笔录和现场图,应当由火灾调查人员、当事人或者证人签名,当事人、证人拒绝签名或者无法签名的,应当在现场勘查笔录、现场图上注明。

二、火灾事故现场勘查的基本步骤和方法

火灾事故现场勘查采取的步骤和方法,应视火灾现场的实际情况而定。对起火点比较明确,原因比较清楚的一般火灾,可以简化勘查步骤,可直接同有关人员进入现场,做笔录、拍照、绘图等工作,简捷地达到验证火场情况和提取物证的目的。对于火灾情况比较复杂,现场情况破坏比较严重的火场,在了解火灾的简要过程后,就应针对火场的具体情况,按照先静观后动手,先拍照后提取,先外表后内部,先自视后镜观,先上面后下面,先重点后一般的原则,分步骤进行具体勘查。

(一)临场准备

在公安消防监督机构接到火灾报告的同时,火灾调查人员就应迅速到达火场,利用各种手段(录像、照相),从不同位置和角度迅速记录下现场着火物质的燃烧、蔓延以及扑救情况。并在保证安全的条件下,深入现场内部观察燃烧的特点和火场蔓延情况,提取在灭火行动中不易保留的物证。如果条件许可的话,可立即进行下一步的勘查。但在具体勘查之前还应做一些必要的临场准备工作。

1. 向保护现场的负责人了解现场保护工作的进行情况

应同保护现场的负责人取得联系,了解现场保护工作的进行情况,如果发现问题,应迅速采取补救措施;

2. 向起火单位或有关人员了解火灾现场的基本情况

向起火单位或火灾发现人、报警人、现场保护人了解火灾发生、发展过程及火灾发生后有谁到过现场等情况。当火场设有调查询问组时,这项工作应由调查询问组来做,但现场勘查组也必须先了解火灾的大致情况后,才能进入现场进行实地勘查。

3. 邀请现场勘查见证人

在火灾发生单位或当地基层组织协助下,邀请两名与火灾无关、为人公正的公民作为现场勘查的见证人。这是勘查结果具有诉讼证据作用的重要条件。对请

来的见证人，应当在交代任务的同时，向他们交代必须遵守的纪律，指出在整个勘查过程中，见证人不能触动现场的任何物品，特别要强调不能向任何人透露现场情况。但对那些将来处理时牵涉不到诉讼的火灾，就不必专门邀请见证人。

4.邀请有关专业技术人员参加

如果火场较大，情况比较复杂，而本身技术力量不足时，可邀请有关专业技术人员参加。同时，在可能的条件下应制订相应的勘查计划，并在执行中酌情修改补充。如果在火灾现场还存有爆炸物、危险建筑、余火或大量积水，有继续成灾或危及人员生命的可能性时，应立即联系有关单位排除险情，然后再进行勘查。

（二）环境勘查，确定起火范围

环境勘查，是指火灾调查人员在火灾现场的外围或周围对现场进行巡视和观察，以对整个现场获得总体概念，确定起火范围的一项勘查活动。同时通过对环境的勘查还可以明确火场方位与四周建筑物的关系，确定有无外部引火源的可能，还可以发现起火部位和起火点及确定下步勘查的范围。

1.环境勘查的主要内容

（1）道路及墙外有无可疑人员的出入痕迹和引火物残体痕迹，以判断有无放火的可能；

（2）火场周围居住的居民和工厂烟囱的高度与起火建筑物的距离、当时的风向、烟囱当时有无飞火及锅炉燃料的情况等，以判断是否为烟囱飞火所致；

（3）起火建筑上空附近和内部有无电气线路通过，通信线路有无与电力线路混触现象，以判定是否有电线短路、漏电等引起火灾的可能；

（4）起火建筑物四周地下的可燃气体、液体管道阀门情况，以判断有无漏气、漏液而导致火灾的可能；

（5）观察火场地形、火场最高物体与周围物体的相对高度，可能的雷击点与着火范围之间的关系等，以判断是否为雷击所致；

（6）从火场外围看着火建筑物的燃烧范围、倒塌方式和形式，破坏最严重部分和门窗上方及其他部位的烟熏情况；门窗扇、阳台铁围栏杆的变形情况及破碎玻璃的散落方向、抛出物的分布情况等。

2.环境勘查的要求

环境勘查工作应当由现场勘查组负责人率领所有参加实地勘查人员在火场周围巡视，必要时可用望远镜观察。其次序是先向外后向内，先看上后看下，先地面后地上。发现可疑痕迹、物证,应及时拍照,并可将实物取下。

(三)初步勘查,确定起火部位

初步勘查又称静态勘查,是指在不触动现场物体和不变动物体原来位置的情况下所进行的一种确定起火部位的勘查。其目的是核定环境勘查的初步结论,结合当事人或有关人员提供的起火前物品的位置、设备状况以及火源、热源、电源等情况印证勘查,查清火灾的蔓延路线、确定起火部位。并根据火场特点和痕迹物证,合理解释火流的来龙去脉,重点找出蔓延特点,确定火场中心。

1. 火场初步勘查的主要内容

(1)现场有无放火痕迹,门窗的破坏、物品的移动情况等;

(2)不同的方向、高度、位置的燃烧终止线;

(3)不同部位各种着火物质的燃烧情况和同一物体不同方向的烧毁情况;

(4)建筑物、构筑物及设备装置塔、架倒塌的部位、方向和形成倒塌的原因;

(5)墙壁及设备的烟熏火烧情况,包括烟迹的位置和形状;

(6)金属、玻璃、陶瓷制品的变形熔化情况;

(7)火源、热源的位置及状态。

实践证明,大部分火灾现场通过以上七项内容的初步勘查,都能够判断清楚火势蔓延的路线,确定起火部位和下一步勘查的重点。

2. 火场初步勘查的方法和要求

火场初步勘查应从火场内部站在可以观察到整个火场的制高点,对火场的场面从上到下,由远到近的巡视。观察整个火场的残留状态,并寻出一条可以在火场中巡行的通道。沿着所选择的通道,对火灾现场进行从上到下、由远及近的全面观察。对重点部位、可疑点要反复观察。

(1)要观察火灾终止线的具体情况。出于火灾不都是由一点向四周蔓延的,所以在观察火灾蔓延终止部位周围的情况时,要观察火灾终止线的具体情况,分析判断为何在此终止,以防止漏掉真正的起火点。例如,有一侧砖墙,火就可能向一个方向蔓延,这时如果只注意周围严重的烧毁情况,忽视了停止部位附近的具体情况,就有可能把起火点的位置搞错。

(2)要注意观察整体的蔓延情况。当一个建筑群中有几栋建筑物被烧毁,或一个建筑物的几层、几间被烧时,要注意观察整体的蔓延情况,要仔细观察研究每栋、每层、每个房间起火蔓延的途径。建筑物的火灾蔓延规律一般是:栋与栋之间在下风方向蔓延，如果离得较近，也可能由辐射和热气流综合作用引燃蔓延，这时的引火点位置一般比起火建筑物低，层与层之间一般通过楼梯、送风管道及其他竖向孔洞蔓延，有时也通过窗口向上蔓延，在楼层未被烧毁时是不会由上向下蔓延的，同层建筑物的各房间之间一般是通过门、筒、走廊蔓延，平房多通过闷顶蔓延。根据这些规律，要在火流曾经蔓延过的地方寻找蔓延的痕迹，分析哪一栋、哪一层、哪一间先着火，进而再找起火点。

(3)对现场中遗留的物体不可轻易抛弃。对现场中遗留的一些物体，哪怕是剩下一块木板，熔化了的金属片，落在地上的玻璃块，搭落的电线等，对研究分析火因都可能起到作用，所以，不可轻易抛弃。

(4)对烧毁的建筑物及其内部物体一般不要轻易挖掘。对烧毁的建筑物及其内部物体，应综合原来的状况进行考查研究，要索取火灾现场起火前建筑物和设备安装的平面图及其他有关资料，以便对照分析救火中或灭火后被人移动过的物体。可按起火前的方位复原，按照起火前的本来面目和火灾中延烧的状态考查。例如，一张床，不同的部位被烧的情况不同，但在灭火过程中被人搬走了，将它放回原来的位置可以看清火是从哪个方向烧过来的。所以，在初步勘查阶段，一般不要动手拆卸被烧的物体，不要剥离和移动堆积物，只要起火部位没有确定，一般不要挖掘现场。

(5)应认真细致地观察每一烧毁物体的状态，探寻其烧毁的特点，分析其成因，参照其他调查资料综合比较，以取得可靠的结果。火场烧毁的状况一般是与火灾发展蔓延的规律分不开的，但勘查人员不要习惯于套用规律而忽视了烧毁状况所特有的并不突出的特点，使勘查结果出现错误。例如，热气流向上升，建筑火灾向上蔓延，几层着火从下层找原因，这是一个规律，但也有特殊性。如果一个多层建筑的竖井中，管道的包敷材料因某种原因着火，烧熔烧掉的带火的包敷材料就会一直烧到底层，而且整个竖井内都会猛烈燃烧，火灾会通过各层竖井的木门向走廊蔓延，发生立体火灾。勘查时，如果不注意竖井的这些燃烧状态，尤其不注意每层竖井门及门框烧毁及烟熏的状态，不认真提出为什么各层都同时着起来的问题，就容易使调查工作盘旋在第一层而使勘查走弯路。再如，一般情况下距火源近的可燃物质应先着起火来，但是，如果火源是强烈的辐射源，且位置在比较靠近墙的地方时，由于墙的阻挡作用，往往离火源较远的可燃物先被引着，而被墙阻挡的可燃物就可能后着火或不被引着。因此，初步勘查时应认真细致地观察每一烧毁物体的状态，探寻其烧毁的特点，分析其成因，参照其他调查资料综合比较，以取得可靠的结果。

(四)详细勘查,确定起火点

详细勘查又称动态勘查,是指对初步勘查过程中所发现的痕迹、物证,在不破坏的原则下,采用逐个仔细翻转移动的方式进行勘验和收集物证,以确定起火点的一项勘查活动。其作用是核实初步勘查的结果,进一步确定起火部位,排除初步勘查中的疑点,找出起火点,验证调查询问中获得的有关起火物、助燃物和起火点的情况,确定下一步勘查的对象。

1. 详细勘查的内容

(1)可燃物的烧毁和烧损状态。主要根据可燃物的位置、形态、燃烧性能、数量、燃烧痕迹,分析其受热或燃烧的方向。根据燃烧炭化或烧损的程度,分析燃烧蔓延的过程。

(2)分析哪些地方先于哪些地方燃烧,物体塌落的层次和方向。建筑物、构筑物以及室内的物体等都会在火灾中发生倾倒和塌落。例如,木结构屋架经过燃烧失去了强度就会倒塌,钢结构屋架也同样抵挡不了高温的破坏而塌陷,存放物品的地板、垫木、货架、桌椅、柜橱等经过燃烧,不仅本身会塌落倾倒,放在上面的物品也会掉落。被烧结构和物体的塌落或倾倒是按照燃烧的顺序和程序及程度形成层次和方向的。因此,我们可以据以分析哪些地方先于哪些地方燃烧。

(3)物质的熔痕和粘连物。火灾现场上电气线路以及用电设备上的熔痕,有的能够直接反映出起火原因和火势蔓延的路线;有的金属、玻璃、塑料等物质因受热变形、熔化或同其他物质粘连在一起等,都对分析火灾的发展过程有很强的证明作用。

(4)建筑物结构和构件的耐火性能及其燃烧过程。建筑火灾的发展蔓延速度,是由建筑物结构和起火点周围构件的耐火性能、建筑物内存放可燃物资的多少和燃烧性决定的。从起火燃烧到燃烧终止的全部过程,都直接受到这些因素的影响,这对确定起火部位和燃烧时间,是一个重要的参考因素。

(5)烟熏痕迹。就是要根据火灾空间和建筑物结构分析烟雾流速和途径;根据烟熏的形态和颜色分析火灾的燃烧强度和蔓延过程。

(6)物资的烧损状态和人员伤亡状态。例如,物资的堆积层次、厚度,被烧后残留物的形态,悬挂物掉落的位置和形态,不燃物质的被损及被烧烤的情况,收集物质现场的残存的发火物证;人员烧死、烧伤的情况及死者姿态,伤者遇难前的行动判断等。

通过以上内容的勘查,仔细研究每种现象和各个痕迹形成的原因,把现场中心与火灾蔓延有关联的各种事物和现象联系起来,客观地、有根据地判断火灾发展蔓延的途径,找出起火点的位置以及在该部位可能出现的起火原因。

2. 详细勘查的方法

详细勘查的方法,实践中经常使用的有剖面勘查、逐层勘查和全面掘开三种。

(1)剖面勘查。剖面勘查就是在确定的起火部位,将地面上的残留物分开一个剖面,仔细观察残留物每层的燃烧状况,辨别残留物在第几层堆积,或在起火部位的不同点分开几个剖面,比较各点每层的堆落物质和燃烧状况,分析火势发展蔓延的情况。但在建立这些剖面时不要破坏原堆积物的层次,对于塌落的堆层可制成梯形剖面。

(2)逐层勘查。逐层勘查就是对火场上燃烧残留物的堆层由上到下逐层剥离,以观察每一层物体的烧损程度和烧毁状况。但在剥离中要注意收集物证和记录每层的情况。因为这种勘查方法完全破坏了堆层的原始状态,所以在操作时要特别细致和认真。

(3)全面扒掘。全面扒掘是对需要详细勘查的范围比较大,只知道起火点的大致方位,但又缺乏足够的材料证明确切的起火点位置的火场采用的一种方法。根据火灾现场具体情形可分别采取围攻扒掘、分段扒掘或一面推进扒掘等方式。但不论哪种方式,都要采用层层剥离的方法。

3. 详细勘查的要求

(1)要注意确定扒掘的范围。火灾现场面积一般都很大,但是能够表明起火原因的痕迹、物证,一般只能集中在一个地方或一个地段,其余大部分是起火后因蔓延而被燃烧的地方。这些地方可能存在火灾蔓延的痕迹,但不容易发现能够证明起火原因的痕迹,因而需要进行全面的扒掘。扒掘的范围,根据引火物、燃烧物以及放火痕迹所在的位置及其分布情况而定。能够证明起火原因的痕迹一般都集中在起火部位的起火点,所以扒掘勘查的工作范围应为起火部位周围。这个范围不宜划的太大,以免浪费时间和精力,也不宜太窄,以免遗漏痕迹。

(2)要明确扒掘的目标和寻找的对象。扒掘寻找的目标通常是起火点、引火物、发火物、致火痕迹以及与起火原因有关的其他物品和痕迹等。具体对象应根据调查询问及初步勘查所得的经过分析和验证的材料而定,不要主观决定。

(3)扒掘过程要耐心细致。特别是在接近起火部位时,应做到"三细",即细扒、细看、细闻。扒掘时应使用双手或铁丝制成的小扒子仔细扒掘,绝对禁止使用锹、镐等较大的工具。当在扒掘中发现堆层中有较大的物体或长方形物件时,不能搬撬或者拉出,防止搅乱层次。应将它们保留,并不使之自然跌落或翻倒,将物体上面和周围的堆积物看清楚并细心观察,待检验得出结论后再将其搬出继续扒掘。当发现可疑物质时,要细心辨别其种类、用途和特征。在清除发现物体的尘埃时,不要用手剥,应用毛刷或吹气轻轻除去。当发现某些不能辨认的可疑物质时,应迅速去化验分析。

(4)要注意物品与痕迹的原始位置和方向。因为起火点是根据物品的烧毁程度及痕迹特点确定的,如果物品被移动了位置或变动了方向而未加查明,则会由此做出错误的判断。辨别物品是否改变了方向的方法有:询问事主和了解情况的人,根据物品原始的印痕加以辨认;查找有无变动的痕迹,查看物品所处的位置是否正常。

(5)物证要待分析后才能提取。在火灾现场发现的痕迹和物证,在做记录和照相后,应使其保留在所发现的具体位置上,保持原来的方向、倾斜度等。因为火灾现场实地勘验,特别是起火点及起火原因的判断,往往需要进行反复勘验才能确定。对于一个具体痕迹、物证,只有充分搞清它的形成过程和各种特征及证明作用时,才能按提取物证的一般方法提取。对于起火点和起火原因的扒掘,必须在实地勘验最终结束前才能提取。有的时候需要邀请证人、当事人和起火单位代表过目,统一结论后再提取。

(五)专项勘查,确定起火原因

专项勘查是专为查找发火物、发热体及其他可供给火源能量的物体和物质等具体对象,以确定起火原因的勘查。其目的是根据发火物、发热体等具体引火对象的性能、用途,使用和存放状态,变化特征等,分析因什么发生故障,或什么原因造成的火灾。

1.专项勘查的内容

(1)根据各种引火物,如油丝、油瓶残体等物品的特征分析它的来源;

(2)根据电气线路有无短路点或过负荷现象及其特有的痕迹,分析是否是短路或过负荷的原因;

(3)根据用电设备有无过热现象和内部故障,分析导致过热和内部故障的原因；

(4)查机械设备有无摩擦痕迹和造成摩擦的原因；

(5)查反应容器内部物料性质、数量和工艺条件；

(6)查储存容器泄漏的原因及形成爆炸混合气的条件；

(7)查自燃物质的特性及自燃的条件。

2. 专项勘查的方法

专项勘查的方法，根据不同的对象而采取。有关内容可参照有关专业书籍的具体要求去做。

(六)现场勘查的善后处理

火灾现场在经过了前五步的勘查之后，如果原因已基本查清，那么现场就无须再保留，应及时经现场负责人决定，通知着火单位进行清理，并将勘查中借用的工具、器材及其他物品如数交还原主。对提取的实物证据要妥善保存，某些收取的物证应如数交还物主。但对因主、客观条件的限制，一次不能勘查清楚的火灾现场，还需要对某些关键部位或疑难问题继续重新勘查时，在经现场负责人批准，征得起火单位同意后，在一定时期内可以保留。但应根据需要尽量压缩保留的范围。当需要全场保留时，应将全部现场封闭；当需要局部保留时，应将现场的某一段保护。凡是确定需要继续保留的现场，都必须妥善加以安排，指定专人看护，不得使现场痕迹受到破坏。

三、火灾事故现场勘查记录

火场勘查记录是研究起火原因的重要依据，同时也是处理火灾责任者的证据之一，所以做好火场勘查记录是非常必要和重要的。在现代的科学技术手段下，火场记录的方式主要有现场勘查笔录、现场照相和现场制图三种。

(一)现场勘查笔录

1. 现场勘查笔录的主要内容

现场勘查笔录的结构分为绪论、叙述事实和结尾三部分：

(1)绪论部分。在绪论部分应主要记述：接到报警的时间，起火和发现起火的时间、地点，报警人和当事人的姓名、单位，以及关于他们叙述的发现起火的经过；现场勘查负责人和参加实地勘查人员的姓名、职务，现场见证人和保护人的姓名、职业,勘查工作开始和结束的时间,勘查的程序和当时的气象条件等。

(2)叙述事实部分。在叙述事实部分应主要记述:现场的位置及周围环境,现场建筑结构,起火前建筑物内设备的安装使用、物资存放、生产工艺及生产的火灾危险性质等情况,火灾后各部位的建筑物、设备及物资的烧毁程度、状况、面积和人员伤亡情况,起火点及周围勘查所见的情况,火灾现场上的遗留物和痕迹的详细情况,现场上的反常情况等。

(3)结尾部分。在结尾部分应说明提取物证、痕迹的名称和数量,现场勘查的负责人、工作人员和见证人签名。

2. 现场勘查笔录的记载要求

火灾现场勘查是很严肃的工作,所以记载一定要客观、全面、完整。记载的顺序应当和勘查的顺序相吻合,以免重复或遗漏;记述要简明扼要,突出重点,用词要确切、通俗易懂,不得使用模棱两可的语句,如“较近”“不远”“旁边”等,也应尽量避免使用过于专业化的术语和名词。在勘查中,如果进行尸体外表检验、物证检验、调查实验等,应单独制作笔录,并由主持人、检验人、见证人签名,但在勘查笔录中应加以扼要记载。对于多次勘查的现场,每次勘查均应作补充笔录。

(二)现场照相

现场照相是为了准确表明建筑物中的楼层布局、工艺流程或房间中的尸体、物证、痕迹、起火部位、起火点、火灾现场概貌等情况而采用照相手段记录的一种方法。

1. 现场照相的分类

按反映对象的不同,现场照相分为概貌照相、现场方位照相、重点部位照相和细目照相四种。概貌照相是为了反映火场环境,现场方位照相是为了反映起火部位,重点部位照相是为了反映起火点,细目照相是为了反映痕迹、物证。

2. 现场照相的要求

各种照相的内容,根据反映对象的不同有不同的要求。

(1)概貌照相和现场方位照相。概貌照相和现场方位照相主要应拍摄:燃烧过程和火灾现场的全景,建筑物的外貌;首先起火的楼房外部的燃烧扩散情况及其迹象;垃圾、野草等可燃物的燃烧迹象;穿破篱笆或门,进入建筑物内的迹象以及其他值得怀疑的痕迹和物证;等等。

(2)重点部位照相和细目照相。重点部位照相和细目照相重点应拍照:火场残留物的全貌;发掘各个阶段的迹象;发掘勘验过程中发现的重要场面、重要物体和起火点;首先着火的区域和着火点及最先着火物质的迹象;具有特异状态的部位;现场制图的翻拍;等等。

(三)现场制图

1. 现场制图的作用

现场制图主要是用来描绘现场内部的平面结构、设备布局、烧毁物的状态、着火部位、反映与火灾原因有关的物体痕迹、现象和它们之间的相互关系等,主要有方位图、概貌图、重点部位图和细目绘图几种。

2. 现场制图的要求

(1)绘制现场图要根据不同的对象绘制不同的图,如比例图、示意图、比例示意结合图等。对于局部图可根据需要绘制局部平面图、局部平面展开图、局部立体图和局部剖面图等。

(2)不论什么图,图上应准确地标明起火点、物体、痕迹的原始位置,并与勘验笔录的记载相吻合,还应标明某些人的位置和行动的痕迹,对尸体还应标明位置和姿态。

(3)绘制现场图的符号应采用标准图例。绘制线条要清晰,粗线、细线要分明,实线、虚线使用要得当。

(4)要注明图的名称、测量方法、比例尺、方向、风向、图例、说明及绘制日期。图面要整洁,字迹要工整。最后绘图人要签字。

四、火灾事故现场物证的提取与鉴定

(一)火灾事故现场物证的提取

现场提取痕迹、物品,应当按照下列方法和步骤进行:

(1)量取痕迹、物品的位置、尺寸,并进行照相或者录像。

(2)填写火灾痕迹、物品提取清单,由提取人、当事人或者证人签名;当事人、证人拒绝签名或者无法签名的,应当在清单上注明。

(3)封装痕迹、物品,应当粘贴标签,标明火灾名称、提取时间,痕迹、物品名称、序号等,由封装人、当事人或者证人签名;当事人、证人拒绝签名或者无法签名的,应当在标签上注明。

（4）提取的痕迹、物品应当妥善保管。

（5）痕迹、物品或者证据可能因时间、地点、气象等原因灭失的，可以先行登记保存。

（二）物证技术鉴定

物证技术鉴定，是指对现场勘查中发现并收集的各种痕迹、物证的审查、分析、检验和鉴定。其目的是根据这种物证的本质特征，分析它的形成条件以及与火灾形成过程的联系，从而确定对火灾的证明程度。物证技术鉴定的方法主要有：化学分析鉴定、物理分析鉴定、模拟试验、直观鉴定和法医鉴定等几种。

1. 化学分析鉴定

化学分析鉴定，是指以测定火场残留物的化学组成及化学性质为主要目的的一种鉴定方法。根据分析的原理，有化学分析法和仪器分析法两种。

（1）化学分析法。化学分析法，是指以化学反应为基础的分析方法。其优点是所用仪器设备简单，测定结果准确度高；缺点是分析速度比较慢，灵敏度较低，一般要求被测组分的含量在1%以上。化学分析法的主要内容是：

①分析起火点残留物中是否含有可燃性、自燃性的气体、液体或固体的成分，都含有些什么物质，其闪点、自燃点、爆炸极限是多少；

②测定某种物质的热稳定性、氧化温度、分解温度及其发热量；

③测定某混合物中各种物质的含量；

④测定某一生产过程中能否产生不稳定的敏感性物质；

⑤测定某一物质在某一温度下是如何发生化学变化的，反应程度如何；

⑥测定某一物质的自燃条件（通常用热谱分析）。

通过以上的分析可以达到两个目的：一是根据残留物、产物，分析火场上原来存在的是什么物质，有无危险性，在什么条件下可引起燃烧；二是根据火场上的某些物质是否发生化学变化及反应程度来判断火场温度。

（2）仪器分析法。仪器分析法，是指借助光学仪器测量试样的光学性质、电化学性质等物理或物理化学性质而求出待测组分及其含量的方法。其中利用物质的光学性质分析的方法有比色法、比浊法、分光度法等；利用电学及电化学性质的分析方法有电重量分析法、电容量分析法和极谱分析法等。随着科学技术的发展，又有许多新的分析方法得到发展，如色谱分析、质谱分析、离子选择电极、核磁共振等。

仪器分析方法的优点是操作简单、迅速、灵敏度高，能够准确地检出试样中的微量和痕量成分。例如，有的火灾现场由于燃烧比较彻底，特别是起火部位更为严重，在现场能够提取的物证所含的被测组分往往是微量的，也不易搞清楚是什么物质，在这种情况下若采用仪器分析法分析，就可得到鉴定。对于吸附于固体物质的微量气体和浸润在泥土里的微量液体，分离后利用仪器分析法也可很快测知其组分。

2. 物理分析鉴定

物理分析鉴定，是指对物质物理特性的测定。火场物证的物理分析鉴定常见的有如下几种：

（1）金相分析，即通过金属物体内部金相组织的变化，分析发生这种变化的条件，从而判断火场温度及发生这种变化原因的分析方法。

（2）剩磁检测，即通过测定火场上铁磁性物件的磁性变化，以判断该物体附近当时是否有大电流通过的方法。这一方法主要用来检验、鉴别是否有可能是雷击和较大电流短路造成的火灾。

（3）炭化导电测量。因为电弧和强烈火焰可使木材等有机材料炭化导电，所以通过炭化层电阻的测量，可鉴别是否是电弧造成的火灾或分析火势蔓延的方向。

（4）力学性能测定。力学性能测定主要是对材料包括焊缝的机械强度、硬度等方面的测定，以分析破坏原因、破坏力及火场温度。

（5）断面及表面分析。断面及表面分析主要是对金属材料破裂面的断面特征和材料内外表面腐蚀程度的观察检验，从而分析判断材料的破坏形式和破坏原因。

3. 模拟试验（现场实验）

火灾模拟试验，是指仿效失火前的实际样子进行实验，以检验火场痕迹、物证，验证起火原因和有关证言真实性的一种方法。消防救援机构可以根据调查需要进行现场实验。

（1）火灾模拟试验主要解决的问题。①某种火源能否引起某种物质着火，其热辐射能将相距多远的物质引燃，引燃某种物质需要多长时间；②某种物质燃烧时出现什么现象（焰色、烟色、气味等），在某种燃烧条件下遗留什么样的残留物及其他痕迹；③某种物质在什么条件下（温度、压力、湿度、遇酸、遇碱、水、混入杂质）能够自燃；④检验证人证言的属实性等。

（2）火灾模拟试验的要求。在进行模拟试验时，应尽量在原来的起火点进行。

如果不具备在原地进行试验的条件,可另选相似条件的地点或实验室进行。值得注意的问题是,因为火灾的发生有很大的偶然性,是很多因素共同作用才引起的后果,尽管模拟实验的条件和起火条件十分相近,但它毕竟不是起火的客观事实,是人为主观进行的,所以有时也不能使起火过程再现,甚至有的会起到“反证”作用。因此,不能以试验成功与否作为火灾结论的唯一依据,要结合其他证据统一认定。

现场实验应当照相或者录像,制作现场实验报告,并由实验人员和见证人员签字。现场实验报告的内容包括实验的目的、时间、环境、地点、使用的仪器或者物品、过程以及实验结果等。

4. 直观鉴定

直观鉴定,是指具有鉴定资格的人根据自己的知识、经验,用感官直观或用简单仪表对物证进行鉴别的鉴定。由于直观鉴定一般是在缺乏测量分析仪器或无法进行测量分析以及不必用仪器测量分析的情况下,凭鉴定人的实践经验鉴定的,所以鉴定人必须具备一定的资格才行。具有这种鉴定资格的人应该是:

(1)公安消防监督机构从事火场勘查和物证检验的专门人员,以及有丰富实践经验的其他公安消防人员;

(2)受公安消防监督机构的委托、聘请的科学研究人员或工程技术人员;

(3)其他具有鉴定能力的人。

根据有关法律程序的要求,与火灾责任有利害关系的人不能参与上述任何一种鉴定。机关、企业、事业单位和人民团体不能作为鉴定人。

5. 法医鉴定

法医鉴定是法医专业技术的检验。通过法医鉴定结论,我们可以分析死、伤者与火灾的关系,借以判断火灾性质和火灾原因。

对火灾受伤人员人身伤害的医学鉴定由法医进行。卫生行政主管部门许可的医疗机构具有执业资格的医生出具的诊断证明,可以作为消防救援机构认定人身伤害程度的依据。但是,具有下列情形之一的,应当进行医学伤害鉴定:

(1)受伤程度较重,可能构成重伤的;

(2)火灾受伤人员要求做鉴定的;

(3)当事人对伤害程度有争议的;

(4)其他应当进行鉴定的情形。

6. 物证的善后处理

火灾原因调查工作应当重视物证的善后处理。对各种物证,经有关方面的专家和技术部门鉴定做出结论,并在火灾事故处理完毕后,应予销毁、废弃或物归原主。当有的火灾事故需要司法部门处理时,则应在调查终结后将有关物证和案卷一并移送人民检察院。对于鉴定有分歧的物证,应当保存至鉴定结论统一时为止。对于具有典型意义的实物证据和各种痕迹,消防救援机构应当保存或复制,以备总结经验。

第六节　火灾损失统计

火灾损失统计可反映火灾在一定时间、地点和原因条件下的一些量的相互关系,反映在一定情况下的规律和特点,从而为依法处理消防责任事故,制定消防工作的方针、政策、计划、措施等提供依据。所以,火灾损失统计是消防监督管理的一项重要内容。

一、火灾损失统计的意义和要求

(一)火灾损失统计的意义

《消防法》第51条第1款规定:"消防救援机构有权根据需要封闭火灾现场,负责调查火灾原因,统计火灾损失。"所以,火灾损失统计是法律赋予消防救援机构的一项重要职责。其意义主要体现在以下几点:

1. 为保卫国民经济建设提供消防安全资料

通过火灾损失统计可掌握并弄清我国火灾的现状、发生的规律和特点,掌握每年火灾发生的次数、人身伤亡、经济损失及各类火灾原因等。在这些资料的基础上可以更好地为进行城乡规划和建设服务,并为建筑设计防火审核提供可靠依据,使整个国民经济建设和城乡规划建设等方面符合消防安全的要求。

2. 为制定消防工作的方针、政策、法规、措施和研究火灾规律特点提供可靠的技术依据

火灾损失统计不仅仅是统计典型的重大火灾,而是对每起火灾都要进行全面的考察和统计,即不仅要统计次数和损失,而且还要统计各个地区、各个时期、各个系统、各个行业、各个部位及其起火原因等各方面与火灾有关的因素。因此,它可为更好地制订灭火对策,加强火灾的预防和消防监督管理等提供可靠依据。

3. 为有效进行火灾扑救,合理布局消防站及消防中队的建设提供可靠资料

火灾损失统计不仅要统计与防火工作有关的数据,而且还要统计与灭火工作有关的各种情况和数据。从这些统计数字中即可分析消防站布局是否合理,也可以分析影响火灾扑救的有利及不利因素,全面分析火灾扑救的全过程及战斗状况,为更好地制订灭火作战方案,更及时有效地开展火灾扑救工作提供依据。

4. 为消防科研提供课题

通过对每起火灾的生成、发展、扑救、危害等各方面的资料进行统计,可分析本区域的消防工作状况,并找出工作中的薄弱环节,从而针对其关键性的技术问题进行防火、灭火和器材装备、队伍建设等方面的研究工作。因此,它又是制订消防科技发展规划,确定科研课题的重要依据。

(二) 火灾损失统计的任务和对火灾损失统计人员的要求

1. 火灾损失统计的任务

火灾损失统计的任务就是对发生的每起火灾,通过详细认真地调查了解,如实准确地填好报表,汇总审查后及时上报,进行统计分析,提供统计资料,实行统计监督。这项工作是取得火灾损失统计成果的基础,是具体火灾损失统计的重要环节,所以对火灾损失统计人员还应有严格的要求。

2. 对火灾损失统计人员的要求

(1) 熟悉文件,认真填报。在填表前必须先阅读和熟悉有关文件、规定及填表说明,填写报表必须认真细致,实事求是,必须严格按照《中华人民共和国统计法》以及其他有关法规,如实提供火灾统计资料,及时填写并上报。

(2) 认真核对,纠正错误。在填写时,不清楚的问题,要及时请示汇报,不要凭想象任意填写,要认真核对,发现错误,及时更正。

(3) 认真分析,提供数据。要做好报表的汇总工作,进行全面而认真地分析,为领导决策提供所需数据。

(4) 字迹要工整清晰。填写报表的文字,字迹要工整清晰,不能马虎潦草,不能用铅笔和圆珠笔填写。

(5) 不得虚报、瞒报、拒报、迟报,不得伪造、篡改。对各种火灾损失统计报表,要妥善保管,不得丢失或损坏。

（三）火灾损失统计的范围和内容

1. 火灾损失统计的范围

所有火灾不论何种原因都要全部列入火灾统计范围：

（1）刑事放火；

（2）发生在生产或经营场所的生产性火灾事故；

（3）车辆静止状态下发生的火灾或车辆在通行过程中因电气、供油系统故障，司乘人员在车内使用明火不慎，违法携带易燃、易爆等危险物品乘车，外界明火引燃车辆的火灾；

（4）易燃易爆危险品起火爆炸引起的火灾；

（5）破坏性试验中引起非实验体燃烧的火灾；

（6）机电设备因内部故障导致外部明火燃烧或者由此引起其他物件燃烧的火灾；

（7）车辆、船舶、飞机以及其他交通工具的燃烧（飞机因飞行事故而导致本身燃烧的除外），或者由此引起其他物件燃烧的火灾。

2. 火灾损失统计的内容

火灾损失统计的内容应主要包括以下几个方面：

（1）火灾种类。按火灾发生的地点和部位分为建筑火灾、露天火灾、交通运输工具火灾、山林火灾、其他火灾等。

（2）火灾时间。火灾时间主要包括起火时间、发现时间、消防队接警时间、到达火场时间、扑灭时间等。

（3）火灾地点，即发生火灾的单位、系统、行业、部位等。

（4）火灾原因，即起火原因和灾害成因等。

（5）人员伤亡，主要是指在火灾发生后和扑救过程中因烧、摔、砸、炸、窒息、中毒、触电、高温辐射等原因所致的人员伤亡。

（6）火灾损失，主要包括火灾的直接财产损失和间接经济损失。

3. 火灾损失统计工作的分工

我国的火灾损失统计工作，按照“谁监督、谁统计”的原则，实行统一领导，分级、分部门负责的制度。全国的统计工作由应急管理部统一归口管理，负责掌握全国的火灾情况，汇总和公布火灾损失统计资料，实施火灾损失统计的监督。对火灾损失统计表的格式、内容、计算方法和统计编码，均由应急管理部负责制订，并报国家统计局备案或者审批。火灾损失统计工作具体分工如下：

(1)省(自治区、直辖市)、市(地、盟)、县(区、旗)、乡镇的火灾统计工作，分别由各级应急管理部门负责，行使相应的管理监督职能。

(2)火灾统计表式、内容、计算方法和统计编码，由公安部负责制定并报国家统计局备案。

(3)接受地方应急管理部门监督的单位发生火灾，由所在地应急管理部门负责统计。

(4)跨区域的油田、管道、交通工具等发生火灾，由起火地应急管理部门负责统计。

(5)由铁道、交通、民航应急管理部门实施消防监督的单位，其火灾统计分别由铁道、交通、民航应急管理部门负责。

(6)军队、矿井地下部分、森林发生的火灾，分别由其主管部门负责统计。

(7)一起火灾如果涉及几个独立的统计调查单位，其火灾统计工作由主管起火单位监督工作的应急管理部门负责。

二、火灾损失统计的方法和程序

(一)人员伤亡的统计方法

关于重伤的标准，应当根据司法部、最高人民法院、最高人民检察院、公安部《人体重伤鉴定标准》(司法〔1990〕070 号印发)的要求进行确定，这里不再赘述。

(二)财产损失的统计方法

统计火灾损失，首先要区分火灾宏观统计方法与火灾微观统计方法。火灾宏观统计方法，即火灾统计，是指消防救援机构运用定量、定性统计分析的方法，调查和研究火灾损失、规律、特征的一项行政执法活动。火灾微观统计方法，即统计火灾损失，是指消防救援机构根据火灾受损单位或个人的申报和调查核实情况，按照国家有关火灾损失统计规定对火灾直接经济损失和人员伤亡情况进行的数据核实、统计活动。统计火灾损失是火灾统计最基本的要求，也是火灾统计工作的最基本特征之一。

火灾损失的统计范围主要包括直接财产损失和间接经济损失。

1. 火灾直接财产损失的统计范围和方法

火灾直接财产损失，是指财产直接被烧毁、烧损、烟熏、辐射和在灭火中破拆、水渍以及因火灾引起的污染等所造成的损失，如房屋、文物建筑、机器设备、运输工具等固定资产，古董、字画、古籍善本、美术工艺品、珠宝、金银制品及收藏品等可移动文物，商品、购入货物等流动资产，生活用品和农副产品等因火灾烧毁、烧损、烟熏和灭火中破拆、水渍等所造成的损失都属于火灾直接财产损失统计的范围。

火灾直接财产损失大小是衡量火灾严重程度的主要标志之一。科学的统计方法是准确地计算火灾直接财产损失的重要保证。火灾直接财产损失统计方法，应当按照中华人民共和国公共安全行业标准《火灾直接财产损失统计方法》(GA185-1998)进行统计。

2. 火灾间接经济损失的统计范围和方法

火灾间接经济损失，是指因火灾而停工、停产、停业(即“三停”)所造成的损失，以及现场施救、善后处理的费用。

(1)因火灾造成的“三停”经济损失。这些损失主要包括：火灾发生单位的“三停”经济损失；由于使用火灾发生单位所供的能源、原材料、中间产品等所造成的相关单位的“三停”经济损失；为扑救火灾所采取的“三停”及其他必要的紧急措施而直接造成的有关单位经济损失；其他相关原因所造成的“三停”经济损失。

(2)因火灾致人伤亡造成的经济损失。这些损失主要包括：因人员伤亡所支付的医疗费，死者生前的住院费(含抢救费)，死亡者直系亲属的抚恤金，死亡者家属的奔丧费、丧葬费及其他相关费用等处置费，养伤期间的歇工工资(含护理人员)，伤亡者伤亡前从事的创造性劳动的间断或终止工作所造成的经济损失(含护理人员)，接替死亡者生前工作岗位的职工的培训费用等工作损失费。

(3)火灾现场施救及清理现场的费用。这些费用主要包括：各种消防车、船、泵等消防器材及装备的损耗费用以及燃料费用(含非消防部门)；各种类型的灭火剂和物资的损耗费用；清理火灾现场所需的全部人力、财力、物力的损耗费用等施救和清理费用。

火灾间接经济损失额计算方法，应当按照《火灾间接经济损失额计算方法》(公通字〔1992〕151号)进行统计。

3. 直接财产损失的统计程序

(1)火灾发生后，受灾单位或个人应当向公安消防机构填报《火灾直接财产损失申报表》，提供有关原始票据和火灾直接财产损失真实情况。

(2)市、县级公安消防机构填写《火灾直接财产损失核定表》，对火灾直接财产损失进行统计、核定,并逐级上报。

(3)对情况复杂或初步判定为重大、特别重大火灾的,市、县级公安消防机构可邀请其他部门有关专业技术人员参加对火灾直接财产损失的统计、核定。

(4)受灾单位或个人对火灾直接财产损失核定结果有异议的,可提请上一级公安消防机构进行复核,复核结果为最终结果。

三、火灾损失统计的时限和要求

火灾发生后,起火单位或者主管部门必须如实提供统计资料,经当地公安机关逐级审核,统计上报。

(一)火灾损失统计报告的时限

1. 一般火灾的报告时间

每起火灾扑救后,各地市消防救援机构都要迅速将最基本的火灾信息录入全国火灾统计管理系统,火灾调查结束后要尽快将人员伤亡、财产损失和起火原因等信息进行更正。对火灾报告表中的起火场所、行业类别和经济类型等选填指标,要根据实际情况如实填报;发现重复录入的数据及时报告总队进行删除处理,避免出现报告表项目填报不全、漏填、错填和重复录入的问题。

火灾报告表应当在火灾发生后72小时内录入,按时录入率应达到85%以上,审核率达到95%以上;接警出动报告表的录入时限应当在归队后48小时内,按时录入率应达到95%以上,审核率达到95%以上。各地市消防救援机构,要严格按照时限要求进行火灾和出动数据录入审核,确保数据的及时、完整、准确。总队将按照部局对火灾统计系统数据录入时限及审核率要求,每月进行系统录入审核检查。各地级、县级的消防救援机构,应当于每月的5日前将所辖区域内上月所发生的火灾损失统计情况(各种火灾损失统计报表)上报至省级消防救援机构,省级消防救援机构经输入计算机后应于10日前将原始的各种火灾报表的内容传输到公安部消防局。重大火灾应填报《重大火灾报告表》及时上报。

对铁道、交通、民航公安局,应当于每月15日以前将所辖单位上月的火灾损失统计情况上报人体。

中国人民解放军各单位,煤矿和其他矿井地下部分以及国家海洋局科学考察船主管部门的火灾损失统计情况,对公安部不按月报的要求执行,只报半年和全年的火灾损失统计数字。要求于当年的8月和次年的2月,向应急管理部报告所辖单位的半年和全年的火灾损失统计数字。

2. 重要火灾的报告时间

为保证上级领导机关制定决策和指导工作,根据《关于认真落实重要火灾报告制度的通知》的要求,凡发生下列重要火灾,各省、自治区和直辖市的消防救援机构必须立即上报应急管理部。

(1)死亡30人以上(含本数,下同);重伤100人以上;直接财产损失1亿元以上的特大火灾事故。

(2)死亡10人以上;重伤50人以上;直接财产损失5000万元以上的重大火灾事故。

(3)死亡3人以上;重伤10人以上;直接财产损失1000万元以上的较大火灾事故。

(4)死亡1至2人;受灾30户以上;直接财产损失100万至1000万元的火灾事故。

(5)发生在国家级、省级、县级重点文物保护单位的火灾事故(包括新建、修复的古建筑)。

(6)发生在党政首脑机关,金融、通信、广播、电视等要害部门,水、电、燃气等公用设施单位的规模较大,有可能造成重大经济、政治和社会影响的火灾事故。

(7)发生在人员密集场所、易燃易爆场所、旅游景点及重大活动、庆祝场所的有可能造成人员伤亡或重大社会影响的火灾事故。

(8)正在发生的规模较大、有可能造成人员伤亡或重大社会影响的火灾事故。

(9)北京市发生在重要场所或部位的火灾事故。

(10)其他可能造成重大社会影响、引起群众广泛关注的重要火灾信息。

(二)火灾损失的统计要求

1. 消防救援机构应当明确专职或兼职人员

为了加强对火灾损失统计工作的领导和管理,各级消防救援机构应当根据火灾损失统计工作的实际需要配备专职或兼职统计人员,建立健全科学的火灾损失统计管理制度,加强统计计算和数据传输技术的现代化建设,保证统计资料的准确性和及时性。

2. 受灾单位应当如实提供统计资料,报当地消防救援机构审核

火灾发生后,受灾单位及其主管部门应当统计好火灾造成的经济损失和人员

伤亡情况,如实提供统计资料,报当地消防救援机构审核。各项经济损失和人员伤亡的统计,不论是直接的还是间接的,失火单位都应当按照要求认真清理,如实上报,绝不能因怕追究责任而少报,也不能为求保险公司的赔偿而多报。在统计火灾损失过程中,如果受损单位和个人不按规定申报,消防救援机构应当根据火灾现场调查和核实的情况,进行火灾直接财产损失统计。

3. 依法设立的价格鉴定机构出具的鉴定结论,可以作为统计火灾损失的依据

对于依法设立的价格鉴证机构出具的火灾直接财产损失鉴定结论,可以作为消防救援机构统计火灾直接财产损失的依据。受损单位和个人因民事赔偿或保险理赔等需要的,可以自行收集有关火灾直接财产损失证据,或者委托依法设立的鉴证机构对火灾直接财产损失进行鉴定。

4. 失火罪、消防责任事故罪案件需要的火灾损失数额应当委托依法设立的价格鉴证机构进行鉴定

消防救援机构办理失火罪、消防责任事故罪案件需要火灾直接财产损失数额的,应当委托政府价格主管部门设立的价格鉴证机构进行鉴定,以其出具的鉴定结论作为刑事案件立案依据,而不能直接引用消防救援机构统计的火灾直接财产损失结果。

5. 消防救援机构应当对鉴定结果进行审查

消防救援机构应当根据受损单位和个人的申报,依法设立的价格鉴证机构出具的火灾直接经济损失鉴定报告,以及调查核实情况,按照有关火灾损失统计规定,对火灾直接财产损失和人员伤亡情况如实进行统计,填写《火灾损失统计表》。

消防救援机构应当对鉴定结果进行审查,对符合规定的,可以作为证据使用;对不符合规定的,应当要求价格鉴证机构重新出具鉴定报告,或者不予采信。

第七节　火灾事故原因的分析与认定

一、起火原因的分析与认定

(一)起火原因分析的基本方法

通过对火灾现场的实地勘查和调查询问,获得了大量与火灾有关的材料、物证,这就为客观地分析火灾原因,恢复事件真相提供了物质基础。但要由此得出正

确结论,还必须运用唯物辩证的观点和方法,进行从现象到本质的综合分析和推理判断。查明火灾原因是一个判断分析的复杂过程,不能设想根据火灾的某些现象就能得出现成的答案。因此,在分析造成火灾的各种情况时,往往是在调查、勘查的各有关材料中,做出一些有根据的假设,然后用大量的客观事实来肯定或否定这些假设。在具体运用时,常采用的方法有排除法、归纳法、演绎法等。

1. 排除法

排除法,是指根据客观存在的可能性,先提出几种假设,然后逐个审查,一一排除,在剩下的不可推翻的假设中寻找结论的逻辑推理分析方法。

排除法在逻辑上叫做“剩余法”。实际上是选言推理与假言推理的综合运用。在火灾原因的分析推理中,选言部分即有几种着火的可能,假言部分即对其中若干可能的否定。这种推理成功的关键是选言部分一定要将真正的起火原因逃避,并弄清各起火因素“与”和“或”的关系。为了能将真正的起火原因逃避,则应将各种起火因素选尽,即将各种因素都考虑到。

各种起火因素之间是什么关系也很重要。凡两种因素可以独立成为着火致因的因素,它们之间的关系为“或”的关系,否定一个则成立另一个。若两种因素必须结合在一起才能成为着火致因的,那么这两种因素的关系为“与”的关系,它们之间没有选言判断的关系。为掌握这种分析方法,需要学习形式逻辑和事故树分析技术知识。

2. 归纳法

归纳法,是指对事件某一问题有关的各种情况一一加以研究,审查它们是否都指向一个问题,从而得出一个无可辩驳的结论的分析方法。如果起火时间、起火地点、起火物质、起火特征及烧毁对象都说明是故意行为,那么就可以做出肯定是放火的判断。

3. 演绎法

演绎法,是指针对某一假设逐步深入地提出一系列事实材料,从纵的方面证明这个假设现实的必然性的分析问题的方法。如某火灾的原因,我们认为自燃的可能性较大,为证实这一假设就应逐步地审查以下一系列的情况:首先查明起火点原来是否存在能够自燃的物质;当这一情况查实肯定后,就要进一步查明是否有足以引起自燃的客观条件(如数量、空气、温度等);当这一情况也肯定时,还要进一步查明起火物质燃烧的痕迹是否符合自燃的特征。这样一步步深入下去,当所有问题都是肯定结论时,便可最后确认为自燃所致的火灾。

值得注意的问题是,上述几种方法往往是综合使用的,它们适用于火灾原因的分析研究,也适用于现场勘查过程中的具体环节。必须强调的是,采用这几种分析方法的客观基础是事物本身的有机联系,正确运用辩证唯物主义的观点是正确分析认识问题的前提,必须在此基础上才能有效地利用这些方法得出符合客观实际的判断。

(二)火灾性质的分析

火灾的性质按是否有人的作用以及人的作用如何来分,有放火、自然起火和失火三种。因为放火和自然起火两种火灾发生的概率较小,而且这两种火灾的特征又较为容易识别,所以在分析火灾性质时,宜先从放火和自然起火这两种性质的火灾人手。如果能够排除这两种火灾的可能性,当然就属于失火,这样就能缩小工作范围,提高火灾原因调查的效率。

1. 放火的分析与判别

放火的火灾现场具有许多有别于失火和自然起火现场的特点,其特征是:放火动机比较明显,有预谋、有准备,现场破坏程度大、犯罪痕迹少等。在放火的现场大多具有:多起火点,起火点附近有引火物;有阻碍受灾人员逃难的迹象;灭火器材或设施被破坏;起火点位置奇特,不具备发生不慎失火的可能,易燃的液体、气体孔盖或开关打开,发热或发火用具放在可燃物上且又都不是主人所为;火场有生人进入的痕迹,门窗玻璃被破坏、公私财物被盗、账册单据被烧;火场内有被捆绑、杀害的尸体;一个地域或一个单位连续多次发生火灾,或者同一时间内多处起火,火灾突发、地点偏僻、发生在无人之地,等等。我们可以根据这些特征和特点,从火场起火点的数量、位置、外来的引火物、物品缺少、门窗破坏、阻碍逃生和扑救的迹象,火场尸体及群众的反映等方面收集放火的依据。

确定为放火案件,一定要有充分的证据,慎重从事。案件性质一时定不下来,就不要轻易下结论。当根据火场特点确认为放火或怀疑为放火案件时,应迅速通知刑侦部门到达火场,根据现场情况和有关领导的指示,移交情况并撤出或协同刑侦部门共同进行现场勘查。

2. 自然起火的分析与判断

自然起火,是指由于自然力而引起的火灾,如物质自燃、雷击起火等均属自然火灾。是否是自然起火,应主要根根以下三点判断:①起火点必须存在自燃性物质;②具备自然起火的客观条件;③具有自然起火的特征。

能够发生自燃的物质比较多,它们发生自燃的条件和自燃前后的特征也不尽相同,所以火灾调查人员只有掌握好必需的燃烧知识、危险化学品知识和电气防火知识,才能相应解决好这些问题。

以上火灾性质的分类只是为了方便查明火灾原因而设的分类方法,与火灾的责任性质是不同的。例如,由于物质的自燃引起的火灾,按燃烧原理和过程来说属于自然火灾,但按火灾责任来说就不完全属于这样。如果管理这类物品的部门或个人由于知识技术水平的限制,不知道这类物品具有自燃的危险性,那么这种火灾应属于自然起火。如果管理这类物品的部门或个人,已经知道或应当知道这类物品具有自燃的危险性,但是存在侥幸心理,麻痹大意,没有采取相应的防止自燃的措施而发生了自燃火灾,那么这就不能属于自然起火,而应属于失火一类。

另外,有些狡猾的人放火时也会利用失火、自燃起火的某些特征制造假象来掩盖自己的罪行。例如,将燃着的烟火、碎布等暗火藏在可能自燃物品的堆垛中进行放火,以诱使人们做出自燃起火的错误判断等。因此,在现场勘查中要仔细观察和发现、收集具有不同特征的各种痕迹和残留物,并进行深入的社会调查,进行全面、科学、辩证的分析,从而得出正确的结论。

3. 起火特征的分析

起火特征应属燃烧特征,是指火源与可燃物质接触后至刚刚起火之时,或自燃物质从显著发热到出现明火时的一般时间内燃烧现象的特征。不同的可燃物质或不同的火源作用会有不同的起火特征。对起火特征的分析,是为了进一步缩小现场勘查工作的范围,明确下一步的调查方向。

(1)阴燃起火。阴燃,是指物质无可见光的缓慢燃烧,通常产生烟和高温的迹象。这种起火形式从着火源接触可燃物开始,或由于蓄热自燃开始时,到起火苗燃烧时止,要经历一段时间的阴燃过程,其经历时间从几十分钟到几个小时,甚至十几个小时。这种起火形式在现场上具有以下明显特征:燃烧烟熏痕迹明显;有一个以起火点为中心的炭化区(由于着火物质和环绕的不同,炭化区有大有小、有深有浅,但都明显可见);在发出有可见光的燃烧前,有白气冒出,有异味,接着冒浓烟,等等。根据以上特征分析,阴燃起火大致在以下三种情况下出现:①由弱火源、缓慢引燃可燃物,即主要是由非明火源,如香烟、烟囱火星、热煤渣、热木炭、炉火烘烤等直接或间接将可燃物引燃而造成的火灾;②各种火源引燃不易发生明火燃烧的物质,经过缓慢的阴燃过程,在供氧充足时才引起明火燃烧,如锯末、胶末、紧捆的棉、麻及其制品等的燃烧。③植物产品、浸有植物油或动物油的棉丝、油布等含油物质蓄热引起的自燃。

(2)明火引燃。这是一种可燃物质在明火源的作用下迅速发生燃烧的一种起火形式。其特征是,烟熏比较轻,甚至没有烟熏,现场可燃物燃烧得比较均匀,火点处炭化区小,往往难以辨认,但有较明显的蔓延迹象。这种起火形式的火灾,应从蔓延迹象来寻找起火点,从小孩玩火、用火不惧、电气短路、坏人用明火放火等方面去追查。

(3)爆炸起火。这是指由于物质急剧氧化或分解反应产生温度和压力增加或两者同时增加的燃烧现象。爆炸的实质是一种瞬间的燃烧现象,它不仅能使设备、建筑遭到破坏,而且其热能还可引起周围的可燃物起火。这种火灾的特征是有爆炸的声响,炸点明显,来势迅猛,破坏力强,人员伤亡多,机器设备和建筑物往往被摧毁,爆炸中心和火场中心比较明显。

(三)起火时间的分析判定

起火时间是火灾结论之一。准确判定起火时间是分析起火原因的一个重要条件。因为确定了起火时间,就可以调查、分析此时间内有关人员的活动范围和活动内容,有关设备运行的状况及各种有关的现象。所以,确定起火时间是查清绝大多数火灾原因的关键。

虽然确定起火时间一般应是火场分析中首先进行的工作,但是有的火灾现场不能首先确定较确切的起火时间,可在分析火灾原因之后再分析或反推出起火时间。

起火时间的确定,主要是根据调查询问获得的材料以及现场上发现的能够证明起火时间的各种痕迹、物证来判断。具体分析、判断的根据有以下几个方面:

1. 根据火灾发现人、报警人及周围群众反映的情况分析确定

火灾发现人及报警人因为急于报警或进行扑救,往往忽视记下发现起火的时间,可以从他日常生活活动及其他有关现象中进行推算。

2. 根据相关事物的反应确定

火灾的发生与某些事物的变化有关。同时,火灾发生后也能引起某些有关联的事物发生变化。我们可以通过了解有关人员,查阅有关的生产记录,根据火灾前后某些事物的变化特征来判定起火的时间。例如,某个化工厂的某个反应器爆炸起火,可根据控制室有关仪表记录下来的这个反应器温度或压力的突变推算出起

火时间;又如,火灾与照明线路有关,那么可根据人们发现的灯泡熄灭、电视机停电等现象推算起火时间。此外,还可以从送电、送气、送水、停电、停气、停火等关联现象中推算出有关设备发生火灾的时间。

3. 根据建筑类型和火灾发展程度确定

不同类型的建筑火灾,从起火、发展、猛烈、倒塌、衰减、熄灭的全过程所用的时间是不同的,所以,可以根据对建筑火灾发展程度的观察推算出起火时间。

4. 根据建筑构件的耐火极限及其在火场被烧坏的程度判定

不同的建筑构件具有不同的耐火极限时间。根据火场上建筑构件被火烧毁的程度,我们可以判断火灾的基本起火时间。

5. 根据物质燃烧速度推算

根据实验得知,红松的径向燃烧速度为0.6毫米/分钟,汽油向下的燃速为1.75毫米/分钟,所以,可据此推算出基本的起火时间。但由于物质的燃烧速度还与其他许多因素有关,条件改变了燃烧速度就要改变。因此,不能只依据现成的燃速数据,或指望一个简单的公式就能计算出准确的起火时间,而应根据现场情况修正这些数据,必要时可通过模拟试验,测定某些物质的燃烧速度来确定起火时间。

6. 根据通电时间判定

如果火灾是电热器具引起的,可以通过通电时间、电热器具的种类、被烤着物质的种类来分析判断起火的时间。

7. 根据起火物质所受的辐射强度推算

一般的干燥木材在无风条件下:辐射强度为4000~9000卡/平方米·小时,12分钟起火;辐射强度为9000~11000千卡/平方米·小时,8分钟起火;辐射强度为13000~21000千卡/平方米·小时,4分钟起火。所以,可以根据热源的辐射强度、温度和与可燃物的距离,计算被引燃物所受的辐射强度,并根据所受辐射强度的大小推算出被引燃的时间。

(四)起火部位和起火点的分析判定

正确分析和判定起火部位和起火点,是查明火灾原因的关键。在火灾调查工作中,经过一定程度的调查和勘验工作后,必须首先分析确定起火部位,进而确定起火点,以防止把与火灾原因无关的现象、物品误认为是火灾原因的物证、痕迹,使现场勘查工作误入歧途。

起火部位和起火点分析判断的方法是由远到近、由宽到窄地把起火部位的范围逐步缩小。如果火场范围较大,则应在确定火场范围的基础上,逐步确定起火点在哪个区域、哪栋建筑物、哪一层楼、哪个房间、在房间的哪个方位,最后确定是哪个具体位置。

1.判定起火部位和起火点的基本依据

(1)根据群众提供的情况分析判断。最先发现起火的人和报警人以及最早参加扑救的人,对初起火灾的燃烧部位、范围、蔓延方向、速度及燃烧现象等了解得最具体。所以,确定起火部位和起火点,必须首先根据这些人的所见情况分析判断。另外,火场上逃出来的人提供的情况也是很重要的。可询问他们在疏散过程中的什么地方看到了什么样的烟火,在通过走廊时,脚下是否感到热,在哪个地方感到烤脸,什么地方往下落火等。通过分析这些情况,可以判断起火点位于哪一方。

(2)根据火灾蔓延的方向和烟雾冒出的先后次序进行判定。例如,在无风情况下,火场的燃烧比较均匀,那么起火点应该是燃烧面积的几何中心;如果有风,则起火点应沿上风向去找;若火灾蔓延到某一方面遇有障碍物,起火点就不一定在燃烧面积的几何中心,也可能就在障碍物之下。另外,在无风的情况下明火焰冒出的烟雾可以指出起火点,在有风的情况下烟雾和起火点则有一定位差。

(3)根据不同物质燃烧时产生的不同气味、回声和火焰、烟雾的不同颜色进行判断。因为不同的物质燃烧会有不同的气味与声响,同时其火焰与烟雾也有不同的颜色。例如,木材有树脂味,石油产品有蜡味,毛丝制品有烧毛味,白磷有蒜味,有机玻璃有香味,粮食有“噼啪”声,木材有“嘶”“啪”声,天然纤维为灰褐色烟雾,聚氨酯为浓黑色烟雾,含硝基的化合物为棕黄色烟雾,磷、镁、砷、钾及绵纶为白烟,含有金属元素锂和银的为深红色火焰、钙为砖红色火焰、钠为黄色火焰、铜为绿蓝色火焰、钾为紫色火焰、镁和铝为白色火焰。我们可以根据这些特征分析判明最初的燃烧物,再查明这些物质的存在位置,从而判明起火部位或起火点。

(4)根据火焰的色泽、亮度判断。因为火焰的色泽和亮度是随着火场温度的升高而发生由暗到亮、由白到红的变化的。所以对于可燃物分布均匀的初起火灾,起火部位由于先行发生燃烧,有可能首先达到较高的温度。这时可根据火场某部位火焰的色泽和辐射强度判断哪个地方先着起来。但这只能限制在燃烧物相同且分布均匀的火灾初起的条件下。

(5)根据蔓延痕迹判断。这主要是依据燃烧的痕迹,物品被烧而变形、变位程度进行判断的。例如,可根据一建筑的倒塌形式,燃烧物的烟迹形状、位置、房架、门、窗、框、木柱的烧毁程度，室内家具的倾倒方向、堆积物的层次等，判断起火部位和起火点。还可根据燃烧物在燃烧前后和燃烧过程中的形态变化，判断火场不同位置的温度，进而判明起火部位。所以，可根据它们在火场上的这些变化判明火场不同位置的温度，进而判明起火部位。同理，火场上的不燃物质的熔化情况也可作为判断起火部位的根据。

(6)根据引火物所在的位置确定。在尚未成灾或者烧毁不太严重的火场，往往保留有比较完整的引火物或发火物。就是在烧毁比较严重的火场上，有时也会有引火物体的残体发现，或其他碎片、灰烬等，这些物品在现场上的所在位置，或者着火前的所在位置一般即是起火点。例如，在火场上发现家具下面有电炉子的残体、桌上有忘关电源的电熨斗，着火床铺上发现通过电的电梳子、电褥子，衣物灰烬中的汽油等都可以用来确定引火物的所在位置。当断定这些物品是造成火灾的原因时，它们的所在位置就是起火点。但是，当根据引火物判定起火部位和起火点时，还必须查明这些物品是否是火场原有，火灾发生后是否被人为移动等情况。若这些物品并非火场原有，则有可能是放火，若着火后被人移动过，那么就不能把发现的位置定为起火点。

(7)根据火场尸体姿态判断。实践得知，在火灾中受火焰威胁的人们，大多数都向背离起火的方向逃难。可根据这一特征和火场上的具体情况确定起火部位和起火点。

另外，由于爆炸现场的人很难逃离，所以可从尸体的即在位置及爆炸前此人工作的常处位置，判断被气浪推移的方向，从而推断出爆炸中心。

2. 起火部位和起火点的验证

根据以上方法，在初步分析确定起火部位和起火点之后，还必须将这个初步定论与周围存在的痕迹等情况进行对比分析，使之与相关的方面都吻合，从而使起火部位和起火点得以确切认定。

当能够在初步确定的起火部位的某一位置发现发火物、引火物或其他起火痕迹，并且有足够证据和理论说明火灾就是由这个发火物引起的时，那么这个位置就可确定是起火点。但在火场上没有发现这种引火物时，就需要耐心地继续详细勘查和深入分析，在设定的起火部位或起火点周围仔细寻找不同位置物体上的燃烧痕迹，分析这些痕迹形成的客观条件，正确解释火灾蔓延的途径。为了对初步确定的起火部位或起火点进一步验证，一般应从以下几个方面进行比较分析。

(1)将设定的起火部位与全部环境对比。就是将群众的反映和通过现场初步勘查的结果所确定的起火部位与整个火场进行仔细对比,判明其是否属于燃烧最重、毁坏程度最大的部位,找出以此为中心向四周蔓延的痕迹。

(2)将不相邻的物体进行对比。就是将不相邻的两个以上的物体在火场上留下的痕迹进行相向、背向、顺向的对比,以查明火势蔓延的方向,判断起火部位。

在火场勘查中,将火场中处于以火点中心相对位置的物体相向(相对应的内侧)的烧损情况进行对比的方法称为相向对比法;将它们背向的一侧(外侧)进行对比的方法,称为逆向对比法;将火点某一方向上不相邻物体同向的一侧进行对比的方法,称为顺向对比法。例如,将一栋房子内东西两侧的柱子进行比较,如果东端的柱子西侧烧损较重,东侧较轻,而西端的柱子东侧烧损较重,西侧较轻,这就可以证明起火部位位于两柱中间。这就是相向与背向的对比。同样可观察两柱相同方向一侧的烧损情况。如果均系比他侧烧损较重,则烧损较重的一面共同朝向的方向正是指向起火部位,这就是顺向对比。

(3)毗邻对比。就是把火场中彼此相连接的物体进行对比,找出并分析物体的燃烧和烧毁程度由重到轻的方向,以验证火势蔓延的方向与起火部位是否相一致。

(4)同一物体各部分之间的对比。这是对同一物体的内部与外表前后、左右、上下各方面的对比分析。这种方法可以突出重点,细致地认定火的来龙去脉,从而判明起火点。

(五)起火原因的判定

由于任何一起火灾的形成,必须是失去控制的燃烧所致。所以,分析起火原因,必须首先根据燃烧的要素和条件进行分析。火灾燃烧的原理告诉我们,可燃物和氧化剂是燃烧得以发生的两个要素,要使这两个要素相互作用并达到一定的数量比例,并且使温度达到自燃点时燃烧才会发生。所以,在生产和生活中具备了其中两个要素的条件下,其中任何一个要素都可能成为引起燃烧的主要因素。例如,一超过物料自燃点的负压生产装置,一旦进入空气就可能导致爆炸或者起火,这里空气就成了导致起火的重要因素;某些在爆炸下限边缘的高温(温度大于等于自燃点)下氧化的化工过程,若可燃气体比例增大,就可能立即爆炸或起火,这里可燃物就成了导致火灾发生的重要因素。但通常情况下可燃物都是在大气的环境条件下生产、使用、存放和运输的,燃烧的致因都是来自激发能(或热能)这个要素,因此,通常对起火原因的分析,重点都是查找激发能的来源,即查找着火源。

着火源是供给激发能的有形物体,是看得见、摸得着的实物。而激发能只是一种能量或叫热能,所以激发能只能是构成起火燃烧的原因,无法取之作为判断起火原因的证据。我们平常所说的能够作为证据的着火源主要有炉具、灯具、电器、高温物体、火种(烟头、火柴、爆竹残壳、电气焊熔渣等),以及植物堆垛中形成的炭化块、自燃物品的残渣、包装和带有自然火源(如雷击)形成的痕迹物体等。

找到了着火源,是否就可以判定起火原因呢?否!还要综合现场情况进行分析:着火源在起火前是否发热或发火,发热的温度或能量能否点燃或引燃其附近的可燃物;这种热能是经过怎样的途径、用何种方式形成的,等等。总之,必须查明激发能与着火源的必然联系,才能把这种着火源作为起火原因的证据。

判定该着火源是否是引起该火灾的直接原因,一般应从以下两个方面分析判断。

1. 分析着火源的使用状态

例如,一服装加工车间起火,在燃烧的废墟上发现了被烧毁的电熨斗。电熨斗可能是引起火灾的原因,但是若该电熨斗所处位置的起火点特征不明显,或者起火点特征被严重破坏,则不能立即判定电熨斗就是起火原因。如果没有充分的证据说明这只电熨斗在火灾前是通电的,那么就不能肯定火灾是由这只电熨斗造成的。所以,要根据电熨斗内外受热情况,以及电熨斗使用情况做进一步的分析。只有证明这只电熨斗在火灾前没有断电,或者用过较长时间未冷却就放在了可燃的案板上,才可以证明此电熨斗是起火原因。

2. 分析着火源产生的激发能量(点火能量)

明火源和火焰、电弧、蒸汽管等高温物体,都具有足够的能量点燃一般可燃物,尤其是火焰和电弧,不仅具有很高的温度,而且还可以提供大量的游离基、绝大部分可燃物都可被点燃,所以,这些着火源的能量一般无须再做分析。但对香烟头、静电火花、烟囱火星等温度不太高的微弱火源,其放出的能量能否构成一起火灾的着火源,需分析判明以下两点:

(1)单位时间内能否提供足够的点火能量,即一个着火源,不仅能够提供足够的点火能量,而且还应在单位时间内保证提供的热量。例如,一杯开水从沸点冷却至室温时,能放出数万焦耳的能量,但绝不能成为一般物质的点火源。因此,当一能量以缓慢的速度放出时,则这种能量大部分散失在空气中,不能同时作用于燃烧物,故不能成为着火源。

(2)温度能否达到或超过被引燃物质的自燃点。在分析着火源的能量时，不仅要考虑火源本身，而且必须结合被引燃的对象进行分析。具有同等能量的同一种火源，可能是某种物质的着火源，而对另一些物质却可能不是。若在室温下，将擦燃的火柴投入汽油盆内，汽油会瞬时燃烧起来，但若把燃着的火柴投入柴油盆内，柴油根本不能被点燃。

另外，同一个微弱的火源，对同一种物质，在不同的自然条件下也有不同。如在气温高、湿度小和有风的条件下可能成为火源；而在气温低、湿度大和无风的条件下则可能不成为火源。因此，在分析火源的激发能量时，要结合被点燃对象以及气象等条件进行综合分析才能得出正确的结论。

二、灾害成因的分析与认定

灾害成因认定也称致灾原因认定，是指通过法律法规许可的各种调查手段，科学查明影响火灾孕育、发生、发展、蔓延、扩大和火灾结果的各因素及其与火灾关系的一种调查活动。它是火灾调查工作的重要内容，对造成严重后果的火灾，必须进行灾害成因调查。

(一)灾害成因调查的意义

灾害成因调查对揭示火灾的发生、发展规律，总结经验教训，最终实现预防和控制火灾，减小火灾危害具有重要意义。

1.为做好防火工作提供科学依据

(1)依照灾害成因调查的结论性成果，可以及时地、有针对性地对法律、法规、技术规范加以完善和修订，使之更加科学有效地发挥安全作用。

(2)通过调查和总结危险作业中某些操作的危险性，可以提出相应的避险措施，进而通过完善与修订操作规程来规范操作者的行为，实现更加科学的安全管理。

(3)灾害成因调查结论可以为消防安全监督检查提供可靠依据，有利于火灾隐患的提出以及相应改正措施的制定。

(4)灾害成因调查得出的关于人对火灾作用的结论，可为消防安全教育提供有针对性地教材。

2.为提高灭火救援能力，改进灭火方法、手段和装备提供技术支持

(1)通过关于火灾中救援方面的调查研究，能够发现并总结各种灭火救援力

量在人员与物资疏散、救助行动上的成功经验和失败教训，可为加强救援装备、改进救援方法和提高救援能力提供依据。

（2）通过灭火救援环节中人员、装备、方法对火灾控制效果的总结，可以发现灭火方法、手段和力量配备等方面存在的优劣，为提高灭火能力提供借鉴。

3. 为火灾风险评估提供可靠的依据

通过具体的灾害成因调查实践，可为火灾风险评估提供可靠的基础资料，使火灾风险评估更具有可靠的现实依据。

4. 为检验起火原因调查结论提供可能

通过科学认真地灾害成因调查，在实现成因调查目的的同时，将从火灾孕育、发生、发展、蔓延和扩大等成灾机理的系统上加以多方面的综合分析，可检验起火原因认定的结论是否正确，使原因认定结论更加客观、准确，从而避免可能的失误。

5. 为消防科研工作提出新的研究课题

由于灾害成因调查是围绕火灾事件展开多层面、深层次的调查和分析，必然会遇到从前所忽视的问题或不被人所知的新问题。这就为科研工作者研究如何解决这些新问题提供了新课题。

（二）灾害成因调查的内容

对灾害成因进行调查，应当听取起火原因调查情况介绍，查阅火灾案卷、资料，询问有关人员，掌握有关信息；勘查火灾现场，认定火灾蔓延、扩大方式、途径和成灾原因，提取物证；根据需要进行技术鉴定或调查实验，得出科学的结论；提出调查报告。具体内容是：

（1）火灾报警、初起火灾扑救和人员疏散情况。调查人员通过火灾孕育、发生、发展、蔓延、扩大和火灾结果的影响情况分析人对火灾影响的积极因素和消极因素，查明火灾报警、初起火灾扑救和人员疏散情况。

（2）火灾蔓延、损失情况。①通过勘查火灾场所建筑物平面、立面及空间布置情况，确定火灾中的烟、气、热、火焰等的蔓延途径、速度和蔓延原因。②通过勘查在火灾热和荷载作用下结构构件全部或部分失去力学性能，从而造成建筑物倒塌、变形的建筑构件，分析其耐火性能。③通过勘查火灾时安全疏散通道和安全出口情况，分析认定人员、物资疏散受阻原因。

（3）与火灾蔓延、损失扩大存在直接因果关系的违反消防法律法规、消防技术标准的事实。①通过勘查火灾场所中火灾自动报警系统、自动灭火系统、消火栓系统、防火分隔设施、防排烟设施、通风系统、消防电源、应急照明、疏散指示标志灯、灭火器材等消防设施在火灾过程中的表现,确认其是否发挥了预期的作用,找出未能发挥作用的原因。②通过勘查火灾场所过火区域内存放可燃物种类、数量、状态、位置等情况,认定它们对火灾蔓延、扩大和火灾结果所起到的影响作用。③通过调查火灾场所内易燃易爆危险品的种类、数量、状态和位置等情况,认定其对火灾现象和火灾结果产生的影响。④调查阻燃剂、阻燃圈(包)等阻燃措施情况,以及它们在火灾中的表现。

(4)其他对火灾产生重要影响的有关情况。

(三)灾害成因调查的方法

灾害成因调查工作是一项涉及专业学科多、科学技术性强的复杂调查活动,必须运用科学的思维方法来开展。根据因果理论,灾害成因调查的方法主要有事故树分析法、灾害成因事件树分析法、故障假设/安全检查表分析法、失效模式与影响分析法、原因—结果分析法等。常用的主要是事故树分析法和灾害成因事件树分析法。

1. 事故树分析法

事故树分析法,又称为故障树分析法,是指从结果到原因找出与火灾有关的各种因素之间的因果关系和逻辑关系的分析方法。这种方法是把火灾结果放在图的最上面,称为顶上事件,然后按照构成影响结果因素之间的关系,找到与火灾结果有关的原因事件,这些原因可能又同时是其他一些原因的结果,故称为中间原因事件(或中间事件),直到找出不能进一步往下分析的原因为止,这些最末端原因称为基本原因事件(或基本事件)。把各因果关系用逻辑符号连接起来,就会形成一颗倒置的树状图形,所以把这种调查分析的方法称为事故树分析法。

(1)事故树分析法的特点。事故树分析法通常采用演绎方法分析火灾的因果关系。该方法能详细地找出系统中各种固有的影响因素,简洁、形象地描绘出了火灾结果与影响因素之间的因果关系和逻辑关系,有利于调查、分析和判断致灾原因;可用于定性分析,求出各因素对火灾结果的大概影响度,用于定量分析,求出各因素对火灾结果影响的大小,但这必须依赖于基本事件已发生的统计概率。该方法要求分析人员必须具有丰富的实践经验,如若不熟悉研究对象就很难进行正确的分析。

(2)事故树分析法在灾害成因调查中应用的基本步骤。在灾害成因调查中应用事故树分析法，可按“收集和调查火灾相关信息→对中间事件加以逻辑排列→绘制事件数→综合分析得出结论”的步骤依次进行。

①熟悉调查对象。灾害成因调查首先应详细了解和掌握有关火灾情况的信息，包括火灾发生的时间、地点、火灾场所建筑物情况、消防设施情况、可燃物情况、场所的使用情况、火灾蔓延扩大情况、扑救情况、人员伤亡情况等。同时，还应当广泛收集类似火灾情况，以便确定影响火灾结果的可能因素。

②确定要分析的火灾结果（顶上事件）。灾害成因调查所要分析的火灾结果可能是重大人员伤亡、重大财产损失、大面积火烧连营、着火建筑意外垮塌、同类建筑多次发生火灾、火灾发生和发展存在特殊性等。

③确定分析边界。在分析前要明确分析的范围和边界，灾害成因调查对与火灾有直接关系的人、事、物和环境等都应划在分析边界的范围内。

④确定影响因素。确定顶上事件和分析边界后，就要分析哪些因素（原因事件）与火灾有关，哪些因素无关，或虽然有关，但可以不予考虑。比如，当把某火灾造成重大人员伤亡结果作为顶上事件时，人员疏散逃生受阻（出口被封锁）很可能成为中间原因事件。在确定基本事件时，我们会发现，尽管人员可能有着性别、体力上的差异，但这些可能对疏散逃生影响甚微，可以不予考虑。但在病房、幼儿园等特殊人群火灾场所，这些就必须予以考虑。

⑤编制事故树。从顶上事件（火灾的某结果）开始，逐级向下找出所有影响因素直到最基本事件为止，按其逻辑关系画出事故树。

⑥系统分析。根据火灾具体情况，结合询问、勘验、鉴定、调查实验等情况，综合分析各个因素对火灾的影响度，并按照影响度的大小加以排序。

⑦得出结论。最终得到致灾因素及其对火灾影响度的情况，从而实现灾害成因调查分析的目的。

2. 灾害成因事件树分析法

灾害成因事件树分析法是从原因推论出结果的（归纳的）系统的分析方法。该方法按照事故从发生到结束的时间顺序，把对火灾有影响的各个因素（事件）和它们发生的先后次序按照逻辑关系组合起来，每一事件的后续事件只能取成功或失败、正常或故障、是或否、对或错、有或无等完全对立的两种状态分析，逐步向火灾结果发展，直至到达结果。通过绘制事件树，并结合调查信息进行综合分析，从而找到影响火灾的关键因素链。

灾害成因事件树分析法适用于多种环节事件或多重保护系统的事故结果分

析,既可进行定性分析,也可进行定量分析。目前,灾害成因调查还缺乏大量的统计数据来确定中间事件发生的概率,因此定量分析依然要依赖调查者的经验。灾害成因事件树分析法在灾害成因调查中应用的基本步骤如下。

(1)收集和调查火灾相关信息。这些信息主要包括建筑物基本情况、消防设施情况、使用情况、火灾基本情况、内部人员情况等,还要找出主要的火灾中间事件。

(2)对中间事件加以逻辑排列。所谓逻辑排列,就是指根据火灾过程的时间顺序,按照中间事件发生的先后关系来排列组合,直到得出火由分析图。人若及时发现火灾并成功疏散则伤亡最小,当在人们没有发现火灾的情况下,火灾探测系统又不能正常工作,火灾扩大造成人员疏散阻力,如果外部救援力量又救助失败,则伤亡就会加剧。

(四)灾害成因调查的要求

火灾过程具有复杂物理化学作用的本质,其孕育、发生和发展是多因素在复杂变化的环境下相互作用的结果。研究人、场所环境、外部环境等诸因素与火灾的关系,找到造成灾害的关键性因素,必须依赖于灾害成因调查工作的有效开展。

1. 灾害成因调查工作必须由一定的主体来实施

灾害成因调查是火灾原因调查的一项重要内容,也是消防救援机构的一项职责。所以,灾害成因调查必须由消防救援机构来实施。同时,考虑到调查工作具有涉及学科门类广、专业性强的鲜明特点,在消防救援机构的技术力量不足时,可借助与火灾研究相关的教学、科研等单位及依法设立的中介服务机构等社会力量的支持。

2. 灾害成因调查工作必须依法开展

灾害成因调查工作,不可避免地要围绕火灾现场,以及与火灾有关联的人、事、物等来开展。这样,势必对火灾当事人的某些权益产生干扰。所以,必须依据《火灾事故调查规定》规定的程序和要求进行。

3. 灾害成因调查工作必须坚持科学的精神

同其他调查研究工作一样,灾害成因调查工作必须以科学的态度,运用科学的方法,才能得到客观科学的结论。在整个灾害成因调查工作过程中,询问、勘查、鉴定、调查实验等各个调查环节或手段,都必须以科学的态度进行,决不可主观臆断和靠想当然行事。

4. 灾害成因调查工作要有其独特的目的性

应当以查明影响火灾孕育、发生、发展、蔓延、扩大和火灾结果的各因素及其与火灾的关系,把握客观规律,总结经验教训,最终实现预防和控制火灾,减小火灾危害为目的。

第八节　火灾事故责任的查处

一、火灾事故查处的法律文书

在起火原因和灾害成因查清后,公安消防监督机构应当出具《火灾原因鉴定书》或《火灾原因认定书》和《火灾事故责任书》,这是最后确定火灾原因的法律文书。所以,只有消防救援机构或消防救援机构聘请的专家才能出具。其他单位或个人出具的相关文书是没有法律效力的。

(一)《火灾原因鉴定书》

《火灾原因鉴定书》是在确立的火灾原因证据充分或有直接证据时出具的一种法律文书。这种文书虽然规定只有消防救援机构才能出具,但对难以认定的火灾原因,也可聘请有关的技术专家鉴定出具。由于这种文书是具有法律效力的,所以不论是消防救援机构,还是被聘请的专家,都必须遵循只对样品负责的精神,鉴定结论必须客观、肯定,不应有任何主观分析的成分。例如,对导线熔痕的鉴定结论应为“一次短路熔痕”“二次短路熔痕”或“火烧熔痕”,而不能主观地根据“一次短路熔痕”出具“短路引起火灾”的结论。是否是短路引起的火灾,应由消防救援机构的火灾调查人员根据调查情况和勘查情况综合分析认定,在鉴定结论中不能有火灾结论。如果有在火灾痕迹、物证检测、检验报告或鉴定书中做出火灾原因结论时,当地消防救援机构应签署“无效”的字样,加盖公章后存档,并复印一份送原鉴定单位,请其做出客观的检测、检验、鉴定结论。这里需要说明一点,《火灾原因鉴定书》(存根)中的鉴定名称应同时说明鉴定物名称,如“铜导线金相检测”,鉴定过程应说明鉴定时的环境条件(温度、湿度等)和鉴定设备等。

(二)《火灾原因认定书》

火灾原因查明后,消防救援机构要根据对火灾痕迹、物证进行检测、检验或直观鉴定出的检测、检验报告,或《火灾原因鉴定书》的结论和其他调查情况,进行综合分析认定,做出火灾原因结论,并出具《火灾原因认定书》。《火灾原因认定书》是在起火原因和灾害成因都有结论时出具的一种法律文书。它不同于《火灾原因鉴定书》,所以在出具这些文书时,要严格注意二者的区别,防止随便出具。

(三)《火灾事故责任书》

在查清火灾原因并确定责任后,应当写出专题报告,并向起火单位及其上级主管部门填发《火灾事故责任书》。

《火灾事故责任书》的正文应包括被通知单位名称,通知内容、意见和要求,抄送、抄报单位等。其主要内容应包括火灾发生的时间、地点、单位及损失、伤亡情况,起火原因、灾害成因、火灾性质和认定依据,单位和有关人员的责任,依据的事实和有关法律、法规、规章及处理意见等。《火灾事故责任书》发出后,如发现有必要进行补充调查的情由时,应及时追回,并应在30日内补充调查完毕。

二、火灾责任者的处理

(一)应当分别做出处理的火灾事故

消防救援机构在火灾事故调查过程中,应当根据下列情况分别做出处理:

(1)涉嫌失火罪、消防责任事故罪的,应当按照公安机关办理刑事案件有关规定立案侦查;涉嫌其他犯罪的,要及时移送公安机关其他部门办理。

(2)涉嫌违反消防行政法律、法规行为的,应当按照公安机关办理行政案件有关规定调查处理;涉嫌其他违法行为的,要及时移送有关部门调查处理。

(3)应当给予行政处分的,要交有关主管部门处理。

(4)消防救援机构经过调查发现不属于火灾事故的,应当告知当事人处理途径并记录在案。

(二)案件移送需要附送的材料

消防救援机构在向有关主管部门移送案件时,应当在本级消防救援机构负责人批准后的24小时内移送,并根据案件需要附送《案件移送通知书》,案件调查情况,涉案物品清单,询问笔录,现场勘验笔录,检验、鉴定意见以及照相、录像、录音等资料。

构成放火罪需要移送公安机关刑侦部门处理的,火灾现场应当一并移交。

(三)火灾事故做出处理的要求

公安机关其他部门应当自接受消防救援机构移送的涉嫌犯罪案件之日起10

日内,进行审查并做出决定。依法决定立案的,应当书面通知移送案件的消防救援机构;依法不予立案的,应当说明理由,并书面通知移送案件的消防救援机构,退回案卷材料。

(四)消防救援机构及其工作人员的法律责任

消防救援机构及其工作人员应当认真履行自己的职责。对于指使他人错误认定或者故意错误认定起火原因、灾害成因的;瞒报火灾、火灾直接经济损失、人员伤亡情况的;利用职务上的便利,索取或者非法收受他人财物的,及其他滥用职权、玩忽职守、徇私舞弊的行为,应当依照有关规定给予责任人员处分。构成犯罪的,应依法追究刑事责任。

参考文献

[1] 全国人大常委会法工委刑法室,公安部消防局. 中华人民共和国消防法释义[M]. 北京:人民出版社,2009.

[2] 注册消防工程师资格考试用书编委会. 消防安全技术实务[M]. 成都:电子科技大学出版社, 2017.

[3] 顾金龙. 城市综合体消防安全关键技术研究[M]. 上海:上海科学技术出版社, 2017.

[4] 公安部消防局. 中国消防手册:第八卷[M]. 上海:上海科学技术出版社,2006.

[5] 注册消防工程师资格考试用书编委会. 消防安全技术综合能力[M]. 成都:电子科技大学出版社, 2017.